财智睿读

U0515215

周 强◎著

从脱贫攻坚
走向乡村振兴

农村居民的收入
与福利效应分析

中国财经出版传媒集团

经济科学出版社

Economic Science Press

图书在版编目（CIP）数据

从脱贫攻坚走向乡村振兴：农村居民的收入与福利
效应分析/周强著 . –– 北京：经济科学出版社，
2023. 3
ISBN 978 – 7 – 5218 – 4615 – 7

Ⅰ. ①从… Ⅱ. ①周… Ⅲ. ①农民收入 – 研究 – 中国
②农民 – 福利制度 – 研究 – 中国 Ⅳ. ①F323. 8

中国国家版本馆 CIP 数据核字（2023）第 042239 号

责任编辑：李一心
责任校对：王苗苗 刘 昕
责任印制：范 艳

从脱贫攻坚走向乡村振兴：农村居民的收入与福利效应分析
周 强 著
经济科学出版社出版、发行 新华书店经销
社址：北京市海淀区阜成路甲 28 号 邮编：100142
总编部电话：010 – 88191217 发行部电话：010 – 88191522
网址：www. esp. com. cn
电子邮箱：esp@ esp. com. cn
天猫网店：经济科学出版社旗舰店
网址：http：// jjkxcbs. tmall. com
北京季蜂印刷有限公司印装
710 × 1000 16 开 16. 25 印张 233000 字
2023 年 7 月第 1 版 2023 年 7 月第 1 次印刷
ISBN 978 – 7 – 5218 – 4615 – 7 定价：68. 00 元
（图书出现印装问题，本社负责调换。电话：010 – 88191545）
（版权所有 侵权必究 打击盗版 举报热线：010 – 88191661
QQ：2242791300 营销中心电话：010 – 88191537
电子邮箱：dbts@ esp. com. cn）

本书获得国家社会科学基金一般项目"可行能力视角下深度贫困人口发展及精准扶贫研究（批准号：18BJL125）"资助；获得中南财经政法大学中央高校基本科研业务费专项"从脱贫攻坚迈向共同富裕中促进机会平等的政策体系研究（项目号：2722022EY015）"资助。

序　言

　　中国已从脱贫攻坚迈向了乡村振兴。脱贫攻坚与乡村振兴是党中央为实现"两个一百年"目标而制定的重要战略。党的十八大以来，以习近平同志为核心的党中央，高度重视扶贫工作，将脱贫攻坚摆到治国理政的突出位置，把脱贫攻坚作为全面建成小康社会的底线任务和标志性指标。党的十九大报告提出实施乡村振兴战略、实现农业农村现代化发展目标，明确提出了"产业兴旺、生态宜居、乡风文明、治理有效、生活富裕"的乡村发展目标和建设要求，确保到 2050 年实现农业强、农村美、农民富的美丽乡村，实现全体居民的共同富裕。2018 年 2 月《中共中央　国务院关于实施乡村振兴战略的意见》中强调"乡村振兴，摆脱贫困是前提"。也就是说，脱贫攻坚与乡村振兴实际上是农村发展中的两个方面、两个阶段，发展逻辑是一脉相承的。乡村振兴的目的在于发展农村，而制约农村发展最大的问题是贫困。所以，脱贫攻坚的阶段性目标在于解决制约农村发展中的绝对贫困，也是补齐农村发展中的最大短板。通过脱贫攻坚战略解决好农村最迫切的贫困问题后，如何防止脱贫人口返贫，短期内巩固脱贫攻坚成果，长期中化解农村地区人民日益增长的美好生活需要和不平衡不充分发展之间的矛盾，是实现农村共同富裕的必然要求。

　　在迈向共同富裕过程中，乡村振兴是脱贫攻坚的升级版本，旨在消除绝对贫困基础上促进农村全面发展。脱贫攻坚期间在产业、生态、教育、医疗、就业和基层治理等方面的实践，为乡村发展中的"产业振兴、生态振兴、文化振兴、人才振兴、组织振兴"等提供了基本保障和宝贵经验。"脱贫摘帽不是终点，而是新生活、新奋斗的起点"①，消除贫困和追求更加美好的生活，实现"老吾老以及人之老，幼吾幼以及人之幼"的普及天下的共同小康，充分反映了中国特色社会主义的本质要求。为此，在乡村振兴与共同富裕协同发展的引领下，探讨农村脱贫人口可持续发展能力，剖析脱贫攻坚时期精准扶贫政策对农村居民收入和福利的影响具有重要的理论和实践意义。对于以上问题的思考，便形成了本研究的初衷与目标，也是本书谋篇布局的出发点和思考方向。

然而，当前学术研究中，有关脱贫攻坚时期扶贫政策的作用效果，归纳起来存在两种不同的观点：一是脱贫攻坚凝聚政府、社会、企业团体和个人等各方面资源，对贫困人口产生了赋能增收的作用。并且，按照发展经济学中的观点，经济增长的"涓滴效应"会分润到最低收入群体，使农村贫困减少。二是对脱贫攻坚时期精准扶贫政策提升贫困人口可持续发展能力的作用持怀疑态度。相关观点认为，对农村贫困人口直接的现金转移支付不仅不会对贫困人口产生长期影响，反而会滋生"福利依赖"。针对以上争议，到底哪种观点更符合农村人口发展的现实？为了回答这些问题，本书将从五个方面进行展开：（1）回答了脱贫攻坚时期精准扶贫政策是否培育出了脱贫人口长期的内生发展动力，并且，深入分析了政策的增收效应、再分配效应和福利效应。（2）解析了扶贫利益是否更大幅度惠及最低收入群体，阐释了精准扶贫政策利益的分配流向及其作用机制。（3）比较分析了"输血式"扶贫与"造血式"扶贫两种模式对贫困人口的差异化效应，从而寻找出乡村振兴阶段缓解相对贫困的最优治理机制。（4）剖析了针对贫困人口的现金补贴是否产生了"福利依赖"效应，回应了当前学术界存在的争议。（5）定量分析了精准扶贫政策的"志智双扶"效应，探寻了政策对贫困人口的精神扶贫、智力扶贫等作用效果，并进一步考察了"志智双扶"的

---

① 习近平：《在全国脱贫攻坚总结表彰大会上的讲话》，人民出版社 2021 年版。

代际传递效应。

归纳起来，本研究不仅实证评估了脱贫攻坚政策对农村居民收入与福利的影响，回答了扶贫政策对贫困人口影响的"好与坏"，而且深入探寻了不同扶贫模式对低收入人口产生的差异化作用。真正有用的方式是从实际问题的角度去思考，找出影响农村低收入人口发展的原因，从而有针对性地找到解决问题的方法。为此，本书将理论与实践相结合，通过探索理论创新指导实践，并借助实践发现反馈理论发展，这些思想我们——将其融入各章节的结论与观点中。这样做的一个好处是，一旦我们分析相关政策对贫困人口的影响存在差异时，那么我们不仅可以剖析出导致这种差异的根本原因是什么，为什么相同政策对不同人口会产生不同的影响，而且我们还可以结合政策效果回答农村扶贫工作中面临的现实问题，且对以上问题的思考有助于我们从中归纳总结出更有效的政策建议或措施。

在本书的理论部分，我们结合当前贫困理论研究的最新动态，基于"可行能力"视角，一是提出了"人的可持续发展"曲线模型分析法，剖析了农村贫困与非贫困（低收入）人口面临的发展困境与特征，为乡村振兴时期赋能低收入人口可持续发展能力的相关研究奠定了理论基础；二是提出了识别与测度贫困人口的"持续时间分析法"，将贫困的静态发生率测度与贫困状态的动态转化相融合，将贫困问题的分析拓展到动态领域，为推动贫困理论研究与乡村振兴实践的融合奠定了方法论基础。在实证部分，主要聚焦于探讨脱贫攻坚时期"输血式"扶贫与"造血式"扶贫差异化作用，并借助政策效应评估方法中的断点回归、双重差分、倾向性得分匹配等计量方法或模型，深入剖析了精准扶贫政策对贫困人口的增收效应、再分配效应与福利效应，探讨了农村医疗改革的再分配效应和资产积累的"增收赋能"作用等重要现实问题。与此同时，本研究基于"可行能力"视角，深入分析了农村居民除物质贫困外，还面临的精神贫困与文化贫困，且有效地将"扶志"与"扶智"问题进行量化，深入研究了脱贫攻坚对贫困人口的"志智双扶"

及其代际传递效应等重要问题，丰富了农村共同富裕中物质富裕与精神富裕的研究成果。

鉴于此，本研究从农村居民的收入与福利两个角度出发，发现了一些重要而有趣的结论。从收入角度来看，本研究发现：第一，脱贫攻坚时期精准扶贫政策提高了贫困家庭的收入、降低了人均消费等，对贫困家庭产生了显著的增收效应。实践中，精准扶贫政策通过最低生活保障补贴、危房补贴、助学补贴、"985"医疗政策等减免或报销补贴政策，大幅减轻了贫困家庭的支出负担，改善家庭的生活水平，产生了明显的"增收"与"节流"的双重效应。第二，农村家庭资产贫困现象较为普遍，无论是低收入家庭还是高收入家庭的资产积累都不理想，从而导致脱贫家庭存在高脆弱性、高返贫率和低抗风险特征。这意味着，步入乡村振兴阶段，政府应该着手推动低收入家庭的"资产积累"，充分发挥"资产赋能"低收入人口自我发展能力和抗风险的作用。第三，本研究进一步比较分析了"输血式"扶贫与"造血式"扶贫对不同要素禀赋家庭的差异化影响。研究发现，由于转移支付不具有"授人以渔"的作用，长期兜底式的政府补贴反而促使依靠补贴为主的贫困家庭产生了明显的"补贴依赖"。第四，精准扶贫政策在减少农村贫困的同时，对非贫困家庭产生了显著的正向外溢性。这是因为，"造血式"扶贫带来的增收效应更多地流向了中等收入群体，但这种正向外溢性并非不利于最低收入群体，而是对中等收入群体产生了更大的"增收赋能"效应，从而扩大了农村地区局部的收入差距。因此，乡村振兴发展中，政府需要关注市场机制下非均衡化资源分配导致局部收入差距扩大和相对贫困问题。

从福利角度来看，本研究分析发现：第一，脱贫攻坚时期精准扶贫政策产生增收效应的同时，改善了贫困人口的生活质量和福利状况，且从多维福利角度评估的减贫成效会更好。测度结果显示，从多维福利角度测度的贫困发生率下降幅度超过收入贫困近 18 ~ 21 个百分点。这意味着，2020 年消除了绝对贫困人口，实现了 832 个贫困县的全部脱贫摘帽，12.8 万个贫困村全部出列，区域性整体贫困得到解决。① 这一伟大成就，仅仅是总结了以家庭人均收入（2300 元/年，2010 年不变价格）衡量的减贫成就，如果充分考虑脱贫攻坚时期对居民"两不愁、三保障"② 等多维福利的改善，中国农村的减贫成绩单将更加辉煌。第二，脱贫攻坚虽然消除了收入贫困，但农村地区仍然还存在精神贫困或文化贫困。我们研究发现，农村家庭落入贫困的持续时间越长，中断贫困状态的可能性会下降，主要因为贫困人口经历了长期贫困后，表现出了较强的贫困适应性与贫困状态的路径依赖，形成了精神贫困与文化贫困，这必将成为乡村振兴阶段长期面临的问题。第三，精准扶贫政策显著提高了农村居民的生活满意度、生活信心和努力水平，以及提升了贫困人口的幸福感，产生了明显的"志智双扶"效应。然而，由于"输血式"扶贫对依靠补贴为主的贫困户产生了显著的"福利依赖"，强化了贫困人口贫困适应性的同时，增加了这部分群体的"享乐型"消费需求和"社交型"消费行为，产生了明显的"奖赖"作用。这意味着，在乡村振兴过程中，政府需规避"输血式"帮扶不可持续的"福利效应"问题，应该借助市场机制分配资源的作用，发挥乡村产业的带动和赋能作用，从而增强居民参与美丽乡村建设的积极性和能动性。第四，精准扶贫政策显著提高了贫困家庭子代的努力程度、学习意愿和学习积极性，产生了明显的"志智双扶"的代际传递效应。需要补充的是，由于受限于研究数据的可获得性，本研究并未获得有关"福利依赖"是否具有代际传递的明确结论，这将成为我们继续思考的方向。

事实上，消除绝对贫困的目标已经实现，但绝对贫困的消除仅仅是农村发展过程中的一个短期目标，本研究不仅是对过去脱贫攻坚政策绩效的评估与总结，也是对未来乡村振兴中相对贫困治理工作的有益参考与展望，使低收入群体能更好地从乡村振兴发展中获得持续性的内生发

---

① 习近平：《在全国脱贫攻坚总结表彰大会上的讲话》，人民出版社 2021 年版。

② "两不愁、三保障"：不愁吃、不愁穿，保障其义务教育、基本医疗和安全住房。

展动力。因此，从理论、方法再到实证是全书的写作脉络。当然，本书所做工作不少还是尝试性的，紧跟中国农村现实发展需求，立足从脱贫攻坚走向乡村振兴的实践发展逻辑，试图回答脱贫攻坚时期精准扶贫政策对农村居民收入提高与福利改善的作用，为后续农村共同富裕系列研究奠定了理论和经验基础。然而，无论是本书的观点和思想，还是分析方法与谋篇布局等方面，仍然存有诸多不足，诚盼广大读者批评指正。大家的宝贵建议，必将激励我们不断向前、不断进步。

需要说明的是，本书的部分观点和内容，主要引用了笔者早期发表在《统计研究》（2019，2021）、《中国农村经济》（2021）、《数量经济技术经济研究》（2018）、《农业经济问题》（2019）、《财贸研究》（2021）等国内核心期刊上的系列文章，以及重点参考了笔者主持的国家社会科学基金项目（2018）的阶段性成果。值得一提的是，本书的写作还受益于笔者就读中国人民大学劳动人事学院博士后导师罗楚亮教授的悉心指导，同时也要感谢参与我主持的国家社会科学基金项目的各位团队成员，他们分别是罗良文教授、王爱君教授、李珊珊副教授、朱明宝副教授、朱兰博士后、孙琼博士后和马艳娜博士，感谢大家对本研究工作的引领和辛勤付出。此外，还要感谢与笔者长期合作的硕士生王乾领、赵清云、李阳、张小兰、翟紫薇、罗家星、周晶、周志鹏和侯文迪等为本研究工作的无私奉献。其中，王乾领和赵清云是笔者指导的首届研究生，李阳为第二届研究生，三位研究生为本书前期的数据整理、政策文件搜集和实地调研等系列工作做了巨大贡献，同时也开启并传承了本研究团队"将论文写在祖国大地上"的学术初衷和志趣。为此，三位研究生目前已经顺利步入了博士研究的学术道路，迈向了更高的学术殿堂，开启了新的学术生涯，继续为乡村振兴和共同富裕的系列研究添砖加瓦、奉献绵薄之力。

2023 年 1 月
于晓南湖畔

目　　录

第一章

导　论

　　脱贫攻坚与乡村振兴是党实现"两个一百年"目标制定的阶段性战略，二者在理论逻辑与实践中一脉相承、紧密相连。脱贫攻坚消除了绝对贫困人口，解决了低收入群体的基本需求问题，确保了脱贫人口实现了"两不愁、三保障"以及农村地区的稳定发展。脱贫攻坚为乡村振兴扫清了制约农村发展的障碍，属于阶段性短期目标。乡村振兴属于长期目标，旨在脱贫攻坚后促进农村全面发展。脱贫攻坚在消除了绝对贫困问题后，并非意味着农村的贫困就彻底解决了，相对贫困、收入差距、精神贫困或文化贫困等将成为乡村振兴阶段面临的主要问题。为此，从脱贫攻坚走向乡村振兴过程中，低收入群体的发展问题仍然是学术界关注的重点，且这部分群体的增收能力与福利水平也将成为本研究的核心内容。本章作为全书的引领，一是明确研究对象、研究方法和研究内容，二是阐明从理论到实践的分析逻辑，以及本书准备探讨的重点问题。俗话说："纸上得来终觉浅，绝知此事要躬行"①。在分析问题前，我们首先需要了解当前农村低收入人口的现状与特征。为此，本研

_____

　　①　出自陆游的《冬夜读书示子聿》。

究坚持在具体问题剖析中寻找"真理"，坚持"实践探索与理论创新"相结合，找到分析问题的答案。在理论上，我们系统梳理了贫困理论演进动态，并基于"可行能力"视角探讨低收入群体发展问题。在实践上，本书立足中国农村不同阶段的发展特征，了解脱贫攻坚时期精准扶贫的政策内涵、扶贫对象和具体措施等，且进一步探讨了脱贫攻坚与乡村振兴的内在关联性。

第一节 贫困理论演进动态

一、贫困理论的演进与发展

贫困理论涉及经济学、社会学、人口学、政治学等不同学科，而消除贫困一直是各国或地区经济发展过程中高度关注问题，更是发展中国家社会发展中为之奋斗的目标。长期以来，研究贫困问题的学术成果甚丰，也一直是主流经济学家们关注的焦点。对贫困问题最早的研究可追溯到亚当·斯密、大卫·李嘉图和马尔萨斯等时期。斯密（Smith，1776）在《国富论》中指出，"一个人是富有还是贫穷，依照他们所能享受的生活必需品、便利品和娱乐品的多少和品质而定"，指出了"贫困"的内涵。[①] 但是，早期有关贫困的观点，并没有给出明确的贫困定义，也没有就贫困对象的识别和贫困如何测量或加总等问题展开论述。早期的贫困理论，主要来源于发展经济学领域，且主要基于国家或地区发展的宏观角度，很少有关于家庭层面的微观贫困理论。例如，发展经

---

① 关于贫困内涵及贫困家庭未来发展能力的进一步研究，可参考阿马蒂亚·森著，任赜、于真译：《以自由看待发展》，中国人民大学出版社 2012 年版；阿马蒂亚·森著，王宇著、王文玉译：《贫困与饥荒》，商务印书馆 2001 年版；［美］马丁·瑞沃林著，赵俊超译：《贫困的比较》，北京大学出版社 2005 年版。

济学家纳克斯（Nurkse，1953）提出了"一国穷是因为它穷"的著名论断，他认为发展中国家产生贫困的原因在于缺乏资本投入，致使资本在供给与需求两侧均不足，从而导致人均收入水平低下，这就是著名的"贫困恶性循环理论（vicious circle of poverty）"。此外，发展经济学中提到的其他贫困理论，如大推进理论（Rosenstein‑Rodan，1943）、低水平均衡陷阱理论（Nelson，1956）、循环累积因果关系理论（Myrdal，1957）、不平衡发展理论（Hirschman，1958）和临界最小努力理论（Leibenstein，1959）等系统阐述了发展中国家的人口增长、资本积累（或投资）与产出增长等之间的关系，并提出了相应的减贫对策和建议（见表1－1）。

表1－1　　　　　　　　　发展经济学领域主要的贫困理论

贫困理论	代表人物（时间）	主要内容或观点
大推进理论（the theory of the big-push）	罗森斯坦—罗丹（P. N. Rosenstein‑Rodan，1943）	必须以最小临界投资规模对几个相互补充的产业部门同时进行投资。在发展中国家或地区，对国民经济的各个部门同时进行大规模投资，以促进这些部门的平衡增长，从而能有效推动整个国民经济的高速增长和全面发展
贫困恶性循环理论（vicious circle of poverty）	纳克斯（Nurkse，1953）	资本匮乏是阻碍发展中国家发展的关键因素，由于发展中国家人均收入少水平低，投资的资金供给（储蓄）和产品需求（消费）都不足，这就限制了资本的形成，使发展中国家长期限于贫困之中，简言之一个国家穷，是因为他贫穷导致的
低水平均衡陷阱理论（low level equilibrium trap）	纳尔逊（Nelson R. R，1956）	描述了"人均国民收入增长缓慢的情况下，人口增长与国民收入持久均衡状态"问题，且主要涉及了人均资本与人均收入增长、人口增长与人均收入增长、产出增长与人均收入增长三个方面的关系
循环累积因果关系理论（circular and cumulative causa-tion）	缪尔达尔（Myrdal，1957）	又称为"因果循环理论"。"经济发展始于一些具有比较优势的地区，这些地区通过优势积累不断实现超前发展，导致增长区域和落后区域之间发生空间相互作用，从而促进落后地区的发展"

续表

贫困理论	代表人物（时间）	主要内容或观点
不平衡发展理论（unbalanced development theory）	赫尔希曼（A. O. Hirschman，1958）	部门经济或产业的不平衡发展，并阐述了关联效应和资源优化配置效应。不平衡发展理论遵循了经济非均衡发展的规律，突出了重点产业和重点地区，有利于提高资源配置下论的观点
临界最小努力理论（the theory of critical minimum effect）	利本斯坦（H. Leibenstein，1957）	为使一个国家或地区取得长期持续增长，必须在一定时期受到大于临界值最小规模的增长刺激，冲破低水平平衡状态

注：表中理论与观点，主要参考了主流发展经济学教材中的内容，经笔者归纳总结完成。

上述研究是基于发展经济学视角提出的，且均以宏观层次的贫困为研究的对象，当然，其中部分观点涉及了家庭不平等、收入分配等微观问题。然而，本研究更关心的是一国内部的地区贫困或家庭贫困，是一种相对意义上的微观贫困概念。对微观贫困的理解，最早可追溯到英国的布斯（Charls Booth）对伦敦居民贫困问题的研究（林卡，2006），朗特里（Seebohm Rowntree，1901）对约克郡贫困人口生计的调查。[①] 朗特里首次提出了家庭贫困的概念及其相关衡量标准，并将贫困的概念界定为"总收入水平不足以获得仅仅维持身体正常功能所需的最低生活必需品，包括食品、房租和其他项目等"，该定义成为了后续研究家庭贫困问题的理论基石，也是后续测量家庭贫困现状的重要参考标准。朗特里的贫困线是按照"一篮子"商品中维持生理最低基本效能进行转化，用可衡量的现金进行等值替代，在此基础上将贫困进行定量的货币化。根据这一概念，衡量最低生活支出的贫困线可以以一个五口之家为维持

---

① 朗特里（Benjamin Seebohm Rowntree，1871—1954），英国企业家和管理学家，行为科学的先驱者之一。朗特里一生著述颇丰，其中与贫困有关的代表性著作为《贫穷：对城镇生活的研究》（1901）、《贫穷与进步：对约克郡的第二次社会调查》（1941）、《贫穷与福利国家：对约克郡的第三次社会调查》等。

正常身体功能所需要的每周最低支出为标准进行测算。朗特里开创性地从家庭层面清晰界定了贫困，并将其量化评估，为后续的贫困研究奠定了基础。

后续的研究者中，奥珊斯基（Orshansky，1963）基于这一思想，定义了美国的贫困标准，同样是将美国家庭食物和非食物需求进行划分，且充分考虑了各类家庭对生存需求的差异。1964 年，美国政府提出了"向贫困宣战"的反贫困目标，并确定选取奥珊斯基的贫困标准为美国的收入贫困线。1965 年，美国开始从食品与非食品需求两个方面计算最低的支出标准，并要求食品需求占比为三分之一。值得一提的是，目前中国采用的 2100 大卡热量计算的农村贫困标准，很大程度上吸收了朗特里等人早期的思想，强调了"一篮子"商品或服务对家庭或个人生存状况的重要性。

朗特里提出的贫困概念及其测量，是从家庭收入或消费支出层面展开的，所以属于收入贫困或消费贫困的范畴。并且，他所提出的贫困概念与人们最低生理需求相联系，低于这一标准贫困人口则无法正常生活或成长，所以这一贫困概念属于绝对贫困范畴。可见，朗特里制定的贫困标准存在明显的缺陷：第一，按照"一篮子"食物或非食物商品进行划分的标准显得过于简单且存在很明显的主观性，对"一篮子"的界定也不具一般代表性。其中，"一篮子"商品中的"茶叶、报纸、礼品"等不应该作为衡量家庭日常生活的非食物需求，这一贫困标准在推广上具有很大的局限性（唐钧，1998）。第二，该方法在最终标准的确定、食物与非食物的划分和最低消费支出的界定中存在很大的争议（吴海涛、丁士军，2013）。具体而言，朗特里对于贫困的论述没有区别不同贫困对象或不同阶段的贫困现状，如年轻人占比较老年人占比高的家庭中，基本食物消费需求是不同的。如何确定"一篮子"商品组合，也没有给出具体的参考标准。并且，每个商品受到外部市场的影响，最低商品价格是不稳定且很难确定的，即便能确定，也很难解决不同家庭消费习惯差异导致的消费需求差异问题。第三，食物需求是用于测度维持家庭生存所需的"卡路里"热量，[①] 而对于非食物需求的衡量标准如何确定，这是一个没能有效解决的难题。

此外，贫困不仅仅与收入或消费相关，贫困还与文化、习惯、身体条件、社会地位等因素相关。不同人群对食物或非食物的需求不一样，按照最低生活标准测量的绝对贫困很难解决差异化的消费需求，且对非食物类商品最低标准的衡量，也十分困难。皮尔斯和加尔布雷斯（Parsons & Galbraith，1959）认为，一个人是否贫困不仅仅取决于他拥有多少收入，还取决于社会中其他人的水平。在此基础上，朗西曼（Runciman，1966）和汤森（Townsend，1979）提出了相对贫困的概念，赋予了贫困新的理论内涵。汤森（1962，1985）在朗特里的贫困概念基础上将贫困定义为"资源分配不均等导致的生活相对困难状态"，这一界定强调了贫困的相对概念。汤森（1979）认为，穷人因为缺乏资源而被剥夺了享有常规社会生活水平和参与正常社会生活的权利。基于这一思想，奥珊斯基（1963）、谢若登（Sherraden，1991）、达特和瑞沃林（Datt & Ravallion，1992）、麦卡洛克和卡兰德里诺（McCulloch & Calandrino，2003）、克里斯蒂安森和卡拉尼迪（Christiansen & Kalanidhi，2005）等学者对家庭贫困展开了深入研究。

世界银行刚开始也是参照了最低基本生存需求的标准，用消费支出作为测算发展中国家贫困状况的标准（鲜祖德，2016）。以消费为基础的贫困线包括了购买最低标准的营养品和其他必需品的必要支出，以及各国间不同的、反应参与社会日常生活费用的另一部分支出。但是，以消费为标准的贫困标准，由于国别和时间不同，调查方法和物价水平差异等，导致不同国家间的消费贫困线存在较大差异，难以进行比较。并且，最低生活标准的确定，也存在难度。在将家庭收入转换为个人收入时，是采用将每个家庭转换成等价成人还是等价家庭问题难以达成共

---

① 卡路里（Calorie），简称卡，被广泛应用于食物热量或营养方面的计量单位。

识。随着社会经济的发展和人们生活水平的提高，世界银行在《世界发展报告（1990）》中修正了早先关于贫困的界定，强调了衡量家庭或个体生活质量的非收入方面，主要包括医疗卫生、预期寿命、受教育问题（识字能力、辍学率）以及公共资源的分享等福利指标。在此基础上，将贫困定义为"缺乏达到最低生活水平的能力"。[①] 此后，随着各国经济发展水平的进一步提高，对自身发展能力关注越来越多，世界银行在《2000/2001年世界发展报告》中将贫困定义为"福利的被剥夺状态——贫困不仅意味着低收入和低消费，而且还意味着受教育的机会、健康状况差、营养不良、婴儿死亡率高以及没有发言权等"。世界银行认为，贫困不仅意味着生活水平低下、物质匮乏，贫困还意味着家庭成员的教育、健康和住房得不到保障，甚至缺少表达自我需求的能力和机会，从而更加注重贫困人口未来的发展能力和相关权利等。联合国开发计划署在1997年提出了一个全新的贫困概念，该概念首次在《人类发展报告》中提出，将贫困定义为"贫困不仅仅表现为收入低下，贫困是人类在知识、权利、尊严和体面生活等方面的被剥夺，是对人类发展的剥夺"，根据这一定义，制定了相应的人类贫困指数（HPI）。不难发现，人类对贫困的关注从早期的"基本生存"需求逐渐转变到了人类未来的"发展能力"方面。

可见，随着贫困理论的演进，贫困的内涵从收入贫困转化为了多维福利贫困，更加注重贫困人口在教育、医疗等可行能力方面的发展能力。中国贫困的界定，主要从生活困苦与生存角度出发，强调了家庭的绝对收入水平。学术界比较认同的是国家统计局农调总队定义的贫困概念："家庭或个人依靠劳动所得和合法收入不能维持其基本的生存需求"。[②] 随着贫困理论的不断演进，人们对贫困的认识也逐渐跳出了简

---

① 世界银行：《1990年世界发展报告》，中国财政经济出版社1990年版。

② 中国农村贫困标准问题研究，http://www.stats.gov.cn/tjzs/tjsj/tjcb/dysj/201509/t20150902_1239121.html。

单的收入或消费视角的贫困概念。相关研究认为，贫困是经济、社会、文化落后的总称，是由低收入造成的基本物质、基本服务相对缺乏或绝对缺乏，以及缺少发展机会和手段的一种状况（林闽钢，1994）。在反贫困实践中，中国在《国家八七扶贫攻坚计划》中提出了"解决温饱问题，贫困家庭人均纯收入达到 500 元（1990 年不变价格）以上；加强农村基础设施建设，解决人畜饮用水困难问题；加强电网建设和改造，使绝大多数贫困乡村能用上电；改变教育文化卫生的落后状态，普及初等教育，改善医疗卫生条件"，[①] 体现了当前国家多维的反贫困发展思想。

综上所述，贫困是一个内容广泛、不断发展的多维和动态概念，兼具了特定阶段不同社会形态下的社会经济现象。不同学者对贫困概念持不同的观点，同时对贫困概念的理解也不尽相同（萨缪尔森、诺德豪斯，2016），使贫困的定义经历了一个解决"生存需求"到满足"可行能力发展"的演进过程，由绝对的收入贫困到相对的福利贫困，从最初的强调物质贫困逐渐发展到了涵盖家庭或个体在社会公平、政治参与、自由、安全等方面的多维贫困。不同的社会发展阶段，由于经济、社会和文化差异对贫困内涵的认识也将不同，贫困标准随之发生变化。在对贫困有一个全新的认识后，对贫困家庭的识别和测度成为另一个亟待研究和解决的问题。贫困是对生活状态的描述，不仅仅表现在物质生活的温饱方面，而且还强调了人们的切身感受和政治参与等非物质方面，贫困的本质是人们无法达到所在社会普遍认为的可接受的基本生活水平。并且，分析与测量贫困应该从发展的角度出发，不应该将其视为一个不变的具体概念，而是一个随着时间和空间不断发展的相对概念，向着更加细化、广化和深化方向发展。

---

① 国务院：《国家八七扶贫攻坚计划》，1994 年。

二、"可行能力"概念及内涵

20 世纪 80 年代，以诺贝尔经济学奖获得者阿马蒂亚·森（Amartya Kumar Sen）[①] 为代表的发展经济学家批评了长期以"收入与财富"为发展目标的思想，提出了"以人为本"和"人的实质性自由"的发展观，将研究的核心从经济发展转变到强调人的发展，并借此提出了"以人的可行能力（Capability）为中心"的分析框架。森（Sen，1999）认为，自由是发展的首要目的，自由也是促进发展的不可或缺的重要手段。收入、财富和技术进步等固然对人们生活很重要，但只是人们达到目标的工具而已，并不必然决定人们的可行能力和自由。其中，森在《贫困与饥荒：论权利与剥夺》（1982）、《饥饿与公共行为》（与德雷兹合著，1989）和《以自由看待发展》（1999）等著作中彻底批驳了传统上对人类发展和家庭饥荒形成机制的解释，提出的"自由"概念，是一种权利和可行能力的自由，包括生活上具有实质意义上的"可行能力"，如受教育、健康状况、社会参与、住房条件、卫生设施等，进而提出的"权利贫困"和权利分析法等全新概念，颠覆了发展经济学领域对贫困问题的再思考。

森（2002）明确将"可行能力"界定为"人们能够根据自我意愿而实现生活的一种可行能力，这种可行能力包括了人们在日常生活中可以实现免受诸如饥饿、营养不良、疾病或过早死亡等基本生存需求的能力，也是一种能够识字算数、发言、获得失业救济、享受社会参与和政治活动等权利的自由"。可见，森提出的可行能力的概念，涵盖了从

---

① 阿马蒂亚·森（Amartya Sen），1933 年生于印度，1953 年在印度完成大学学业后赴剑桥大学就读，1959 年取得博士学位。1998 年获得诺贝尔经济学奖，1998～2003 年出任英国剑桥大学三一学院（Trinity College）院长，在《以自由看待发展》一书中提出并发展了可行能力理论，其主要贡献还包括在福利经济学、社会选择理论等重要领域，被誉为"经济学良心的肩负者""穷人的经济学家"等。

"经济人"到"社会人"再到"个人"的全面而自由的发展观，是对人类可持续发展能力和机会的高度概括。事实上，森从政治、经济条件、社会机会、透明性担保、防护性保障五个"可行能力"方面详细阐释了"自由"的本质内涵，并对现有观点进行了有力反驳与批评（见表1－2）。例如，森从政治自由角度，尖锐批评了为"权威主义"辩护的"亚洲价值观"，反驳了将经济发展与民主对立起来的错误观点，从而提出了"需要保障公民的基本政治权利与自由"的"可行能力"观点。

表1－2 　　　　　　森提出的五种基本"可行能力"的"自由"

五种基本"可行能力"的"自由"	主要内容与观点
政治自由	尖锐批评了为"权威主义"辩护的"亚洲价值观"，反驳了将经济发展与民主对立起来的错误观点；提出了"需要保障公民的基本政治权利与自由"的观点
经济条件自由	主要指个人享有的将其经济资源运用于消费、生产或交换的机会，改善个体拥有与运用经济资源的能力。再次强调自由发展是核心，强调对劳动自由、人身自由、工作中的自由的理解和重要性，不能只着眼于市场效率，人的自由才是更重要的角度
社会机会自由	主要指在教育、保健等方面的社会安排，它们影响个人享有更美好生活的实质自由。明确指出了个体平等地享有教育、医疗、就业服务等社会公共服务机会的重要性
透明性担保自由	主要指人们在社会交往中需要的信用，它取决于交往过程中的公平性、对信息发布及信息准确性的保证。透明性担保与健全的市场机制、政治民主等紧密相连，确保人们能够获得足够充分的信息，这涉及市场的基础设施的建设和行为规范的确立
防护性保障自由	不仅是所谓"福利国家"的问题，同时也是民主制度的问题。防护性保护是为那些遭受天灾人祸或其他突发性困难的人，或收入低于贫困线下的人，以及特殊困难群众，如老年人、残疾人等，提供扶持的社会安全网，为其提供生活的必需品，或改善其生活条件，保证了人们享受维持正常生活所需要的社会保障

资料来源：阿马蒂亚·森著：《以自由看待发展》，任赜、于真译，中国人民大学出版社2012年版。

　　按照森对"可行能力"的认识，扶贫的最终目标并非是简单使贫困人口收入超过贫困线实现脱贫，过上"两不愁、三保障"的小康生活，也并非强调使脱贫人口走上致富增收的道路。森的"可行能力"观点肯定了物质资料对人类发展的作用，更强调了人的生活质量、自由权利、公平机会等一系列"以人为本"的发展。这意味着，社会发展过程中贫困人口脱贫只是确保发展的底线目标，贫困人口可持续发展的最终目的，关系到脱贫人口实际上的需求或获得资源的机会，以及脱贫人口能够平等获得这些资源的权利与能力，强调了脱贫人口发展中在入学机会、受人尊重、自由参与社会活动、政治参与权、平等工作、获得医疗资源等方面的重要性。

　　传统上反贫困理论的缺陷在于过度强调促进贫困人口收入和财富的提高，忽视了贫困人口在经济发展中的主体性、能动性与获得机会的公平性。森提出的"可行能力"观点，以人发展过程中实质性自由为出发点，通过人发展中的主体性、可持续发展的能动性来重构反贫困理论，实现了贫困理论从注重"物质和收入"向"以人自由全面发展"的转变，并且强调了一个人在发展过程中获得社会资源的机会和权利。此外，森的"可行能力"发展观侧重强调贫困概念中个体的"能力"与"权利"的被剥夺，而并非简单地将贫困界定为"缺乏收入"。"能力"与"权利"的被剥夺不仅涉及个体在物质资料、经济收入等方面，而且关注人口生活质量和发展需求的权利或能力的机会不平等。为此，贫困不仅仅是因为收入低下导致，而且是人们的生活能力或非物质权利被剥夺，以及发展需求无法得到满足等原因导致，贫困是多维因素形成的结果。因此，贫困应该从个体发展需求的教育、医疗、政治和就业等方面来考虑，在提高贫困人口收入水平的同时，还需改善贫困人口的多维福利需求，提高贫困人口的发展能力。这正是本研究从多维角度分析贫困人口发展问题的理论基础。

　　事实上，基于"可行能力"视角来审视农村地区贫困人口的发展问题，不仅要求关注贫困人口的收入与多维福利，而且需要考虑贫困人口自我发展能力培育的重要性，同时还强调了贫困人口脱贫后在精神需求、文化需求和社会参与等问题，更重要的是强调了脱贫人口对未来自由生活的向往和实现个人自由的能力。鉴于此，本研究一方面分析中国农村脱贫攻坚对贫困人口收入的影响，另一方面剖析了扶贫政策对脱贫人口未来可持续发展能力和精神扶贫（"扶志"）、文化扶贫（"扶智"）等多方面的减贫成效。

此外，马克思对可行能力也有独到见解。马克思提出的"人全面而自由的发展"观点中[1]，是对人综合能力的高度概况。"人全面而自由发展"不仅包括个体"能够全面发挥各方面的才能，发挥生产之实践性的力量"，而且涉及个体在"德（品德）智（智力）体（体力）美（审美）"等方面的综合能力。马克思关于"人全面而自由的发展"的阐述，强调了个体能够适应不同环境和劳动需求的能力，侧重对个体的主动发展能力和实现价值能力的培育，在极大满足人的物质生活需求的同时，追求更高层次的发展需求。马克思提出了"人自由解放和全面发展"的观点，认为"每个人的自由发展是一切人自由发展的条件"，共产主义社会是以实现真正自由为终极目标和最高理想的。马克思提出的"人自由解放和全面发展"观点对森"可行能力"的"自由"理论奠定了思想基础。

森（Sen，1997，1999）认为，贫困无非就是家庭或个体的"基本可行能力"遭受了剥夺。这里的"可行能力"是指避免营养不良、防止过早死亡、接受良好的教育、儿童获得入学机会、免除饥饿与疾病的困扰、社会参与的自由等。按照森的思想，贫穷不仅仅意味着缺钱，贫穷还会导致难以容忍的人才浪费，会使人丧失挖掘自身潜力的能力。一个落后地区的小孩即使很聪明，但由于教育资源受限，且家庭经济能力低下，可能最多支持其读到小学毕业或初中毕业；或者，可能会由于营

---

① 马克思：《资本论》（第一卷），中共中央马克思恩格斯列宁斯大林著作编译局译，人民出版社 2004 年版。

养不良而无法成为优秀的运动员；抑或，哪怕该小孩有很好的从商或创业想法，但由于没有经济支持，也得不到贷款，无法获得启动资金最终而碌碌无为。所以，贫困的本质是多维的，收入水平固然能反映家庭的贫困现状，但导致收入低下的原因才是分析贫困本质的关键。此后，利用森的"能力集"或"能力贫困"思想，学术界将传统上收入贫困的探讨逐渐拓展到了多维视角，并融入了森"可行能力"的观点，更加注重贫困人口未来的可持续发展能力。

第二节 农村发展实践：从脱贫攻坚走向乡村振兴

一、中国农村贫困的演进历程

随着全球化进程加快，贫困已成为全世界共同关注的问题，是人类社会发展过程中长期存在的社会现象之一，也是社会发展与社会治理中最具挑战性的问题。消除贫困是人类社会发展的共同目标，是全球绝大多数国家可持续发展的社会任务。中国作为发展中大国，可用于生产的耕地面积占全球耕地面积不到 10%，但却生产了约全球粮食产量的 23.5%（2017 年数据）。[①] 新中国成立前夕，中国农村 80% 以上的人口处于流离失所、饥寒交迫之中。新中国成立初期，全国上下呈现出普遍贫困现象，且极端贫困问题较严重，人民生活水平低下，占全国总人口 80% 以上的农村人口普遍处于贫困状态，其中 1/3 以上处于极端贫困状态（杨灿明，2021）。改革开放后，随着中国经济的持续高速发展，中

---

① 主要来自联合国粮农组织公开的数据，2017 年全球粮食产量约为 26.27 亿吨，其中，中国的粮食产量为 6.18 亿吨，约为全球粮食总产量的 23.5%。详见官网：https：//www.un. org/zh/global - issues/food。

国政府初步解决了长期历史上居民"食不果腹、衣不蔽体"的穷困潦倒现象。此时，城市贫困问题大幅缓解，大量的贫困人口分布在农村地区，贫困问题主要转变成了农村贫困问题。

消除贫困、改善民生、实现共同富裕，是社会主义的本质要求。①随着我国经济社会发展，贫困规模和贫困对象也随之发展变化，为此国家对扶贫工作的任务和目标也适时进行了调整。自 20 世纪 70 年代末以来，中国农村扶贫工作先后经历了六个发展阶段（见表 1－3）。

表 1－3　　　　　　　　1978 年至今农村扶贫发展阶段与主要内容

发展阶段（时间）	主要内容
第一阶段：制度性改革推动的大规模减贫阶段（1978～1985 年）	在农村推行了系列卓有成效的农村体制改革，例如以家庭联产承包责任制替代了生产队体制，以市场化为导向的农产品价格改革等措施；政府逐渐确立农村扶贫开发措施，如中央设立了支持落后经济发展建设资金，专门支持少数民族地区、边远地区尤其是老革命地区的经济发展，设立"三西"② 扶贫开发建设资金，实施实物形式的"以工代赈"扶贫活动等
第二阶段：大规模的扶贫开发（1986～1993 年）	从中央到地方先后建立了垂直型扶贫开发组织体系，并组成了相应的扶贫开发领导小组、机构等；继续执行"支持不发达地区经济的发展资金""三西扶贫专项资金""以工代赈"等资金投入政策，逐步探索金融信贷扶贫政策；建立起以贫困县瞄准为重点的开发式扶贫治理结构，1988 年国家确定了 370 个国家级贫困县；扶贫工作重点从之前的以救济式为主的短期目标，转变为强调对贫困地区进行"输血"与"造血"兼施的长期扶贫
第三阶段："八七扶贫攻坚计划"（1994～2000 年）	以贫困村治理体系为重点的开发式扶贫治理结构形成；1994 年制定《国家八七扶贫攻坚计划》时将贫困县调整为 592 个；承诺"计划在短短的 7 年时间里，基本解决当时剩余的 8000 万农村绝对贫困人口的温饱问题"，并进一步改善贫困地区教育落后、医疗卫生条件差、用电不便等问题；动员全社会力量参与扶贫，上到中共中央、国务院扶贫开发小组、全国妇联、财政部等，下到省（区、市）级领导和各级党政"一把手"以及贫困县（乡、村）的扶贫干部；加大了扶贫资金的投入幅度，明确了"扶贫的资金、任务、权利和责任"的"四个到省"的扶贫工作机制

---

① 习近平：《在河北省阜平县考察扶贫开发工作时的讲话》，载《人民日报》2021 年 2 月 16 日第 1 版。

② 甘肃省定西地区、河西地区和宁夏回族自治区西海固地区，合称为"三西"，是早期扶贫开发建设的重点地区，早期投入扶贫资金超过 2 亿元。

续表

发展阶段（时间）	主要内容
第四阶段：农村扶贫开发纲要实施（2001～2012年）	制定了《中国农村扶贫开发纲要（2001～2010年）》，提出了这阶段我国扶贫的阶段性目标，即尽快解决少数贫困人口温饱问题，进一步改善贫困地区的基本生产生活条件，巩固温饱成果，改善生态环境等，为达到小康水平创造条件；扶贫对象从之前的以贫困县、贫困地区为重点的区域性扶贫转向以贫困村、贫困家庭为重点。同时，提出了"整村推进""移民搬迁""雨露计划""产业扶贫"等系列专项扶贫措施
第五阶段：脱贫攻坚阶段（2013～2020年）	为了提高扶贫资源的瞄准精准度，实施了区域和个体双重扶贫瞄准体系，强调"到村到户到人"精准扶贫、精准脱贫机制；大幅度提高了贫困线标准，从2009年人均年纯收入1196元的贫困标准提高到2011年2300元（2010年不变价格），且更加关注贫困对象或脱贫家庭的生活质量；扶贫模式不断创新，例如，采取了金融扶贫、教育扶贫、产业扶贫、电商扶贫、易地搬迁等新模式
第六阶段：乡村全面振兴阶段（2021年至今）	乡村振兴包括"产业振兴、生态振兴、文化振兴、人才振兴、组织振兴"五个部分；乡村振兴战略规划主要包括"产业兴旺、生态宜居、乡风文明、治理有效和生活富裕"五个方面的考核指标（简称"二十字"方针）

第一阶段为制度性改革推动的大规模减贫阶段（1978～1985年）。这一阶段，主要以党的十一届三中全会为标志，释放农村潜在的生产力，推行了以家庭联产承包为主的生产责任制和统分结合的双层经营体制，大幅提高了农村的生产积极性。与此同时，中央政府及相关部门采取了系列应对普遍贫困的措施，例如，补贴农产品价格、提供税收优惠、设立助农专项基金，并且调动多方资源，开展了在"老、少、边、穷"试点区域的大规模扶贫，极大地解决了农村普遍贫困问题。这期间，政府以农村经济体制改革推动为主，赋予农民农业生产自主权，激发了农村家庭的劳动积极性，显著提高了农民的收入水平，基本解决了贫困人口的温饱问题。

第二阶段为有计划的大规模扶贫开发阶段（1986～1993年）。改革开放初期通过农村体制改革初步解决了农民的温饱问题，但随着改革开放的深入，地区之间的贫富差距日益扩大，深层次的贫困问题逐渐凸显。为了消除地区经济发展不平衡不充分导致的贫困问题，我国开始实行大规模的开发扶贫项目，在农村贫困治理上进行了系列制度创新，建立起了以贫困县瞄准为重点的开发式扶贫治理结构①，旨在缓解不平等和贫富分化导致的极端贫困问题。这期间，主要以系统性、规范化、有计划的开发式扶贫为主，通过设立专门的扶贫机构，明确具体的扶贫对象（贫困县），落实扶贫管理责任等，形成了比较完整的扶贫开发体系。

第三阶段为"八七扶贫攻坚计划"阶段（1994～2000年），形成了以贫困村治理体系为重点的开发式扶贫治理结构。经过上一阶段的大规模扶贫，贫困地区和贫困人口明显下降，且剩余贫困对象主要集中在偏远、落后、交通不变、资源匮乏的中西部地区。为了在步入新世纪之际，消除落后地区的极端贫困，解决低收入群体的温饱问题，在1994年，中央政府提出了《国家八七扶贫攻坚计划》，划定了592个国家级贫困县，占全国贫困县总数的27.3%（国家统计局住户调查办公室，2015）。《国家八七扶贫攻坚计划》旨在以贫困县为单位，承诺"计划在短短的7年时间里，基本解决当时剩余的8000万农村绝对贫困人口的温饱问题"，并进一步改善贫困地区教育落后、医疗卫生条件差、用电不便等问题。并且，各级政府动员全社会力量参与扶贫，上到中共中央、国务院扶贫开发小组、全国妇联、财政部等，下到省（区、市）级领导和各级党政"一把手"以及贫困县（乡、村）的扶贫干部，且进一步明确了"扶贫的资金、任务、权利和责任"的"四个到省"的扶贫工作机制。与此同时，国家扶贫资金投入力度大幅提高，从1994年的97.85亿元增加到2000年的248.15亿元，累计投入扶贫资金1127亿元（王曙光，2020）。该阶段，扶贫工作取得了显著成效，全国农村没有解决温饱的人口下降到了3000万人，社会事业全面发展，贫困地

---

① 1988年国家确定了370个国家级贫困县，1994年制定《国家八七扶贫攻坚计划》时调整为592个贫困县。

区 95% 的行政村通广播电视等，农村居民生活水平得到极大改善。①

第四阶段为农村扶贫开发纲要实施阶段（2001～2012 年），也是我国扶贫开发工作重点和扶贫对象转型阶段。这一阶段包括了"十五"（2001～2005 年）和"十一五"（2006～2010 年）两个五年计划周期，国家根据农村贫困人口"大分散、小集中"的新特点，采取了由区域扶贫、贫困县等大扶贫转向更低层次的村级社区，强化了以村为单位的综合性扶贫治理体系（陈志刚等，2019）。此时，扶贫对象从之前的以贫困县、贫困地区为重点的区域性扶贫转向以贫困村、贫困家庭为重点。并且，提出了"整村推进""移民搬迁""雨露计划"和"产业扶贫"等专项扶贫，以及不断完善农村地区的社会保障体系，例如"新农村合作医疗制度"②，实行"五保"供养制度③，针对贫困家庭儿童的"两免一补"④ 的义务教育政策等。这期间，扶贫任务不仅直面贫困人口，而且注重贫困地区的发展，尤其是注重贫困地区的科技、教育、卫生和文化事业等全方位的发展，有效促进了贫困地区的经济和社会发展。

第五阶段为全面脱贫攻坚和最后的决胜阶段（2013～2020 年）。为

---

① 温家宝 2001 年 5 月 24 日在全国扶贫开发工作会议上的讲话，引自：中华人民共和国财政部：《党和国家领导人论财政》，经济科学出版社 2002 年版，第 25 页。

② 中国农村医疗保险的发展经历了漫长的过程，1980 年以前的"赤脚医生"制度，为中国落后的农村地区提供了当时最为初级的医疗护理，是我国农村合作医疗的早期阶段，同时也为其他发展中国家的落后地区医疗服务提供了可供参考的"唯一典范"。总体而言，中国农村合作医疗，在将近 50 年的发展演进历程中，先后经历了新中国成立初期的萌芽阶段、50 年代的低水平发展初创期、60～70 年代快速发展的鼎盛时期、再到改革开放至 80 年代底的解体时期和 90 年代初的再次恢复与新发展阶段，从而为新世纪建立的新农村合作医疗制度奠定了坚实的理论基础，同时也为后期农村发展合作医疗探明了道路。

③ "五保"供养是指在保吃、保住、保穿、保医和保葬五个方面，简称"五保"。其对象主要针对农村地区丧失劳动能力和生活没有依靠的人口，包括了老年人、残疾人或者未满 16 周岁的村民等。

④ "两免一补"指"免杂费、免书本费、逐步补助寄宿生生活费"。这项政策最早从 2001 年开始实施，主要针对农村贫困家庭中处于义务教育阶段的学生，分别由中央财政和地方财政共同分担，中央财政主要负责提供免费教科书，地方财政主要负责免除杂费和补助寄宿学生的生活费等。到了 2006 年，逐步加大了政策的实施力度，首先开始从落后的西部地区全部免除农村义务教育阶段学生的学杂费。到 2007 年推向全国，即农村地区处于义务教育阶段家庭经济困难的学生全部可享受"两免一补"的政策。

了实现党和国家提出的"2020年所有贫困地区和贫困人口一道迈入小康社会"的目标，一方面，推行了全新的"精准扶贫、精准脱贫"模式，且全面建立起了脱贫攻坚制度体系。国家高度重视新时期的贫困问题，考虑到现有存量贫困人口大多是"贫中之贫、困中之困"，属于"难啃的硬骨头"，为了提高扶贫资源的瞄准精准度，国家实施了区域和个体双重扶贫瞄准体系，强调"到村到户到人"精准扶贫机制，并实行了最为严苛的考核制度。另一方面，为了确保全面小康的质量，国家大幅度提高了贫困线标准，从2009年人均年纯收入1196元的贫困标准提高到2011年2300元（2010年不变价格）。新的扶贫标准和目标，除了注重脱贫家庭"吃饱、穿好"外，更加关注贫困对象或脱贫家庭的生活质量，重视脱贫对象"两不愁、三保障"生活需求，以及考虑到了除基本生活需求外的其他发展需求。

第六阶段为乡村全面振兴阶段（2021年至今）。消除贫困实现"全面建成小康社会"是党的第一个百年奋斗目标，为了实现党的第二个百年奋斗目标，乡村振兴是关键。脱贫攻坚为乡村振兴奠定了良好的发展基础。但是，完成脱贫攻坚后，农村仍然是中国全面建成社会主义现代化强国的主要短板，城乡收入差距过大、农村人口过多、"三农"发展水平不高、基础设施不完善等问题依然存在。为此，国家实施了乡村振兴的长期战略。步入乡村振兴前，有一个脱贫攻坚与乡村振兴的衔接阶段，即从2018年到2022年，也是乡村振兴战略提出的第一个5年，到2022年乡村振兴制度框架和政策体系才初步健全。到2035年，中国农村将在"产业、生态、教育、医疗、乡风文明、体制机制与基础治理"等方面实现根本好转，乡村振兴取得决定性进展。到2050年，乡村全面振兴，实现"农业强、农村美、农民富"的共同富裕。

脱贫攻坚完成了中国减贫的历史性跨越，而乡村振兴则是开启了新奋斗的起点。归纳起来，中国农村贫困治理体系先后经历了经济体制改革为主、贫困区域或贫困县为重点、贫困村和贫困家庭、再到脱贫攻坚和乡村振兴的多个反贫困发展阶段，扶贫模式从"大水漫灌"到"精准滴灌"的扶贫机制创新。实践中，扶贫工作在社会各界的共同努力下，从最初的解决贫困人口的温饱问题，转向实现贫困人口"吃饱且适当吃好"的基本目标，再步入实现全民小康的更高目标。简言之，中国的反贫困工作经历了一个从满足贫困人口基本"生存"需求到注重贫困人口能力发展的全新转变，消除绝对贫困后，农村发展也将进入乡村振兴的全新阶段。

二、脱贫攻坚与乡村振兴的逻辑关系

当前，中国已从脱贫攻坚迈向了乡村振兴。脱贫攻坚与乡村振兴是党中央为实现两个百年目标而制定的重要战略。党的第一个百年战略目标是"全面建成小康社会"，因此，坚决打赢脱贫攻坚战，消除绝对贫困和区域性整体贫困仅是达到了全面小康的底线任务和目标。党的第二个百年奋斗目标是"将我国建成富强民主文明和谐美丽的社会主义现代化强国"，确保第二个百年奋斗目标高质量完成的关键仍然在农村。2021年，中央一号文件对新阶段发展农业农村、全面推行乡村振兴做出了总体部署，把实现巩固脱贫攻坚成果同乡村振兴有效衔接摆在首要位置，反映了我国"三农"工作即将应对的新形势和扶贫工作面临的新任务，成为开启中国式现代化新征程历史关口和农业农村发展新格局的关键。

党的十九大报告提出实施乡村振兴战略、实现农业农村现代化发展目标，明确提出乡村振兴的"二十字"方针，确保到2050年实现全体居民的共同富裕。事实上，脱贫攻坚与乡村振兴实际上是农村发展中的两个方面、两个阶段，发展逻辑是一脉相承的。

一方面，从农村发展历程来看，乡村振兴是脱贫攻坚的接续发展阶段。脱贫攻坚在前，乡村振兴在后。脱贫攻坚为乡村振兴发展扫清了制约农村发展的障碍，属于阶段性短期目标。乡村振兴为脱贫攻坚后农村全面发展的接续长期目标。脱贫攻坚在消除了绝对贫困问题后，并非农

村的贫困就彻底解决了，此时相对贫困、收入差距将成为乡村振兴阶段面临的主要问题。实践中，进入脱贫攻坚以前，扶贫主要针对的是区域或重点贫困县，最小单位也是贫困村或贫困社区，相关政策并未精准到农户或贫困个体。例如，1982 年国家启动了以"定西、河西和西海固"为对象的"三西"扶贫计划，①开启了区域性瞄准为主的开发式扶贫，且将大量扶贫资金向落后的贫困地区倾斜。步入新世纪以后，国家根据农村贫困人口"大分散、小集中"的新特点，采取了以贫困村为重点的综合性扶贫治理体系。2013 年后，为了提高扶贫效率，防止"大水漫灌"大扶贫中的低效率，从而实施了以贫困人口为瞄准对象的精准扶贫。在脱贫攻坚期间，地方政府通过提供资源、修建基础设施、开发产业、引进村镇企业、培训贫困人口技能等形式，目的在于为贫困地区的贫困人口提供发展的有利条件和资源，通过"造血式"扶贫方式培育贫困人口的发展能力。此外，相应的政策重点，也围绕贫困人口的教育、医疗、就业等，提出了针对贫困人口儿童入学的助学贷款扶贫、产业发展扶贫、转移就业扶贫、小额信贷扶贫、电商或光伏扶贫等系列发展型扶贫措施，有效培育出了低收入群体的自我发展能力。此时，由于不同个体发展能力差异，面临的发展机会也不同，会导致群体内与群体之间的收入差距扩大问题。因此，进入乡村振兴阶段后，发展的目标不仅是让所有人收入提高，而且仍需要关注最低收入群体的受益问题。可见，乡村振兴期间农村发展的重点仍然是如何帮助低收入家庭及其相对贫困人口发展问题。然而，脱贫攻坚阶段在产业发展、生态发展、教育保障、医疗保障和治理机制等方面的实践经验，也将为乡村振兴体制机制建设和政策制定提供宝贵经验。

　　另一方面，从对象上看，虽然脱贫攻坚主要针对农村地区的贫困人

---

① "三西"扶贫共涉及 47 个县（市、区），在 1992 年扩大到 57 个。国家连续 10 年每年安排 2 亿元专项资金（简称"三西"资金）支持"三西"地区农业开发建设。1992 年国务院决定将每年 2 亿元"三西"资金预算计划延长 10 年。2000 年和 2008 年，国务院又先后做出决定，再延长"三西"资金计划，安排至 2015 年，并从 2009 年开始，每年增加到 3 亿元。

口，而乡村振兴针对所有农村地区的人口，但脱贫攻坚与乡村振兴是党的两个百年目标中发展任务的接续目标。乡村振兴的目的在于发展农村，而制约农村发展最大的问题是贫困。因此，短期内解决制约农村发展中的绝对贫困，补齐农村发展中的最大短板，是脱贫攻坚的首要任务。消除了绝对贫困，农村发展中的问题转化为了短期内防止贫困人口返贫，长期中化解农村发展中的区域不平衡、收入差距扩大、发展动力不足等方面，此时，乡村振兴战略便应运而生。可见，乡村振兴是脱贫攻坚的升级版本，旨在消除绝对贫困基础上促进农村全面发展。然而，需要说明的是，农村扶贫经历了多个发展阶段，且脱贫攻坚历时八年才完成。那么，农村要实现乡村振兴，也必将经历更为持久的过程。并且，在落实乡村振兴过程中，需要以全体农村居民为主体，同时力求推动城乡融合，实现城乡资源双向流动，通过城市发展带动农村发展。因此，乡村振兴在内容、对象、时间、任务，以及对基层治理能力的要求等方面都将比脱贫攻坚时期更艰巨。

综上所述，乡村振兴与脱贫攻坚并不是孤立存在的，脱贫攻坚为乡村振兴补短板，乡村振兴为脱贫攻坚提供保障（李周，2017）。无论是补短板，还是解决发展问题，乡村振兴与脱贫攻坚战略相互促进、协同发展。不同的是，脱贫攻坚战略以微观层面的贫困村贫困户为对象，重在强调扶贫成效及其治理措施，且主要由"增收类"和"减支类"政策措施为主（见表1－4）。一方面通过"输血式"帮扶和"造血式"赋能，采取补贴与培育并重的策略，推进贫困居民收入增加；另一方面通过帮助贫困人口实现"支出减免"，降低贫困人口在教育、医疗等方面的消费支出，减轻贫困人口的支出负担，促进贫困人口的储蓄增加，实现脱贫。相比而言，乡村振兴以宏观的农业农村农民为关注点，以推进农村资源的有效配置，实现"三农"高质量的发展（黄祖辉，2018）。在认识农村地区脱贫攻坚任务与乡村振兴目标的差异基础上，才能有效制定长效的贫困治理体系，建立起全面、具体的乡村建设发展框架，形成完善的制度保障。在实现乡村振兴和共同富裕目标的过程中，需规避"输血式"帮扶可能带来的"福利依赖"问题，统筹资源分配，借助市场机制分配资源的作用，发挥乡村产业带动低收入群体增收的辐射作用，从而增强居民参与美丽乡村建设的积极性和幸福感。

表 1 - 4　　　　　　脱贫攻坚时期扶贫政策类型与内容

一级分类	二级分类	具体的扶贫政策
"增收"类扶贫政策	"输血式"扶贫（贫困补贴）政策	"五保""低保"补助金；特殊困难群众生活保障金；残疾人补贴金；贫困生的生活补助金、交通补贴、危房改造补贴等
	"造血式"扶贫（能力培育）政策	行政村道路硬化（村级）、农业灌溉设施建设（村级）、生态旅游开发（村级）、扶贫车间（村级）、扶贫公益岗、产业扶贫（奖补）、电商扶贫、光伏扶贫、产业农业保险、就业劳动力技能培训、易地搬迁、金融小额信贷支持等
"减支"类扶贫政策	教育与医疗健康扶贫政策	教育类两免一补、免费健康体检、慢性病签约（家庭医生计划）、"新农合"保费减免、医疗保险报销比例（提高）、"985"医疗等

注：以上资料经笔者归纳、整理相关扶贫政策文件获得。

第三节　本研究的分析思路与写作特色

一、分析思路与研究内容

实践中，脱贫攻坚阶段对贫困人口的帮扶之所以起作用，很大原因在于产业扶贫、电商扶贫、就业扶贫等"造血式"扶贫的有效干预，一定程度上培育了脱贫人口的内生发展动力。政府扶贫工作或私人部门的投资行为，形成了"政府＋社会＋个体""三位一体"的扶贫开发模式，帮助农村地区的低收入群体在关键领域、重要产业、基础设施建设等方面实现实质性发展。然而，相关研究认为，政府和私人部门对贫困人口干预的弊大于利，政府或私人部门对农村地区进行投资或帮扶，会使落后地区穷人停止寻找自己解决问题的方法（Moyo，2009），针对贫困人口的现金转移支付会使穷人产生长期的"福利依赖"。并且，大量的社会资本进入农村地区，一定程度上会腐蚀地方机构形成"精英俘获"（温涛等，2016；韩华为，2018），导致扶贫资源错配或配置效率低下（胡联、汪三贵，2017）。

可见，当前学术研究中，有关脱贫攻坚时期扶贫政策的作用效果，归纳起来存在两种不同的观点：一是脱贫攻坚凝聚"政府、社会、企业团体和个人"等各方面资源，对贫困地区形成"大合力"，产生强力的帮扶与推动作用。除了政府的直接帮扶外，农村地区的经济增长能通过"涓滴效应"对贫困人口产生分润与带动作用。按照发展经济学中"大推进理论"的观点，脱贫攻坚战略对贫困地区的影响，克服了需求和供给方面的限制，对贫困地区提供了发展所需的基础设施、公共服务、特殊产业、生态环境等资源。因此，外部的投资和帮扶不仅为贫困地区人口发展提供原始的发展动力，而且培育出了长期可持续发展能力，有助于后期乡村振兴的稳定发展。二是对脱贫攻坚战略的贫困人口可持续发展能力培育持怀疑态度。部分研究认为，对农村贫困人口直接的现金转移支付并不会对贫困人口产生长期影响，由于落后地区因为经济基础差、发展能力欠缺，所以很难获得可持续的投资报酬（Ravallion，2008），也无法支付私人部门进行的投资回报，在政府补贴力度减小或取消后，落后地区人口便不能获得持续性的收益补贴，从而会再次落入"贫困陷阱"之中（Chen & Ravallion，2010）。并且，中国面临着贫困人口大规模下降、收入分配不均与扶贫开发针对性不强等多重问题（汪三贵、刘未，2016）。从这两个角度来看，各自观点都有其正确性，只是看待问题的角度或对穷人行为的假定不同。

那么，在中国已消除绝对贫困走向乡村振兴的交汇阶段，到底哪种观点更符合农村人口发展的现实。为了回答这一问题，本书将从五个方面进行展开：第一，脱贫攻坚时期精准扶贫政策对贫困人口的收入与多维福利的影响如何，是否培育出了脱贫人口长期的内生发展动力。第二，脱贫攻坚战略对处在收入底层贫困人口的收入与福利影响作用有多大？我们关心扶贫政策是否更大幅度惠及最底层贫困人口。并且，系列政策在消除绝对贫困的情况下，对农村落后地区人口是否产生了持续性的增收效应。第三，由于脱贫攻坚时期精准扶贫政策主要通过"输血式"扶贫与"造血式"扶贫两种方式影响贫困人口，所以我们进一步探析了两种扶贫模式对贫困人口的差异化影响，从而寻找出乡村振兴阶段缓解相对贫困的最优治理机制。第四，对于农村最底层贫困人口，政府对其的贫困补贴占自身家庭收入比重较高，"输血式"扶贫起着非常重要的作用。为此，我们关注的是，"输血式"扶贫是否具有长期效应，以及针对贫困人口的现金补贴，是否产生了与发达国家社会保障相似的"福利依赖"效应。第五，在脱贫攻坚阶段，国家不仅展开了大规模的物质帮扶，而且注重贫困人口的精神扶贫、智力扶贫等，这些扶贫措施对农村贫困人口的收入与福利的影响如何。农村贫困人口除了受到政府或社会帮扶的影响外，很大因素在于贫困人口自身的思想与能力。贫困人口经历了长期贫困，其思想容易受到"贫困亚文化"的影响，以及受到贫困人口自身能力提升的可能性与主观能动性等因素的影响。为此，我们进一步剖析了"扶志"与"扶智"对贫困家庭及其子代的影响。

此外，现实中的贫困问题复杂多样、贫困原因也不尽相同，要回答农村低收入人口的发展状况，不能仅从"可行能力"理论视角进行解答，需要我们从现实中寻找证据。为此，本研究将理论与实践相结合，通过探索理论创新指导实践，并借助实践发现反馈理论发展，这些思想我们一一并将其融入各章节的结论与观点中。这样做的一个好处是，一旦我们分析相关政策对贫困人口的影响可能存在差异时，那么我们可以剖析出导致这种差异的根本原因是什么，为什么相同政策对不同人口会产生不同的影响，对以上问题的思考有助于我们从中归纳总结出更有效的政策建议或措施。

二、研究的特色与创新

除了以上的研究思路与写作切入点外，本研究还试图从以下几个方面做出边际贡献。

（1）本研究率先对农村贫困人口进行动态识别与测算，将分析问题拓展到动态领域。本研究在多维贫困静态识别基础上，引入持续时间分析法，构建了综合的长期多维贫困指数，实证检验了贫困人口长期贫困状态的动态转化趋势，尽可能克服当前贫困识别方法仅适合特定时点分析的不足，从而将多维贫困分析方法拓展到长期的动态领域。

（2）基于"可行能力"理论，探讨了脱贫攻坚政策的多维减贫绩效，将贫困人口的识别、脱贫后的发展与家庭多维资产积累纳入统一分析框架，提出了让资产成为政府转移支付的一部分，且更多地倾向于农村低收入群体的前瞻观点，从而为乡村振兴赋能低收入群体持续发展能力提供了有益借鉴。可见，本研究一方面与新发展阶段我国扶贫目标和脱贫任务相契合，且填补了有关乡村振兴赋能低收入人口发展研究的空白；另一方面本研究为乡村振兴阶段防范贫困人口大规模返贫提供了理论与经验参考。

（3）与既有研究相比，本研究通过将"志智双扶"理念转化为主客观可量化因素，系统地评估了精准扶贫政策对贫困家庭"志智双扶"作用的多维减贫绩效，且进一步挖掘了影响贫困人口主观努力程度的微观作用渠道及"志智双扶"的代际传递效应。此外，本研究将精准扶贫政策与居民主观幸福感纳入同一分析框架，完善了既有研究中仅聚焦于精准扶贫政策对贫困人口规模减小与家庭增收效应的不足，拓展分析了精准扶贫政策的福利效应及其作用机理，研究结论为乡村振兴战略提供了更为丰富的经验证据。

（4）研究方法上，本研究利用精准扶贫政策的国家贫困线设定制度和政策实施特征这一自然准实验，分别采取模糊断点回归（fuzzy regression discontinuity，FRD）和双重差分（differences-in-differences，DID）等政策评估方法，有效克服了遗漏变量或逆向选择等导致的内生性，从而获得更为"干净"的政策效应，这也为学术界开展全面的扶贫政策效果评估提供了一个新的思路。

此外，本研究也存在一定的不足，由于受限于研究团队能力与平台资源，我们针对低收入群体发展问题的研究还存在一定的缺陷。在考虑贫困人口发展中，没能单独从教育、医疗和就业等方面评估减贫效应，也没能深入剖析影响最底层收入群体持续发展的外部因素与内部因素的贡献情况。为此，本研究后续将继续秉承"将研究写在中国大地上"的学术初心，探寻"从脱贫攻坚走向乡村振兴"更佳的方案与策略，为中国低收入贫困人口走向共同富裕建言献策。

第二章

从脱贫攻坚走向乡村振兴的
扶贫历程与发展困境

第一节 贫困标准：从"生存需求"向
"发展需求"转变

我国经历了普遍贫困、区域贫困、贫困县和贫困村等多阶段贫困变化形态与扶贫对象，贫困瞄准难度不断加大。国家根据整体贫困形态变化，不断调整贫困治理体系与扶贫发展模式，相应的扶贫标准不断提高，以实现扶贫资源有效瞄准，确保脱贫人口的持续性发展需求。

自 1986 年以来，我国逐步实施了大规模的扶贫、减贫工作，并在不同的发展阶段，相续制定了《国家八七扶贫攻坚计划》（1994～2000年）、《中国农村扶贫开发纲要（2001～2010年)》、《中国农村扶贫开发纲要（2011～2020年)》和《中共中央 国务院关于打赢扶贫攻坚战的决定》等重大扶贫政策。与此同时，扶贫对象也相应做了调整，从之前的按国定贫困县、集中连片特困地区的开发式扶贫，到整村推进的村级扶贫，再到以家庭为单位、扶贫到户的"精准"扶贫，扶贫政策和扶贫对象的转变，揭示了我国贫困事业和扶贫任务进入了一个新的发展阶段。随着扶贫对象重点和扶贫目标从满足低收入贫困人口的"生存"问题，发展到"吃饱、穿好"基础上的"发展需求"，农村贫困标准也相继调整与提高。

农村贫困线是基于全国农村家庭基本生存需求进行测算，以居民的食品和非食品基本消费需求测定，不同时期的贫困标准随物价水平变动进行调整。实践中，由于消费数据较难获得，且农村居民的消费主要以自给自足为主，统计维持基本生存的消费支出比较困难。为此，实际的反贫困工作中，将以食品与非食品消费测度最低生活标准，转化为以收入衡量人均收入标准。例如，1985 年农村贫困线为人均 482 元/年，1990 年为人均 807 元/人，1995 年为人均 1511 元/人，2000 年为人均 1582 元/人，2005 年为 1742 元/人，2008 年为人均 2172 元/人，2010 年为 2300 元/人（国家统计局住户调查办公室，2015），2011 年及以后的扶贫标准参照 2300 元/人（2010 年标准），并按照每年具体的通货膨胀进行调整并更新。以 2014 年的贫困标准每人每年 2800 元为例，最新扶贫标准相当于每人每天食品消费支出 4.1 元，可满足农村家庭每天 1 斤米面、1 个鸡蛋或 1 两肉、1 斤蔬菜的日常生活消费需求，从而满足了贫困家庭健康生活所需的蛋白质和热量需求，实现了"吃饱、适当吃好"的最低温饱水平（中国农村贫困监测报告，2015）。

按照调整后的扶贫标准，如果以当年的购买力评价指数换算，相当于每人每天 2.19 美元的收入或消费标准，明显高于世界银行的国际扶贫指导线标准。调整后的最新贫困标准，已经超越了前期以满足低收入家庭"生存"问题的扶贫目标，更多的是考虑到了当前低收入贫困家庭的"可行能力发展"需求，基本能使贫困家庭达到"不愁吃、不愁穿"的温饱标准。从表 2-1 测算结果可知，按照新标准进行测度，2010 年我国农村贫困人口发生率指数（调整后的新标准）为 17.2%，相比原来的旧标准增加了 14.4 个百分点。同样，在新标准下识别的贫困人口规模为 1.66 亿人。到了 2014 年，现行标准下的贫困人口规模为 7017 万人，且相应的贫困发生率指数为 7.2%（中国农村贫困监测报告，2015）。可见，无论是按照原有的"满足基本生存需求"贫困标准还是调整后"满足基本发展需求"的新标准，我国的反贫困工作均取得了巨大的成就。

表 2 - 1　　1978 ~ 2019 年不同贫困标准下的贫困人口规模与贫困发生率

年份	1978 年标准		2008 年标准		2010 年标准	
	贫困人口（万人）	贫困发生率（%）	贫困人口（万人）	贫困发生率（%）	贫困人口（万人）	贫困发生率（%）
1978	25000	30.7			77039	97.5
1980	22000	26.8			76542	96.2
1981	15200	18.5				
1982	14500	17.5				
1983	13500	16.2				
1984	12800	15.1				
1985	12500	14.8			66101	78.3
1986	13100	15.5				
1987	12200	14.3				
1988	9600	11.1				
1989	10200	11.6				
1990	8500	9.4			65849	73.5
1991	9400	10.4				
1992	8000	8.8				
1993	7500	8.2				
1994	7000	7.7				
1995	6540	7.1			55463	60.5
1996	5800	6.3				
1997	4962	5.4				

续表

年份	1978 年标准		2008 年标准		2010 年标准	
	贫困人口（万人）	贫困发生率（%）	贫困人口（万人）	贫困发生率（%）	贫困人口（万人）	贫困发生率（%）
1998	4210	4.6				
1999	3412	3.7				
2000	3209	3.5	9422	10.2	46224	49.8
2001	2927	3.2	9029	9.8		
2002	2820	3	8645	9.2		
2003	2900	3.1	8517	9.1		
2004	2610.4	2.8	7587	8.1		
2005	2365	2.5	6432	6.8	28662	30.2
2006	2148	2.3	5698	6		
2007	1479	1.6	4320	4.6		
2008			4007	4.2		
2009			3597	3.8		
2010			2688	2.8	16567	17.2
2011					12238	12.7
2012					9899	10.2
2013					8249	8.5
2014					7017	7.2
2015					5575	5.7
2016					4335	4.5
2017					3046	3.1
2018					1660	1.7
2019					551	0.6

注：①改革开放至今，我国农村收入贫困线标准先后采用过1978年标准，2008年标准和2010年标准，总共三条官方贫困线标准；②1978年标准：1978～1999年称为农村贫困标准，2000～2007年称为农村绝对贫困标准；③2008年标准：2000～2007年称为农村低收入标准，2008～2010年称为农村贫困标准；④2010年标准：即现行农村贫困标准。现行农村贫困标准为每人每年生活水平2300元（2010年不变价）；⑤2020年消除了绝对贫困，按照2300元贫困标准测算的贫困人口规模和贫困发生率均为"0"。

资料来源：《中国统计年鉴2020》。

需要说明的是，"满足基本发展需求"的新标准虽然考虑到了贫困人口的"可行能力"发展，同时实践中的扶贫工作也涵盖了贫困人口的教育、医疗健康、住房、饮用水和就业等方面，但贫困人口的识别却仍然以收入为唯一的识别标准，无法反映脱贫人口在思想与文化方面的"亚贫困文化"问题。经济上的贫困只是反映了低收入家庭经济现状，然而发展过程中的"能力"或"机会"差距导致的多维福利贫困才是真正的"贫根"。并且，我国城乡收入差距较大，贫困人口的地区分布主要集中在落后的中西部，且居住环境、医疗体制和健康水平等均处于相对劣势，要实现"从脱贫攻坚走向乡村振兴"的转变，其任务依然很艰巨。因此，在迈向乡村振兴的贫困治理过程中，需要注重低收入群体福利等非物质发展需求。

第二节　中国农村的减贫实践与成效

一、中国农村扶贫历程及其研究动态

　　中国的扶贫工作实践经历了长期曲折过程，不同时期的减贫目标、扶贫模式和扶贫重点存在差异，导致已有研究对减贫发展阶段划分略有争议。梳理现有研究发现，学者们主要从党领导人民摆脱贫困的奋斗过程与发展历史出发，基于经济增长阶段、扶贫政策、改革进度和重要历史节点等不同划分依据，展开了多方位的分析与论述。

　　将已有研究成果归纳起来，主要存在以下观点：（1）都阳和蔡昉（2005）、张琦和冯丹萌（2016）等按照减贫发展进程、贫困性质与贫困标准等划分，总结了改革开放以来，体制改革或经济增长带动连片特困地区、贫困县等扶贫政策及其工作重点，提炼了各阶段扶贫的基本经验；（2）张磊等（2007）、雷明等（2020）、王曙光等（2020）、黄承伟

（2019）等追溯、梳理了新中国成立以来的中国扶贫发展历程，从扶贫政策演变、经济体制改革和扶贫对象转变等角度评析了农村减贫成效，系统探讨了从土地改革、人民公社到家庭联产承包责任制等制度化扶贫模式的演进历程；（3）叶兴庆和殷浩栋（2019）、李小云等（2019）基于社会经济发展，以农村改革、工业化、城镇化等推动的开发式扶贫，系统总结了农村开发式扶贫的历程、减贫机制与减贫战略；（4）汪三贵（2008，2018）、李实和朱梦冰（2018）、吴国宝（2018）等系统探讨了改革开放至今中国大规模扶贫的推动力量、减贫机制和制度基础，全面总结了中国农村的减贫成效、宝贵经验和世界意义。

我们将主要的观点归纳总结为表2-2。不难发现，诸多学者从扶贫政策演变、经济体制改革和扶贫对象转变等角度划分和评价农村反贫困工作的实践逻辑，除了不同研究划分的依据或视角大同小异外，从既有研究中可以发现，存有两点争议。第一，有关农村减贫的起点并未达成共识（汪三贵，2017）。一方面，绝大部分研究以新中国成立为始点，将中国农村减贫历程视为遵循减贫战略、政策演变、制度变革与经济增长相适应的统一过程；另一方面，部分研究以1979年体制改革推动农村发展为开端，将贫困性质转变、扶贫战略调整与中国体制转型相联系。第二，各阶段具体的时间节点界定存有争议，且对农村减贫机制有不同意见。部分研究认为，改革开放前时期的扶贫属于小规模救济式扶贫（刘娟，2009），以救济为主的减贫模式（左停等，2015）。也有研究认为，改革开放前的减贫成就主要来自制度改革和基本社会保障的推动，并非狭义上的扶贫（胡鞍钢，2012；范小建，2009）。

表2-2　　　　　有关中国农村减贫历程的研究现状归纳

作者（时间）	划分依据与主要内容
都阳和蔡昉（2005）	参照贫困性质变化与扶贫战略调整（1979~2005年），划分为三个阶段：体制改革和生产力发展带来经济增长减贫（1979~1985年）、区域开发带动经济增长减贫（1986~2000年）、创造就业和社会保障的减贫（2001年以后）

续表

作者（时间）	划分依据与主要内容
张琦和冯丹萌（2016）	以减贫历程、贫困标准与扶贫对象特征为依据（1978年至今），划分为五个阶段：农村改革试点突破阶段（1978~1985年）、全面改革冲击下确立贫困县扶贫新模式（1986~1994年）、非均衡新格局下的专项扶贫创新（1995~2000年）、区域轮动到整体联动的整村推进扶贫开发新模式（2001~2010年），以及精准扶贫战略的全面推进（2011年至今）
叶兴庆和殷浩栋（2019）	以消除绝对贫困为目标（1978年至今），划分为三个阶段：农村改革推动的减贫（1978~1985年）、工业化、城镇化和开发式扶贫推动的减贫（1986~2012年）、补全小康社会短板推动的减贫（2013~2020年）
张磊等（2007）	参考中国宏观经济发展阶段变化和扶贫战略的调整（1949~2010年），划分为六个阶段：社会主义改造时期（1949~1957年）、大跃进及人民公社时期（1958~1978年）、农村改革推动扶贫（1979~1985年）、大规模开发式扶贫（1986~1993年）、"八七"扶贫攻坚（1994~2000年）和新时期中国农村扶贫阶段（2001~2010年）
雷明等（2020）	从战略与政策演变视角，强调扶贫对象的转变（1949年至今），划分为七个阶段：救济式扶贫（1949~1979年）、改革开放以工代赈扶贫（1979~1985年）、以县为中心区域式扶贫（1989~1993年）、"八七"扶贫攻坚（1993~2000年）、整村推进式扶贫（2001~2010年）、集中连片特困区式扶贫（2011~2013年）和精准扶贫（2013~2020年）
汪三贵等（2017）；曾小溪和汪三贵（2017）	以扶贫战略与政策变化为依据（1949年至今），划分为五个阶段：保障生存和社会发展减贫（1949~1978年）、体制改革阶段（1979~1985年）、解决温饱（1986~2000年）、巩固温饱（2001~2010年）和全面建成小康社会的精准扶贫（2011~2020年）
黄承伟（2019）；王曙光和王丹莉（2019）	依据农村扶贫开发战略政策演进与制度创新（1949年至今），划分为六个阶段：发展农村经济和基础设施建设扶贫（1949~1977年）、农村经济体制变革推动减贫（1978~1985年）、实施区域性和开发式扶贫（1986~1993年）、实施综合性扶贫攻坚（1994~2000年）、整村推进与"两轮驱动"扶贫（2001~2012年），以及精准扶贫精准脱贫（2013~2020年）
黄一玲和刘文祥（2020）	以扶贫政策发展的趋势和特点为依据（1949年至今），划分为四个阶段：以解决贫困根源为主要目标的扶贫（1949~1977年）、以解决温饱问题为主要目标的扶贫（1978~2000年）、完善先富带动后富的农村扶贫（2001~2011年）和以解决深度贫困为主要目标的农村扶贫（2012~2020年）
李小云等（2019）	从经济社会发展的历史视角（1949年至今），划分为三个阶段：社会主义建设的广义性扶贫实践（1949~1978年）、发展性扶贫实践（1978~2012年）和脱贫攻坚的扶贫新实践（2013~2020年）

作者（时间）	划分依据与主要内容
史志乐和张琦（2021）	基于解放生产力与发展生产力角度（1921年至今），划分为六个阶段：建党初期探索（1921～1949年）、新中国成立初期救济式扶贫（1949～1978年）、改革带动减贫（1978～1993年）、有组织地开展扶贫攻坚（1994～2000年）、高速经济增长加快脱贫（2001～2010年）和高质量增长打赢脱贫攻坚战（2011～2020年）
杨灿明（2021）	立足中国农村发展的历史脉络，紧扣党领导人民摆脱贫困的经历，划分为五个阶段：革命式减贫阶段（1921～1948年）、救济式扶贫阶段（1949～1978年）、开发式扶贫（1979～2000年）、培育内生动力减贫阶段（2001～2011年）和精准扶贫阶段（2012～2020年）

资料来源：本表为笔者搜集现有文献，归纳整理已有研究成果观点获得。

现有研究中，主要强调了不同阶段扶贫政策与经济发展的宏观趋势的一致性，强调了减贫政策内容本身而弱化了主要研究对象的核心位置（雷明等，2020），所以各阶段划分存有较大相似性的同时，出现了节点界定年份不一致的现象。例如，汪三贵（2017）、黄承伟（2019）等研究中，针对脱贫攻坚和消除绝对贫困的减贫阶段，前者将最后阶段的起点确定为2011年，而后者将其确定为2013年。前者主要以政策文件为参考，后者主要以习近平总书记提出"精准扶贫"思想为依据。当然，无论何种划分标准，都系统呈现了中国消除农村贫困的发展逻辑，各种扶贫政策之间并非截然分开的，而是相互交叉、逐渐过渡与提升的。事实上，中国消除农村贫困在各个发展阶段不仅与当时的经济条件有关，在理论上也是相互补充、一脉相承（杨灿明，2021），这为2020年后乡村振兴奠定了良好基础。

总之，针对农村扶贫历程与实践探索起点的划分虽然略存有争议，但有关农村贫困问题与现状的分析内容基本一致，探讨的问题本质也是相似的，均完整呈现了中国消除贫困的实践探索逻辑。为此，本研究在已有成果的基础上，主要将农村扶贫实践的时间聚焦到改革开放后阶段，且重点探讨了脱贫攻坚时期的系列扶贫政策对农村居民收入与福利的影响。这是因为，脱贫攻坚阶段形成了比较完整的扶贫政策体系与扶贫模式，提出了可参考的扶贫标准，明确了扶贫的任务和对象等，为测度与分析农村居民收入与福利变化提供了理论和政策参考。

二、中国农村贫困规模及减贫成效

改革开放至今，中国扶贫实现了从解决温饱到全面小康，从"普遍赤贫"到"消除绝对贫困"，从"保障生存需求"到"注重发展需要"的转变。①"民为国之根、农为民之本"，农民自古以来就被视为中国的国之根本。中国的减贫主要是消除农村贫困。图2－1和图2－2显示，中国农村贫困人口从1978年的77039万人，下降到2010年的16567万人，再到2020年全面消除贫困（按2300元/人标准测算）。② 与此同时，农村居民人均可支配收入呈大幅上升趋势，从1978年的133.6元增加到2010年的6272.4元，再到2019年的16021元，这个发展过程呈现出了指数化增长趋势。此外，居民人均可支配收入增长率呈现出阶段性特征。其中，在农村经济体制改革的初期，解放了生产力，农村收入水平大幅提高，在1980年达到了最高的19.9%的惊人增长水平。此后，虽然居民人均可支配收入增长率回调到了3%～5%的中低增长率水平（1990～2000年），但总体呈现出正向的增长趋势。

---

①　有关中国反贫困发展政策的进一步了解，可参考国家行政学院编写组：《中国精准脱贫攻坚十讲》，人民出版社2016年版；武汉大学、中国国际扶贫中心和华中师范大学：《中国反贫困发展报告（2015）——市场主体参与扶贫专题》，华中科技大学出版社2015年版；王小林：《贫困测量：理论与方法》，社会科学文献出版社2012年版；方迎风、张芬：《多维贫困视角下的区域性扶贫政策选择》，武汉大学出版社2015年版；另外，有关全球贫困问题，可参考联合国开发计划署（UNDP）：《中国实施千年发展目标报告（2000—2015）》2015版。

②　1978～2012年的农村贫困人口与贫困发生率数据根据历史数据按照2010年最新贫困标准（2300元）推算获得，原始数据来自国家统计局住户调查办公室相应年度的《中国农村贫困监测报告》。

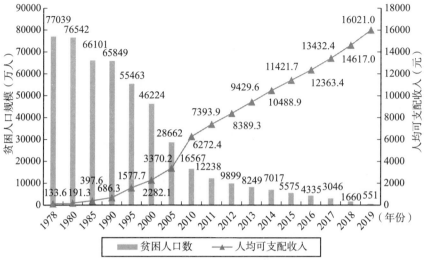

图 2 – 1　1978～2019 年中国农村贫困人口规模与人均可支配收入水平

注：①贫困人口规模数据按照 2010 年人均纯收入 2300 元标准测算，全国人均可支配收入，以 1978 年为基期。②2013～2018 年人均可支配收入来源于国家住户收支与生活状况的调查，1978～2012 年数据根据历史数据按照新口径推算获得。

资料来源：贫困人口规模数据来自历年国家统计局住户调查办公室主编的《中国农村贫困监测报告》；人均可支配收入数据主要来自历年的《中国住户调查年鉴》和《中国统计年鉴》。

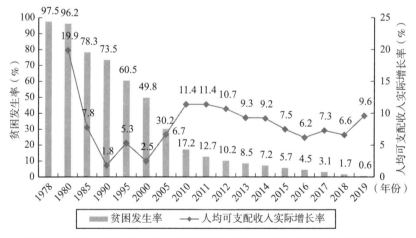

图 2 – 2　1978～2019 年中国农村贫困发生率与人均可支配收入实际增长率

注：贫困人口发生率以 2010 年人均纯收入 2300 元标准测算，人均可支配收入实际增长率以上年为基期。

资料来源：贫困人口发生率来自历年国家统计局住户调查办公室主编的《中国农村贫困监测报告》；人均可支配收入实际增长率主要来自历年的《中国住户调查年鉴》和《中国统计年鉴》。

进入 21 世纪后，农村居民收入增长率大幅提高，从 2000 年的 2.5% 增加到了 2010 年的 11.4%，10 年间人均收入增长率提高了近 9 个百分点。此后，2011～2019 年，农村居民人均收入增长率长期保持在中高位增长水平。农村经济的持续快速增长，成为贫困减缓的重要推动因素，经济增长通过"涓滴效应"分润到低收入群体，促进居民收入提高，大幅降低了贫困发生率及其贫困现状。图 2-2 结果显示，农村贫困发生率从 1978 年的 97.5%，下降到 2010 年的 17.2%，以及再到 2020 年实现全部脱贫。不难发现，按照现有 2300 元（2010 年不变价格）的贫困标准，农村居民在改革开放初期，基本处于普遍贫困阶段，到 2010 年基本消除了普遍贫困问题，将贫困发生率下降到了 17.2%，消除了近 80% 的贫困农村贫困人口。

按照世界银行每人每天 1.9 美元的国际贫困标准（见表 2-3），中国在 1990 年的贫困发生率为 66.3%，到 2010 年下降到了 11.2%，有 8 亿多贫困人口脱贫，约占到世界减贫人口的 2/3，到 2016 年已经下降到 0.5% 的较低贫困发生率。如果按照世界银行较高的国际贫困线 3.1 美元/天标准测算，中国农村贫困发生率从 1990 年的 90% 下降到了 2016 年的 5.4%，贫困发生率下降了 84.6 个百分点。同期世界贫困发生率从 1990 年的 55.5% 下降到 2016 年的 25.4%，贫困发生率下降了 30.1 个百分点。中国减贫人口规模占同期全球贫困人口下降的 70% 以上。在这 20 年间，中国减贫为全球贫困贡献了 58.9%，按照每天 3.1 美元的高标准，中国为世界减贫贡献率也高达 43.1%[①]。可见，中国成为世界上贫困人口下降最多、扶贫工作绩效最突出、提前 10 年率先完成《联合国 2030 年可持续发展议程》中减贫目标的国家，创造了伟大的减贫历史。

---

① 数据来自世界银行，https：//data. worldbank. org/indicator/SI. POV. LMIC？。

表2-3　　中国与世界贫困减贫变动趋势（2011年购买力平价）　　单位：%

年份	1.9美元/天		3.1美元/天	
	中国	世界	中国	世界
1990	66.3	36.2	90.0	55.5
1993	56.7	34.3	83.4	54.8
1996	41.7	29.7	72.9	51.9
1999	40.3	28.9	68.4	50.8
2002	31.7	25.7	57.7	47.3
2005	18.5	20.9	43.2	42.3
2008	14.9	18.4	34.7	38.5
2010	11.2	16.0	28.6	35.4
2011	7.9	13.8	23.5	32.9
2012	6.5	12.9	20.2	31.4
2013	1.9	11.3	12.1	29.1
2014	1.4	10.7	9.5	27.8
2015	0.7	10.1	7.0	26.6
2016	0.5	9.7	5.4	25.4
1990~2010年贫困发生率下降百分点（个）	55.1	20.2	61.4	20.1
2010~2016年贫困发生率下降百分点（个）	10.7	6.3	23.2	10.0

资料来源：根据世界银行数据库（https：//data. worldbank. org/indicator/SI. POV. LMIC？end＝2018），经笔者归纳计算获得。

截至2020年底，中国在现有标准下已实现全部脱贫，无论是从贫困区域还是贫困人口来看，均取得了巨大的减贫成效。从区域性扶贫成效来看（见表2-4），中国实现了832个贫困县的全部脱贫摘帽，12.8万个贫困村全部出列，区域性整体贫困得到彻底解决。其中，2016~2020年，区域性脱贫集中在2018年和2019年两个年度，2018年贫困县"摘帽"个数达到了283个，占总贫困县的34%。2019年脱贫"摘帽"

贫困县为 344 个，占总贫困县比例的 41.3%。可见，2018 年和 2019 年，基本实现了全国贫困县的 75% 的"摘帽"比例，到 2020 年仅剩 52 个贫困县集中在"三区三州"等深度贫困地区，绝大贫困地区提前完成了脱贫摘帽的攻坚任务。2020 年 11 月 23 日，中国 832 个国家级贫困县全部脱贫摘帽，中国再无贫困县，使贫困县成为中国发展过程中的历史。

表 2－4　　2016～2020 年各省份脱贫摘帽贫困县分布及个数　　单位：个

2016 年（28）	2017 年（125）		2018 年（283）		2019 年（344）		2020 年（52）
重庆（5）	青海（7）	西藏（25）	河南（19）	云南（33）	内蒙古（20）	云南（31）	新疆（10）
西藏（5）	江西（6）	云南（15）	贵州（18）	西藏（25）	湖南（20）	甘肃（30）	贵州（9）
新疆（5）	湖南（5）	贵州（14）	四川（17）	陕西（23）	湖北（16）	四川（30）	云南（9）
河北（3）	陕西（4）	河北（11）	湖南（15）	河北（18）	山西（16）	陕西（29）	甘肃（8）
青海（3）	河南（3）	四川（10）	安徽（10）	山西（17）	广西（15）	贵州（24）	广西（8）
江西（2）	重庆（3）	甘肃（6）	江西（10）	甘肃（14）	河南（14）	青海（20）	四川（7）
河南（2）	湖北（2）	黑龙江（5）	湖北（10）	青海（12）	河北（13）	西藏（19）	宁夏（1）
四川（2）	宁夏（1）	山西（3）	广西（9）	内蒙古（10）	安徽（9）	新疆（12）	
贵州（1）	广西（1）	新疆（2）	吉林（3）	黑龙江（10）	江西（6）	重庆（4）	
	安徽（1）	内蒙古（1）	海南（2）	宁夏（3）	吉林（5）	宁夏（3）	
			重庆（2）	新疆（3）	黑龙江（5）	海南（3）	

注：（1）2014 年国务院扶贫开发领导小组办公室公布的 832 个国家级贫困县名单。（2）括号内为脱贫县出列个数，总计 832 个国家级贫困县（包括县级行政单位，县、区、旗、县级市、自治县）。（3）国家级贫困县的识别标准，1985 年人均收入低于 150 元的县（对少数民族自治县标准有所放宽）纳入国家级贫困县，1992 年人均纯收入超过 700 元的县，一律退出国家级贫困县，低于 400 元的县，全部纳入国家级贫困县。

资料来源：国务院扶贫开发领导小组办公室公开数据，经笔者收集整理获得。

第三节 脱贫攻坚时期精准扶贫思想的 形成与实践发展

"脱贫摘帽不是终点，而是新生活、新奋斗的起点"①，消除贫困和追求更加美好的生活是中国社会发展的伟大目标，充分反映了新时代社会主义的本质要求。我国的反贫困工作取得了显著的成效，绝对贫困人口大幅减少，农村生产生活条件明显改善，温饱和基本生计等问题得到有效的解决。但是，在2013年前，中国贫困现状和贫困差距问题依然十分严峻，尤其是在农村。

首先，农村贫困问题没能根本性解决，同时相对贫困差距呈不断拉大的趋势，这是经济增长过程中收入分配不均导致不平等程度拉大。贫困标准的不断调整，虽反映了国家对贫困家庭福利水平的关注度加大，但扶贫实践中并没有彻底解决贫困人口的基本发展需求问题。

其次，步入脱贫攻坚以前，受到经济地理环境和地区发展差距的影响，超过一半以上的贫困人口仍集中在西部的贵州、广西、青海、云南、陕西、内蒙古、甘肃等地区。并且，"三区三州"等深度贫困地区所具有不同于其他贫困地区的高寒、高海拔、高山地势陡峭等自然条件的缺陷，脱贫难点很大。此外，有超过35%比重分布在中部的河南、江西、安徽、湖南和湖北等地区，有不到15%的比例分布在东部较为发达的沿海地区。② 统计数据表明，截至2014年，我国的东部、中部和西部的农村贫困发生率依次为2.7%、7.5%和12.4%。近10年里，虽

---

① 习近平：《在全国脱贫攻坚总结表彰大会上的讲话》，人民出版社2021年版。

② 本书在没有特别指出的情况下，按照当前的地理区位将广东、福建、海南、山东、浙江、上海、江苏、天津、河北、北京、辽宁等地区（市）划分为东部地区；将湖北、湖南、河南、安徽、江西、山西、吉林和黑龙江等划分为中部地区；除此之外，将内蒙古、新疆、西藏、青海、甘肃、宁夏、广西、贵州、重庆、四川、云南、陕西等地区（市）界定为西部地区。

然西部贫困发生率显著降低，贫困人口也大幅减小，且降幅最大，但是并未改变西部贫困严重而东部较轻的总体格局，并且省（市/区）间的贫困差距问题依然很严峻，尤其是集中连片和国定贫困地区的贫困问题。这些贫困地区由于经济发展落后，生产生活条件受限，基础设施严重落后，反贫困投入成本很高，扶贫脱贫的难度很大，这些问题加剧了贫困地区与非贫困地区发展的差距，同时也成为乡村振兴时期贫困治理工作的重点和难点。

改革开放初期，中国经济增长与区域扶贫开发提高了贫困地区人口的生活水平，成为减少普遍贫困的主要贡献因素（万广华、张茵，2006）。经济的高速发展与大规模的开发式扶贫，使居民收入整体稳步提高，普遍贫困问题已基本解决。但随着农村经济体制改革的不断深入，经济增长的减贫边际效应不断下降（Ravallion，2008；苗爱民，2019），并呈现出如下特征：第一，贫困规模下降，但未脱贫的贫困人口分布呈分散化和碎片化，且致贫原因呈多样化。第二，贫困户的脆弱性非常明显，脱贫难度非常大，且贫困人口极易陷入"贫困陷阱中"（曾小溪、汪三贵，2017）。第三，扶贫资金使用效率低下，原先以村或贫困县为扶贫对象的扶贫资源容易产生"精英俘获"。因此，依靠传统的"大水漫灌式"扶贫模式减少贫困人口越来越困难。在此基础上，习近平总书记于 2013 年提出精准扶贫思想。2014 年，在精准扶贫政策的"六个精准"①"五个一批"②"五个坚持"③ 和"四个切实"④ 的政

---

① "六个精准"是指"扶贫对象精准、项目安排精准、资金使用精准、措施到户要精准、因村派人（第一书记）精准、脱贫成效精准"。

② "五个一批"是指"发展生产脱贫一批、易地搬迁脱贫一批、生态补偿脱贫一批、发展教育脱贫一批、社会保障兜底一批"。

③ "五个坚持"是指"坚持扶贫攻坚与全局工作相结合，走统筹扶贫的路子；坚持连片开发与分类扶持相结合，走精准扶贫的路子；坚持行政推动与市场驱动相结合，走开发扶贫的路子；坚持'三位一体'与自力更生相结合，走'造血'扶贫的路子；坚持资源开发与生态保护相结合，走生态扶贫的路子"。

④ "四个切实"是指"切实落实领导责任；切实做到精准扶贫；切实强化社会合力；切实加强基层组织"。

策精神引领下，在中央政府大力推动和地方政府积极努力下，精准扶贫在全国范围内全面推广和实施。新时代精准扶贫战略，主要强调了从扶贫工作中的精准识别、精准帮扶、精准管理、精准考核，严格要求扶贫对象的瞄准要到村、到户、到人（汪三贵、刘未，2016；章元等，2019）。实践中，按照县为单位、规模控制、分级负责、精准识别、动态管理的原则，对每个贫困村、贫困户建档立卡，建立全国扶贫信息网络系统，实现逐村逐户分析致贫原因，然后因户施策和因人施策，最终达到消除贫困和促进贫困人口可持续发展的目标。

精准扶贫战略的实施，标志着改革开放以来我国的扶贫开发进入了全新阶段，即全面建成小康社会的脱贫攻坚时期。相比国际上有关扶贫瞄准机制，中国脱贫攻坚阶段的精准扶贫政策具有鲜明的特色。第一，中国农村精准扶贫政策实现了从区域瞄准转变到了对人的瞄准，识别过程弱化了从上到下的村两委组织官方评定，强调了贫困主体自我贫困识别与贫困退出的主观能动性。第二，管理方式从粗放转变到精细，扶贫资金落实到了每一个贫困人口上，极大地改善了扶贫资源的低效率与浪费问题。第三，扶贫方式从单一的经济手段转变到了多主体参与的综合扶贫阶段，采用"五个一批"的综合扶贫模式，因户施策措施有效克服了农村贫困人口致贫原因多样化、脱贫难度大的问题（张全红、周强，2019）。

精准扶贫政策以"六个精准"为重点，牢抓"五个一批"脱贫措施，加强"七个强化"① 为保障，形成教育、就业、产业、生态等统筹推进的大扶贫格局（见表2-5），多管齐下实现反贫困的目标。其中，我国在扶贫领域始终高度重视教育扶贫的作用，先后推出九年义务教育和发展职业教育政策，保障贫困人口受教育的权利。2014年，国务院印发《国家贫困地区儿童发展规划（2014～2020年）》，明确提出在集

---

① "七个强化"：强化领导责任、强化资金投入、强化部门协同、强化东西协作、强化社会合力、强化基层活力、强化任务落实。

中连片特殊困难地区大力推广学前教育，以保障贫困地区儿童生存和实现发展的权益。2017 年，普惠性幼儿园也纳入"十三五"国家基本公共服务清单。《教育脱贫攻坚"十三五"规划》针对贫困户家庭中处于高等教育阶段的学生提供资助，且将教育扶贫延伸至学前教育和高等教育，扩大了教育扶贫领域范围。

表 2-5　　　　　　　　　主要的扶贫措施与核心内容

扶贫措施	主要内容或措施
教育扶贫	针对贫困地区的教育事业发展，以及贫困劳动力基本素质的提高；通过农村普及教育，使农村居民有机会得到应有的教育；开办"教育扶贫班"；剩余劳动力转移培训和就业扶贫；为贫困地区建立远程教学站；实施教育扶贫工程；设立教育扶贫基金；为在校学术提供奖、贷、勤、补、减的资助体系等
产业扶贫	为了促进贫困地区发展、增加贫困户收入，采取以市场为导向，以经济收益为中心，以产业发展为杠杆的扶贫开发过程，是扶贫开发的战略重点和主要任务；在县域范围内，培育主导产业，发展县域经济，提高贫困地区的资本积累能力等
生态扶贫	是将生态保护与扶贫开发相结合的一项扶贫工作模式，通过实施重大生态补偿力度、大力发展生态产业等，加大对贫困地区、贫困人口的支持力度，实现脱贫攻坚与生态文明建设的"双赢"；贫困人口可通过参与工程建设获得劳务报酬；通过生态公益性岗位获得稳定收入；通过生态产业发展增加经营性或财产性收入；通过生态补偿等增加转移性收入等
易地搬迁扶贫	针对生活在"一方水土养不好一方人"的贫困地区，实施的一项专项扶贫工程，将生活在缺乏生存条件地区的贫困人口搬迁安置到其他地区，并通过改善安置区的生产生活条件、调整经济结构和拓展增收渠道，目的是通过"挪穷窝""换穷业"，实现"拔穷根"，帮助搬迁人口逐步脱贫致富，从根本上解决搬迁群众的脱贫发展问题
社会兜底保障扶贫	对贫困人口中完全或部分丧失劳动能力的人，如特困救助供养人员、特困人员、无业重度残疾人员、五保户、低保困难户等，由社会保障来兜底，统筹协调农村扶贫标准和农村低保标准，加大其他形式的社会救助力度。社会兜底政策通过实现住房兜底、医疗兜底、教育兜底和养老兜底等措施满足困难家庭及个人的生存需求

　　资料来源：主要参考了国家针对贫困地区提出的各类扶贫政策文件，例如，《教育脱贫攻坚"十三五"规划》（2016 年 12 月 16 日）、国务院印发的《国家贫困地区儿童发展规划（2014～2020 年）》（2014 年 12 月 25 日）、国务院发布的《"十三五"脱贫攻坚规划》（2016 年 11 月 23 日）和《生态扶贫工作方案》（2018 年 1 月 18 日）等，经笔者搜集整理获得。

　　精准扶贫政策不仅仅实施教育扶贫方略，而且还通过加大对就业、基本公共服务、社会保障体系等投入力度，通过改善贫困地区公共服务均等化实现扶贫。例如，在医疗保障方面，针对贫困人口实施"985"政策①，切实保障贫困户看病治病的权利，减少因病致贫、因病返贫的现象发生，以强有力的政策手段帮助贫困人口达到"两不愁、三保障"的脱贫目标。此外，在实际的扶贫过程中，还逐渐形成一些具有创造性的扶贫举措，例如，通过政策引导金融机构的金融产品和服务（如保险、金融信贷等）倾向贫困人口，帮助贫困人口获取发展所需要的资源支持，促使其获得可持续脱贫的能力，这些措施也有利于乡村振兴阶段的贫困治理。

　　与传统扶贫政策相比，精准扶贫更多是对贫困群体进行"赋权+扩能"，通过政策措施解决贫困户的生存权、发展权等问题，并通过教育、就业等手段对贫困农户的能力进行建设。充分发挥贫困户的发展潜能，培养贫困户的造血能力。然而，扶贫主体也由过去的政府主导转为政府引导、全员参与，实现共生共建共享的社会主义本质要求。中国的扶贫实践从以地区减贫为主的"大水漫灌""输血"式扶贫，到科学系统的瞄准个人的"精准扶贫"模式转变，实现了扶贫机制的创新，通过产业扶贫、金融扶贫、就业扶贫、教育扶贫、光伏扶贫、电商扶贫，以及社会保障兜底扶贫等精准措施全面开展反贫困工作。在具体措施上（见图 2-3），采取"十项行动"②"五个一批""五位一体"③对贫困村及贫困户进行生产能力上的扶持，并制定"六大体系"④和"四个切实"

---

　　① "985"医疗政策是精准扶贫人口住院及门诊享受医疗保险报销的政策，是指贫困户住院医疗费用个人实际报销比例要达到90%（不再有目录内和目录外之分），大病、特殊慢性病门诊医疗费用个人实际报销比例要达到80%（专指目录内合规部分），年度个人实际负担医疗费用（含住院及门诊）控制在5000元以内（超过部分由补充医疗保险进行报销）等规定。

　　② "十项行动"是指村级道路通畅、饮水安全、农村电力保障、危房改造、特色产业增收、乡村旅游扶贫、教育、卫生和计划生育、文化建设、贫困村信息化。

　　③ "五位一体"是指政策扶贫、项目扶贫、产业扶贫、社会扶贫、金融扶贫。

　　④ "六大体系"是指指标体系、政策体系、标准体系、统计体系、绩效评价体系、政绩考核体系。

督促各级干部切实落实好扶贫政策，进而解决由制度性贫困和生产力低下导致贫困的根源（雷明、邹培，2020）。2020 年 12 月 3 日，习近平总书记宣布："经过八年持续奋斗，我们如期完成了新时代脱贫攻坚目标任务，现行标准下农村贫困人口全部脱贫，贫困县全部摘帽，消除了绝对贫困和区域性整体贫困，近 1 亿贫困人口实现脱贫，取得了令世界刮目相看的重大胜利。"[①] 为此，农村反贫困走出了一条具有中国特色的扶贫道路。

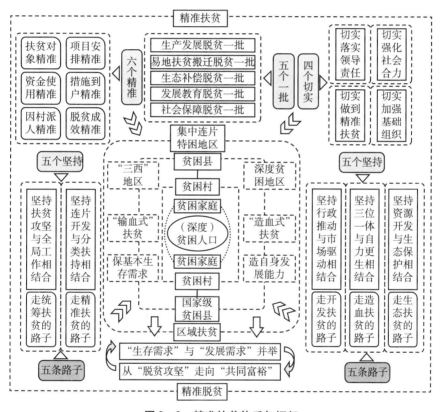

图 2-3 精准扶贫体系与框架

---

① 中共中央政治局常务委员会召开会议 听取脱贫攻坚总结评估汇报 中共中央总书记习近平主持会议，http://www.npc.gov.cn/npc/c30834/202012/555fc914280e4e70823301438777390b.shtml。

第四节 基于"可行能力"视角的贫困人口发展困境分析

由贫困理论与中国农村减贫演进历程可知，农村减贫的动力主要依靠：第一，工业化、城市化过程中通过吸收大量农村剩余劳动力实现减贫与发展。第二，农村进行的体制改革，促进了农村产业壮大、农村经济的快速发展，提高了农村劳动生产力，促进农民增收。第三，国家为贫困地区或欠发达地区大力提供的道路、农用灌溉设施、通信、电力等基础设施建设，优化了农村资源，盘活了农村经济的发展。第四，逐步完善的公共服务和社会保障体系，例如，教育、医疗、技能培训等，为贫困人口提供了更多的发展机会。但是，现有研究并没有回答现有扶贫政策在减少贫困人口规模时，是否培育出了脱贫人口的可持续发展能力，更缺少研究探讨相关政策对贫困人口自我发展能力影响的作用机制。为此，本研究立足脱贫攻坚时期取得的减贫成效，深入剖析脱贫人口是否培育起了自我发展能力。为了回答这一问题，首先，需要思考"贫困人口的可持续发展"动力是什么？其次，为了分析贫困人口可持续发展能力，我们提出了"人的可持续发展"曲线模型分析法，从而剖析脱贫人口发展面临的困境。

实践中，在识别贫困人口进入与退出贫困状态时，参考标准是贫困人口的收入水平是高于还是低于贫困线标准。这意味着，收入是判定个体是否为贫困人口的关键性指标。为了分析个体是否具有可持续发展的能力，关键是考察个体当前收入与未来收入的比较。假如，对于个体而言，如果当前的收入与未来收入相对稳定，那么该个体处于较为平稳的发展过程中，在没有大的外部负向冲击的情况下，不太可能落入贫困之中，具有较好的可持续发展能力。如果个体未来的收入低于当前的收入，那么这部分群体的生活将会越来越差，也将会逐步陷入贫困之中，意味着这部分群体缺失可持续的发展能力。相反，如若个体未来的收入高于当前的收入，他们的生活水平会逐步提高，从而越来越好，这部分群体具有很强的发展能力。基于此，本研究构建了贫困与非贫困人口的可持续发展能力模型（见图2-4~图2-7），且将贫困人口的发展分为两种情况：一是当前贫困，但具有较好的自我发展能力，在未来一段时间脱贫走向富裕（见图2-4）；二是当前贫困，且当前的收入水平比未来收入水平还高，呈现出明显的发展能力不足现象，这部分人口会长期停留在贫困状态，甚至陷入持续性贫困中（见图2-5）。与此对应，对于非贫困人口，也分为两种状态：一是持续的收入增长，直至达到较高收入水平的稳定发展状态（见图2-6）；二是持续弱化的收入增长能力，到未来的一段时期会落入贫困中（见图2-7）。

　　具体而言，图2-4中对角线为45°线，表示当前收入与未来收入水平相等，是一种较为稳定的持续性增长状态。并且，图中左边阴影部分表示贫困状态，右边则表示非贫困状态，箭头表示趋势变动方向。对于图2-4中的贫困个体A而言，当前的收入水平低于未来收入水平，表明未来收入能力比当前要强，表现出了一定程度的自我发展能力。虽然当前暂时处于贫困状态，但未来可能比当前能挣更多的钱，个体A会变得越来越好。哪怕没有外在的扶贫帮扶，个体A也能通过自我发展

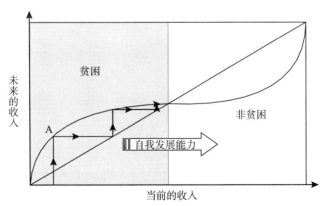

图2-4　人口的可持续发展曲线（贫困——具有自我发展能力）

实现脱贫增收。如果给予个体 A 扶贫资源，则个体 A 收入增长速度会提高，提前脱离贫困状态。在图中，受到扶贫帮扶的个体 A，会沿着更陡峭的收入增长路径发展，则左侧趋势线则会变得更加陡峭。

图 2－5 中，贫困个体 A 当前的收入水平比未来收入水平要高，说明当前创收能力比未来要强，这意味着当前的创收能力可能是个体 A 的上限。出现这一现象，很大原因在于个体 A 的自我发展能力不足，现实生活中基本上是农村落后地区的贫困人口，或是（非）贫困地区的最低收入群体部分。为此，个体 A 将会沿着图中箭头方向发展，随着时间的推移，个体 A 变得越来越穷，彻底陷入持续性贫困的状态。如果不借助政府帮扶或社会投资，个体 A 很难脱离贫困状态。此外，对于个体 A 而言，短时间内可借助扶贫资源脱离贫困，如果长期不能培育出自我发展能力，脱贫后仍会再次返贫，无法实现"真脱贫"。因此，如果扶贫帮扶只是一次性的政府补贴，或提高当前的"两不愁、三保障"生活水平，而并不能永久性地提高贫困人口的发展能力，这样的帮扶措施最多只能帮助贫困人口改善当前生活水平，暂时性帮其脱离受冻挨饿的状态，并不能真正改变其未来发展状况。这部分脱贫人口，将是乡村振兴阶段重点关注和帮扶的对象。

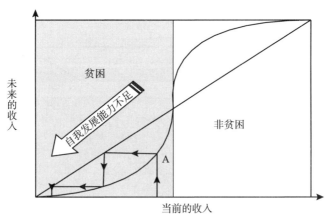

图 2－5 人口的可持续发展曲线（贫困——自我发展能力不足）

图2-6中个体A为非贫困人口，当前的收入水平比未来收入要低很多，但由于个体A具有较强的自我发展能力，个体A的发展路径会向着图中箭头方向发展，其收入水平会越来越高。按照经济学理论中的边际收益递减的原则，图中个体A收入增长曲线在左端会显得比较陡峭，在靠近右端部分会相对平坦，呈现出收入增长速度递减的趋势，直到增长趋势逐渐停止，最终停留在较高收入水平的稳定发展状态。

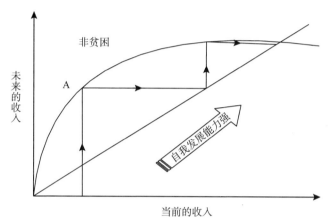

非贫困

未来的收入

A

自我发展能力强

当前的收入

图2-6 人口的可持续发展曲线（非贫困——自我发展能力强）

图2-7是非贫困人口缺乏自我发展能力的情况。个体A当前为非贫困人口，且当前能挣的收入比未来多，但由于缺乏长期的自我发展能力，个体A的发展路径会随着箭头方向发展，长久以往收入变得会越来越少，个体A（相对）会变得越来越穷，甚至会成为未来的贫困对象。这部分人口，可能会成为乡村振兴阶段相对贫困人口。

可见，与图2-4相比，图2-5更能体现农村贫困人口的发展特征。从家庭未来创收能力来看，贫困人口呈现出增收能力欠缺、后劲发展不足、贫困代际传递明显等典型特征。要解决这部分人口发展问题，一方面需要解决这部分群体当前的最低生活需求，另一方面还需要重点培育未来的可持续发展能力。一个贫困家庭在刚开始时虽然很穷，但如

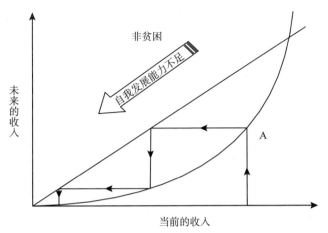

图2-7 人口的可持续发展曲线（非贫困——自我发展能力不足）

果这个家庭成员不断积累、革新自身发展能力、提升人力资本，这个贫困家庭终究会脱离贫困而富裕起来。如若一个家庭在刚开始时仅靠要素禀赋出卖体力劳动，虽然"积蓄的家产（或储蓄）"或"（经济）剩余"很多，但因为没有积累和不断革新其成员的未来发展能力或人力资本，这个家庭最终会陷入"持续性贫困"之中。可见，要实现脱贫，尤其是落后地区的贫困人口，必须确保贫困家庭成员提高要素禀赋能力，同时解决好物质贫困与非物质贫困（精神与文化贫困），如果扶贫政策仅依靠当前的物质或金钱的补贴提高贫困人口的收入，满足贫困人口当前的"两不愁、三保障"的"基本生存需求"，是无法培育出脱贫家庭的可持续生计能力，会造成图2-5中的持续性贫困或图2-7中的返贫现象，在未来将成为相对贫困人口。

中国到目前已经消除了绝对贫困人口，实现了从脱贫攻坚走向乡村振兴。然而，绝对贫困人口虽然已全部消除，但对于脱贫人口而言，如果脱贫人口的增收途径有限，在精准扶贫政策逐步退出的情况下，脱贫人口的收入或财富增长的速度与幅度是受到限制的，后续发展中一旦经历外在的经济冲击，这部分脱贫人口再次陷入贫困状态的可能性是非常大的，这是当前脱贫人口面临的现实问题。此外，对于要素禀赋相对较好的脱贫人口，他们的收入或财富增长速度会相对更快，其后续的增收潜力也会持续扩展，但最后仍会随着财富积累程度的提高而逐渐减弱，但这部分群体不会再次落入"贫困"之中。由于扶贫政策退出后，脱贫人口的生存环境或要素禀赋不好，有些贫困人口会再次返贫甚至陷入"贫困陷阱"，而且会在失去扶贫帮扶情况下，变得越来越差。为此，乡村振兴发展阶段，部分脱贫人口可能拥有富裕的潜能，但首先需要从政策渐退后"返贫困境"中走出来，然后才有机会实现富裕。"可行能力"的培育正是基于以上理念，脱贫攻坚阶段在短期内进行大幅度的精准帮扶，帮助贫困人口实现脱贫，即走出"贫困陷阱"的泥潭，从而希望脱贫人口能获得更多机会，在乡村振兴阶段实现长期可持续发展。

第三章

脱贫攻坚时期农村贫困状态
转变及其影响因素

2020 年为全面建成小康社会的收官之年，也是现行标准下农村贫困人口实现全部脱贫摘帽之年，但中国扶贫的任务并没有结束。步入乡村振兴阶段，客观认识脱贫人口长期的可持续发展能力，准确研判低收入群体贫困状态转化，防范脱贫后的返贫是乡村振兴初期的首要任务。对于脱贫人口而言，如果脱贫人口的增收途径有限，那么其收入或财富增长的速度与幅度是受到限制的，后续发展中一旦经历外在的经济冲击，这部分脱贫人口再次陷入"贫困"的可能性是非常大的，当然也大概率会成为相对贫困人口。为此，乡村振兴阶段农村贫困人口脱贫后，其再次陷入贫困的可能性如何，这是本章首先需要思考与解答的问题。

第一节 贫困的动态性、脆弱性与多维性特征

随着对贫困认识从"生存"需求向"可行能力"发展需求转变，

学术界对贫困的定义逐渐深化，对贫困的研究方法也不断拓展和更新。一般提到的贫困主要指特定时点上的贫困，是一种在时间维度上某一确定的状态，主要聚焦于已经发生的、静态的贫困事实。然而，贫困不仅具有绝对与相对之分，贫困还具有静态和动态之别，贫困在时间上的状态变动，就是贫困动态性的具体表现。静态贫困主要指特定时点上家庭或个体的贫困状态，反映了某一时点或较短时期的贫困发生率（Chaudhuri & Ravallion，1994），相关分析也是基于不同时点上的贫困比较，并不能刻画贫困的变动特征。实际上，早期对于贫困理论和贫困测度的研究，基本上是停留在贫困静态或比较静态分析层面，忽略了贫困在时间上的动态特征。对贫困进行静态测度的研究成果偏多，一是由于对贫困内涵认识的不足，二是受到长期跟踪调查数据可获得性的限制，所以无法分析家庭或个体跨期贫困变动问题。

由于静态或比较静态分析方法主要分析特定时点上的贫困问题，因此不能回答"谁在进入贫困，谁在退出贫困""怎样进入贫困（含返贫），又如何退出贫困""为什么进入贫困，为何能退出贫困"和"未来一段时期的贫困状态怎样"等问题。而且，静态或比较静态分析忽视了家庭贫困状态的跨期变动信息，无法准确地对其进行预估，不能给政策制定者提供适合不同致因原因的差异化扶贫政策选择（Stephens，2005）。贫困的动态性强调了贫困在时间维度上的状态，表现了贫困家庭或个体发展过程中的动态变化过程。早期对贫困的研究，虽已经认识到贫困具有动态性特征，但却还未形成明确的定义。随着微观家计调查的逐步展开，追踪和记录家庭或个体贫困状态的调查数据和报告也逐渐增多，对贫困状态变动的研究成果随之相继出现。20 世纪 80 年代，部分研究将贫困动态性定为"家庭或个体在特定考察期间内进入或退出贫困状态的过程"（Hill，1981；Bane & Elwood，1986），这一过程包括了贫困家庭或个体的脱贫、返贫或陷入持久性贫困等多种状态，是贫困与非贫困状态在时间维度上的转换和延续。此后，对贫困问题的研究逐步从静态转向动态分析，从注重贫困测度转向贫困状态变动过程的分析。

从一个家庭或个体在一段时间经历的贫困时间长短来看，将只有部分时间经历的贫困识别为"暂时性贫困"，而将长期甚至一直经历着贫困的识别为"长期贫困"（Ravallion，1988）。按照贫困经历的时间长短划分，暗含了脱贫概率的可能性和贫困脆弱性，陷入贫困的时间越长，脱贫的概率则越低，贫困脆弱性越高（Hulme，2001）。然而，按照贫困经历时间长短划分的贫困类型，忽视了家庭或个体陷入贫困与脱离贫困的状态转化与可能性，并没有考虑贫困的动态性与风险问题。

贫困脆弱性的概念是世界银行在 2000 年首次提出并推广的，由于该概念从提出到运用时间较短且属于前瞻性的问题，所以到目前为止并未形成统一的定义和测度贫困脆弱性的有效方法（万广华等，2011），但可根据现有研究成果，将其归纳为"家庭在未来若干年内陷入贫困的可能性"（Dercon & Krishnan，2000；McCulloch & Calandrino，2003；Christiaensen & Kalanidhi，2005；Zhang & Wan，2006）。不难发现，贫困脆弱性的状态考察了一个家庭或个体在未来发生贫困的概率以及抗击风险的能力，分析了脱贫家庭未来的发展能力。此外，如果一个家庭陷入了持续性贫困状态，并且从父代传递到子代，子代成年后重复其父代的贫困境遇，这就延伸出了贫困代际传递的概念，体现了贫困的继承性特征（Becker & Tomes，1986；Corcoran & Adams，1997）。贫困代际传递实质上就是关于贫困状态在父代与子代间的动态变动分析，将贫困的研究对象从代内贫困延伸到代际间贫困。同时，贫困代际传递又属于贫困持续时间的分析（Musick & Mare，2004），将贫困持续时间延长到了两代人甚至更长的时期。

此外，福斯特（Foster，2009）提出了特定时点和跨期纵向加总相结合的持续时间分析方法（Duration Approach）。该方法主要基于面板数据，首先识别家庭或个体在特定时点上的贫困，然后将其在各时间点上的贫困状态在时间维度上进行判定，如果一个家庭或个体在给定时间临界值下处于贫困状态，则识别为长期贫困。该方法虽满足了相应的贫困公理标准，但同样无法分析家庭或个体陷入贫困与脱离贫困的状态转化与可能性。同时，以上讨论的贫困动态性问题，往往是基于单个维度的收入视角，且结合具体的调查数据分析家庭收入贫困的动态变化的研究也较少。

近年来，脱贫攻坚时期的反贫困目标对新发展阶段扶贫工作提出了更高、更新的要求。传统上对收入或支出贫困的研究，已很难解释家庭福利贫困的变化特点，基于家庭收入或消费信息的反贫困政策制定也存在很大的局限，已不能满足"精准扶贫、精准脱贫"的发展要求。事实上，贫困是一个多维的概念，贫困的本质具有多维性（Hulme et al.，2001；Sen，1985）。贫困意味着没有机会上学，无法获取正规的工作，贫困就是缺少清洁的饮用水、缺乏营养，贫困就是权力和自由的丧失（Sen，1999）。关于这一点，联合国制定的千年发展目标（MDGs）中有关贫困人口的识别和判定标准，充分体现出了贫困的多维思想。因此，从多维福利角度考察贫困问题，已成为理论研究和政策制定中备受关注的焦点，同时满足了社会发展过程中家庭对福利需求的转变。

近10年来，国内外基于森（1985，2001）关于贫困人口"可行能力"思想的研究越来越多，借助多个维度来衡量和测度贫困，已经成为官产学各界研究的主流。国外从多维视角研究贫困问题的成果甚丰，主要分为两个方向：一是多维贫困理论和测度方法的研究，例如，奥耶凯勒和奥肯曼德（Oyekale & Okunmadewa，2008）、查克拉瓦蒂（Chakravarty，2006）、布吉尼翁和查克拉瓦蒂（Bourguignon & Chakravarty，2003），以及阿尔克和福斯特（Alkire & Foster，2011a）等；二是采用微观家庭数据，对相关国家或地区进行多维贫困发生率、多维贫困程度等进行实证测度的，这方面的研究主要有克拉森（Klasen，2000）、杜克洛等（Duclos et al.，2006）、阿尔克等（Alkire et al.，2013）；等等。相比之下，国内的研究现状可总结为"起步晚但发展快，且聚焦于实证的测度"，例如，尚卫平和姚智谋（2005）在国内较早运用多维贫困方法测度了六大洲1998～2000年的多维贫困发生率及其变动。王小林和阿尔克（2009）详细介绍了多维贫困测度和指数构建方法，并从微观家庭角度对比测度了中国城市与农村家庭多维贫困发生率及其差异。此后，国内有关多维贫困测度文章则逐渐增多，如叶初升和王红霞（2010）、郭建宇和吴国宝（2012）、邹薇和方迎风（2011）、张全红和周强（2015）、王春超和叶琴（2014）等。

以上研究，主要从多维框架下来认识贫困问题，且绝大部分研究采用了阿尔克和福斯特（2011a）提出的双界线多维贫困测度方法（简称AF法）。然而，分析发现，该方法适合测度特定时点上的贫困程度，缺少反映一定时间段内贫困家庭贫困状态的动态转化。实践中，贫困不仅具有多维性还具有长期性，贫困问题是一个长期的社会问题，既体现了人们在教育、健康、就业、住房、营养等方面的福利水平，又涵盖了个体或家庭一定时间段内贫困持续时间的动态变动信息，贫困剥夺时间越长其贫困程度则越深，最终想要实现脱贫的概率则越低（Waglan，2014）。因此，从贫困的多维性与动态性出发，探讨贫困人口"进入"与"退出"贫困状态具有重要意义，尤其是分析深度贫困人口的贫困状态依赖和"福利依赖"问题。

第二节 贫困的动态识别方法与维度临界值选取

假设经济社会在考察期 T 内由 n 个家庭的 d 项福利指标组成。第 t 期 n 个家庭在所有 d 个维度上的福利状况可以用 n 行 d 列矩阵 X^t 来表示，行数代表家庭数，列数代表福利维度数。元素 x_{ij}^t（$x_{ij}^t \in R_+$，$i = 1$，2，$\cdots$，n；$j = 1$，2，$\cdots$，d；$t = 1$，2，$\cdots$，T）表示时点 t 上家庭 i 在第 j 项指标上的观测值（序数值或基数值），且 j 为非负的整数（$j \in N$）。这里的 x_{ij}^t 具有单调性，且满足非赘足性特征。传统上的收入贫困分析，就是将家庭收入作为单一的维度，这里的 x_{ij}^t 则表示家庭 i 在收入指标（$j = 1$）上的取值。用向量 $z = (z_1，\cdots，z_d)$ 表示在指标 j 上的剥夺临界值（cut-off value）或贫困线，临界值 z_j 既可适用于基数变量，也可适用于序数变量。如果 $x_{ij}^t < z_j$，表示家庭在第 j 个指标上处于被剥夺的贫困状态。为确保不同时期贫困的可比性，我们假定每个时点 t 上的剥夺临界值 $z = (z_1, \cdots, z_d)$ 是相同的[①]。在多维贫困分析中，我们构造一个 $N \times d$ 维剥夺矩阵 $G^t(z)$，该矩阵中的典型元素为 $g_{ij}^t(z)$。当 $x_{ij}^t < z_j$ 时，则 $g_{ij}^t(z) = 1$，表示家庭在第 j 个指标上贫困，否则为非贫困，即 $x_{ij}^t \geq z_j$ 时，有 $g_{ij}^t(z) = 0$。

一、收入贫困与 FGT 贫困指数

本书在测度收入贫困程度时，主要采用了福斯特等（Foster et al.，1984）提出的 FGT 指数分析方法，该指数基于传统收入贫困差距（income poverty gap）指数的基础上拓展而来。FGT 指数运用广泛，通常被国际机构采用，如世界银行、联合国机构等。当收入取值低于临界值 z_j 时，即 $x_{ij}^t < z_j$，该家庭被识别为收入贫困，有 $FGT_a(x_i^t, z_j, a) = \frac{1}{n} \sum_{i=1}^{n} \left(\frac{z_j - \overline{x_i^t}}{z_j} \right)^a$，且 $\overline{x_i^t} = \min\{x_i^t, z_j\}$。否则，该家庭为非收入贫困，此时的收入差距指数为 0。其中，$\alpha (\alpha \geq 0)$ 为贫困厌恶参数（poverty aversion parameter），且 α 有 0、1 和 2 三种不同的取值，分别测度了收入贫困家庭的贫困广度、贫困深度和贫困强度，反映收入贫困家庭内部的不平等及其贫困程度。贫困强度说明贫困家庭中的福利不平等，该值越大，反映贫困家庭不平等程度越深（Foster et al.，1984）。

---

① 由经济学理论中消费者偏好的传递性、完备性、（强）单调性、连续性和自反性等定理可知，由于异质性家庭不同维度上遭受剥夺时，家庭效用损失或贫困"痛苦"是不一致的。可见，这样的假设可能存在两个很难克服的问题。第一，理论上来看，用异质性家庭在不同维度上获得的满足是很难排序的。意味着，在没有提供不同维度上的完备信息时，很难区分相同维度中家庭遭受贫困剥夺程度的排序。第二，不同家庭间遭受的贫困剥夺"痛苦"是无法进行比较的。例如，我们无法比较一个富裕家庭与贫困家庭在相同维度上遭受同样程度剥夺后的效用损失。为了规避贫困临界值存在的上述不足，我们假设在指定情况下所有家庭各维度下的效用函数是相同的。

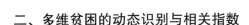
二、多维贫困的动态识别与相关指数

按照阿尔克和福斯特（2011a，2011b）的方法对多维贫困家庭进行识别和判定的过程中，主要涉及两个关键的临界值，即指标临界值与多维贫困临界值（deprivation-count threshold）。同时，本书借鉴郭熙保和周强（2016）的分析思路，引入福斯特（2009）的持续时间分析方法，将时间因素引入多维贫困测算中，也就是将个体在特定时间段内所遭受的贫困占整个时期的比例作为贫困持续时间临界值，以此判定该个体在该时间段内的持续时间贫困状态，进而对贫困的识别和测度将依次满足三个临界值的三次识别，有别于 AF 方法的两次识别的"双界线"法。

进一步，设定 $k(0 < k \leqslant 1)$ 为多维贫困临界值。按照 AF 双界线的思想，多维贫困临界值 k 表示指标剥夺数量与指标总数量的比值，用于判定家庭剥夺指标为何值时该家庭被识别为多维贫困。k 值越大表明贫困家庭剥夺维度越多，遭受的贫困"痛苦"越深。令 $w_j(0 < w_j \leqslant 1)$ 为各指标的权重系数，且有 $\sum_{j=1}^{d} w_j = 1$。$c_i^t(k)$ 表示各指标加总后的剥夺维度得分，即 $c_i^t(k) = \sum_{j=1}^{d} w_j g_{ij}^t(z)$，该得分越高表明剥夺深度越深，同时也反映了多维贫困的不平等程度。$I_i^t(k)$ 为特定时点 t 时的多维贫困识别函数，如果 $c_i^t(k) \geqslant k$，则有 $I_i^t(k) = 1$，家庭 i 被识别为多维贫困；否则 $I_i^t(k) = 0$，家庭 i 不是多维贫困。此外，我们进一步假定 M_0^t、A_0^t 与 H_0^t 分别表示 t 时点上测度的多维贫困综合指数、多维贫困平均剥夺程度指数和多维贫困家庭发生率指数。根据 AF 多维贫困理论，有 $M_0^t = H_0^t \times A_0^t$。根据福斯特（2009）的持续时间分析法，假定持续时间临界值为 $\tau(0 < \tau \leqslant 1)$，即贫困持续时间占整个观察期 T 的比重。当家庭 i 在所有 T 时期内，至少在某一时期比例 τ 的范围内（$\tau \leqslant t$）处于多维贫困

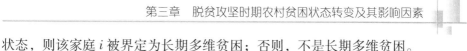

状态，则该家庭 i 被界定为长期多维贫困；否则，不是长期多维贫困。

按照上述思路，首先构建一个 $N \times T$ 维矩阵 $I(k)$，该矩阵中第 t 个列向量表示对第 t 时期的识别向量 $I^t(k)$。然后可以得到一个关于长期贫困的 N 维向量 L，其代表性元素 $l^i = \frac{1}{T} \sum_{t=1}^{T} \rho_i^t(k)$，表示家庭在所有 T 个时期内处于多维贫困状态的时期比例。例如，当 $\rho_i = 0.5$ 时，表示第 i 个家庭在所有 T 个时期中有一半的时期处于多维贫困状态。最后，通过与持续时期的临界值 τ 比较可以识别长期多维贫困家庭。如果持续时间临界值 $\tau = 0.3$ 时，$\rho_i = 0.5$ 则表示第 i 个家庭属于长期多维贫困。因此，我们就得到了一个 N 维列向量 $P^c(k; \tau)$，其代表性元素 $\rho_i(k; \tau)$ 可由指示函数得出。当 $\rho_i(k; \tau) = 1$ 时，表示第 i 个家庭在指标剥夺临界值 z、权重 w、贫困临界值 k 和持续时间临界值 τ 的假设条件下属于长期多维贫困家庭；当 $\rho_i(k; \tau) = 0$ 时，则为非长期多维贫困家庭。

为了衡量多维贫困家庭在某一维度上被剥夺的持续时间，我们可以构造一个 $N \times d$ 维的剥夺持续时间矩阵 Q，其代表性元素 q_{ij} 反映了第 i 个长期多维贫困且在第 j 个指标上被剥夺的家庭在第 j 个维度被剥夺的时期占所有观察期的比例。显然，对于每个指标而言，$0 \leq q_{ij} \leq 1$。如果第 i 个家庭不属于长期多维贫困家庭，则 $q_{ij} = 0$。因此，长期多维贫困家庭在第 j 个指标上被剥夺的持续时期占所有观察期的比例为 $\frac{1}{N \times H^c} \sum_{i=1}^{N} q_{ij}$。其中，$H^c$ 表示长期多维贫困家庭发生率指数，即长期多维贫困家庭占样本总数的比例 $\frac{1}{N} \sum_{i=1}^{N} \rho_i(k; \tau)$。同理，当 $j = 1$ 时，可推导出收入贫困持续时间及其长期收入贫困指数。

三、贫困维度、临界值及其解释

有关多维贫困的维度、指标和贫困临界值问题。基于国际上通用多维贫困指数（MPI）基础上，结合中国扶贫实践中的"两不愁、三保障"总目标，选取教育、医疗健康、生活质量和收入共四个维度的 11 项指标（见表 3 - 1），分别构建了包含收入维度和不包含收入维度的两种多维贫困指数。其中，各维度与指标的临界值主要参考了王小林等（2009）、张全红和周强（2015）、王春超和叶琴（2014）等的研究。需要说明的是，本研究以家庭为分析单位，因此相关指标选取均采用了家庭单位指标。其中，营养健康、子女入学、及时就医和医疗保险等个体指标，我们借鉴了阿尔克和福斯特（2011a，2011b）等识别方法，将家庭中任意成员在该项指标中遭受了剥夺，就识别该家庭为该项指标贫困，从而将个体指标转化为家庭指标。此外，多维贫困指数中是否包括收入指标，是作为两种多维贫困指数在包括货币因素与非货币因素时的比较分析，而单维的收入贫困是将收入作为单独一个维度，是多维贫困指数的对照指数。其中，表 3 - 1 中的"多维贫困 I"指不包含收入维度的"非货币多维贫困"，"多维贫困 II"指包含了收入维度的多维贫困类型。权重系数主要采用了维度与指标的双重等权重方法计算，即先对各维度进行等权重，然后再对每个维度下的指标进行等权重。

表 3 - 1　　　　　　　　　贫困维度、指标、权重及剥夺临界值

维度 指标	多维贫困 I 指标权重	多维贫困 II 指标权重	指标解释	临界值
教育	1/3	1/4		
人均教育	1/6	1/8	家中 16 岁及以上成员平均受教育年限	6 年
子女入学	1/6	1/8	家中 6～16 岁子女存在失学或辍学的情况	100%
医疗健康	1/3	1/4		

续表

维度 指标	多维贫困 I 指标权重	多维贫困 II 指标权重	指标解释	临界值
营养健康	1/9	1/12	18 岁以上成人用体重公斤数除以身高米数的平方,小于 18.5 千克/米^2;或 6~18 岁子女体重过瘦判定为贫困	贫困 = 1
及时就医	1/9	1/12	患病后能够及时获得正规医疗机构就医的比例①	100%
医疗保险	1/9	1/12	家庭成员参加医疗保险的比例	100%
生活质量	1/3	1/4		
做饭燃料	1/15	1/20	家庭做饭使用柴草、煤等非清洁能源,判定为贫困	贫困 = 1
卫生设施	1/15	1/20	家庭使用公厕或非冲水厕所,判定为贫困	贫困 = 1
清洁饮水	1/15	1/20	做饭用水无自来水、深井水（≥5 米）等,判定为贫困	贫困 = 1
照明	1/15	1/20	家庭平时主要的照明工具不是电灯,判定为贫困	贫困 = 1
住房拥挤	1/15	1/20	家庭人均住房面积小于 12 平方米,判定为贫困	12 平方米
收入	—	1/4		
人均收入	—	1/4	家庭人均年纯收入（2015 年价格）	2855 元②

注：①正规医院是指社区卫生服务站（中心）、单位诊所、乡计生服务机构、乡（县、市及以上）医院、乡（县、市及以上）妇幼保健院、职工医院等医疗机构。

②采用了国内官方提出的年人均 2300 元（2010 年价格）的收入贫困参考线,按照 CPI 指标进行调整（2010 年不变价格）,2011~2015 年依次为 2424 元/年、2487 元/年、2551 元/年、2610 元/年和 2855 元/年。

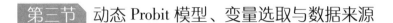
动态 Probit 模型、变量选取与数据来源

一、模型构建与分析思路

本研究借鉴了广义上的贫困转移与贫困持续性研究成果的观点（Biewen，2009；Duncan et al.，1993；Oxley et al.，2000），构建了针对贫困状态转变的动态 Probit 回归模型。考虑到贫困状态存在的依赖性，在某一特定时期贫困个体或家庭在下一时期也更可能陷入贫困状态，为此，本研究建立了如下一般的动态 Probit 回归模型，如下：

$$g_{it}^* = \gamma g_{it-1} + \chi'_{it}\beta + c_i + u_{it} \qquad (3-1)$$

$$g_{it} = 1[g_{it}^* \geq 0]，t = 2，\cdots，T \qquad (3-2)$$

式（3-1）中，g_{it}^*（$i = 1，\cdots，N$；$t = 2，\cdots，T$）为一个潜在的被解释变量，而 g_{it} 则是观测得到的二元结果变量，下标 i 和 t 分别家庭和时期（期数）。g_{it-1} 代表上一时期的贫困状况，χ_{it} 为解释变量的向量，c_i 是无法观测到的家庭异质性效应，u_{it} 则是一个均值为 0，方差为 1 的正态分布误差项。假定家庭样本的数量 N 很大，但观测到其贫困持续的时期数很少，这就意味着家庭的贫困状态渐进性将依赖于总样本量 N。在一般的随机效应 Probit 模型下对这种关系进行建模时，隐含的假定是在 χ_{it} 下，c_i 需服从均值为 0，方差为 1 的正态分布，且独立于 u_{it} 和 χ_{it}。在上述假设下，给定 c_i 的家庭 i 在 t 时期贫困转移的概率为：

$$\Pr(g_{it}|\chi_{it}，g_{it-1}，c_i) = \Phi[(\gamma g_{it-1} + \chi'_{it}\beta + c_i)(2g_{it} - 1)] \qquad (3-3)$$

式（3-3）中，$\Phi(\cdot)$ 为标准正态分布的累积分布函数。为了估计上述的动态 Probit 模型，我们需要对初始贫困状态 g_{i1}，即面板数据的开始年份时家庭 i 的贫困状况，以及与无法观测到的异质性项 c_i 之间的相关性进行假设。假设初始贫困状态是外生的，此时就可以使用标准的随机效应 Probit 估计方法（也称动态 Probit 模型）进行估计。然而这种假设是不现实的，因为家庭的贫困状况 g_{it} 在最开始时是无法观测到的，假设其具有外生性，并进一步采用随机效应 Probit 模型进行估计，估计结果将可能导致有偏。这意味着上一期的贫困状态 g_{it-1} 将与无法观测到的异质性项 c_i 相关，为此需要考虑贫困家庭的贫困状态初始条件问题。

赫克曼（Heckman，1981）提出了一种两步最大似然估计法，最早解决贫困状态与初始条件有关的问题。这一方法首先为潜在变量的初始值指定了一个简化形式的线性方程，方程中包括了外生工具变量及其有关核心变量的初始值。进一步，简化的方程可以被纳入到似然函数中，并能利用高斯—埃尔米特（Guauss – Hermite）正交法来获得似然函数的积分（Butler & Moffitt，1982）。如果潜在方程的时间间隔误差项是连续且不相关的，那么该估计方法将是一致的参数估计值（Stewart，2006）。然而，赫克曼（1981）的方法计算量很大，且很难通过相关软件实现，并未在后续的研究中得到广泛推广和应用。

为了克服以上估计方法的缺陷，伍德里奇（Wooldridge，2005）基于随机效应 Probit 模型的理论基础上，提出了条件最大似然估计方法。条件最大似然估计方法是将结果变量的观测序列 $(g_2，g_3，\cdots，g_T | p_1)$ 的联合密度指定为 $(g_T，g_3，\cdots，g_2 | g_1，\chi，c)$，指定了 c_i 密度的近似值作为结果变量初始值 g_1 的条件，使 g_1 可以更方便地从主方程中分离出来。并且，假定未观察到的异质性项 c_i 满足 $c_i | g_{i1}，z_i \sim N(\zeta_0 + \zeta_1 g_{i1} + z_i'\zeta，\sigma_a^2)$ 条件。其中，$c_i = \zeta_0 + \zeta_1 g_{i1} + z_i'\zeta + a_i$。从而有效解决了初始条件 g_{i1} 与 c_i 间存在的相关性问题，并产生了一个新的未观察到的异质性项 a_i，其与结果变量初始值 g_{i1} 不相关。基于以上思路，将 $c_i = \zeta_0 + \zeta_1 g_{i1} + z_i'\zeta + a_i$ 代入到式（3 – 3）中可得：

$$\Pr(g_{it} = 1 | a_i，g_{i1}) = \Phi(\chi_{it}'\beta + \gamma g_{it-1} + \zeta_1 g_{i1} + z_i'\zeta + a_i)，t = 2，\cdots，T$$

$$(3 – 4)$$

式（3 – 4）中家庭 i 的似然函数为：

$$L_i = \int \left\{ \prod_{t=2}^{T} \Phi \left[\left(\chi'_{it} \beta + \gamma g_{it-1} + \zeta_0 + \zeta_1 g_{i1} + z + a \right) \left(2g_{it} - 1 \right) \right] \right\} f^*(a) da$$

$$(3-5)$$

式（3-5）中，$f^*(a)$ 为新引入的不可观测项 a_i 的正态概率密度函数。与赫克曼提出的两步法类似，伍德里奇提出的条件最大似然（WCML）估计方法允许初始时期方程中的误差项与后续时期的误差项存在相关。这种估计方法与蒙达尔克（Mundalk，1978）的估计方法基本相似，通过控制特定时期的 χ 变量，并允许解释变量 χ_{it} 与未观察到的异质性项 c_i 之间存在相关性，从而解决了原有动态 Probit 模型中估计有偏问题。

二、数据来源说明

本研究选用中国健康与营养调查（CHNS）2000～2015 年数据。CHNS 调查从 1989 年首期调查，至今已进行了 11 轮调查，但官方网站只公布了截止到 2015 年的前 10 轮调查数据。每年调查样本以上一年的家庭为基础进行跟踪回访，每年大约有 4000～4500 户共约 20000 个个体样本，由于个体出生、婚嫁、死亡、搬迁等因素调整或变化，每年样本有部分新增或减少，但总体数量相对稳定。并且，由于 CHNS 调查在 2000 年以后对抽样省份有所增加，且针对个体的问卷有部分更新变化，为了匹配的稳定性，本研究选择取了 2000 年后相对较稳定的 6 轮调查数据，并直接删除了 2011 年和 2015 年中新增的北京、上海和重庆，便于样本的前后比较分析。在数据处理方法上，对缺失值和异常值采取了直接剔除的方法。由于我们研究的对象是农村贫困问题，并未探讨城市贫困现状，所以在进行数据处理时，删除了城市家庭样本，最终处理后的有效跟踪匹配样本数为每年 1564 户，总计 9384 户。

关于数据处理，还需说明两点：其一，数据删失问题。本书所选样本的考察期为 2000～2015 年，很可能出现在考察期外的家庭贫困状态，例如，在 2000 年以前家庭就处于贫困状态，那么我们就无法确切地知道该家庭在 2000 年以前落入贫困状态的具体时点，因此无法知道该家庭贫困的持续时间，这就是样本中的左删失（left censoring）问题。同理，如果家庭在 2015 年以后还处于贫困状态，即持久性贫困问题，分析中同样不能确切了解到该家庭何时能脱离贫困状态，这就是右删失（Right Censoring）问题。然而，我们知道，对于左删失暂时还无法处理，但使用生存分析可以有效地解决右删失问题。其二，贫困状态转化问题，即贫困家庭在多个观察期间在贫困与非贫困之间不断转化，也是通常所说的多个持续时间段问题。在特定的考察期内，家庭在某一时间段内连续处于贫困状态，而后在特定的时期又脱离贫困（至少 1 年），经过一段时间后又可能再次返贫。这种脱贫后的返贫，导致了贫困家庭在多个持续时间段上处于贫困，也反映了该家庭贫困脆弱性差，脱贫质量低等问题。对于脱贫后返贫的情况，我们假定同一贫困家庭在多个持续时间段内的贫困状态为相互独立的。

三、描述性统计分析

表 3－2 为主要变量的描述性统计。所选变量主要从家庭、社会和政府三个角度出发，将外部环境变化与政府帮扶作为外在的环境与政策冲击，用于分析贫困适应性受外部因素的影响。其中，家庭层面的因素，以家庭子代高中及以上、子代职业地位优于父代为家庭成员能力或要素禀赋提升的替代变量，并且控制了户主性别、户主婚姻状况、户主受教育程度、家庭人口规模、女性成员占比、家庭子女数和社会网络关系（以人情送礼替代）等因素。社会环境因素包括城镇化水平和交通便捷度，视为家庭所处社会外部环境连续性变化的主要影响因素。政府对家庭贫困的影响因素，主要考察了非发展式扶贫的影响，即政府对家庭直接发放的困难补助金。此外，我们进一步控制了家庭所在村的社会服务水平、地区分布（中部、东部、西部、东北部）等因素。

表 3 – 2 主要变量描述性统计

变量	变量说明	均值	标准差	最小值	最大值
户主性别	所在家庭的户主为男性，男性 = 1	0.868	0.338	0	1
户主婚姻状况	当前户主的婚姻状况，已婚 = 1	0.990	0.099	0	1
户主受教育程度	家庭户主最高的受教育程度	2.580	1.176	1	6
子代高中及以上	子代受教育程度为高中及以上水平，是 = 1	0.520	0.500	0	1
子代职业地位	子代职业类型或工作职位优于父代，是 = 1	0.713	0.452	0	1
女性成员比例	所在家庭女性成员的比例	0.646	0.251	0	1
家庭人口规模	家庭人口数量（人）	3.782	1.686	1	15
家庭子女数	所在家庭子女数量（人）	1.791	1.097	0	7
社会网络关系	家庭人均礼金数的对数	3.459	3.114	0	9.278
城镇化水平	家庭所在地城镇化水平（均值）	56.640	16.847	23.391	100
交通便捷程度	家庭所在地出行交通便捷程度评分	5.247	2.362	0	10
社会服务水平	家庭所在地整体社会服务水平评分	2.638	2.499	0	10
困难补助金	贫困家庭获得政府发放的补助金的对数	0.441	1.711	0	10.820
地区分布	家庭所在地的地域分布	2.434	1.044	1	4

各变量具体处理中，我们结合 CHNS 调查问卷特征，进行了如下处理：（1）户主最高受教育程度为分类变量，分为"小学辍学或文盲 = 1，小学毕业 = 2，初中毕业 = 3，高中或职高毕业 = 4，大学或大专毕业 = 5，研究生及以上 = 6"。（2）"子代职业地位"变量通过识别子代与父代的职业类型或工作职位两方面进行综合判定，如果子代当前职业或工作职位优于父代，则赋值为"1"，否则为"0"（含子代职业或工

作职位与父代一样的情况）。（3）"社会网络关系"变量采用家庭过去一年收到或送出的礼金数（消除了价格因素，折算到 2015 年价格）作为替代。（4）所在地"交通便捷程度"和"社会服务水平"变量按照 1～10 的分值衡量，分值越大表明该指标水平越高或越好。（5）"地区分布"为分类变量，包括"东部 = 1，中部 = 2，西部 = 3，东北部 = 4"，其中，东部包括山东和江苏，西部包括广西和贵州，中部包括湖南、湖北和河南，东北部包括黑龙江和辽宁。（6）"困难补助金"变量剔除了价格因素的影响，将其折算到 2015 年价格。

第四节 脱贫攻坚时期农村贫困状态转换分析

为了明确农村贫困基本特征及其减贫效果，我们基于贫困识别与分析方法，比较分析了样本期内收入贫困与多维贫困的静态和动态变化，并在动态变动趋势基础上实证考察了贫困状态转换中的概率及其持续时间分布。

一、农村贫困的静态比较：收入贫困与多维贫困的跨期变动

首先，我们识别并测度了 2000～2015 年农村家庭贫困发生率、贫困深度与贫困强度（见图 3-1～图 3-4）。测度结果显示，2000～2015 年农村家庭贫困发生率大幅下降，且贫困家庭的贫困被剥夺深度和贫困强度均减缓了。由图 3-1 和图 3-4 中的收入贫困可知，2000～2015 年收入贫困发生率显著下降了 19.5%，但收入贫困家庭遭受的长期贫困剥夺程度下降幅度较小。这意味着，仅从家庭收入水平考察的贫困下降规模较好，但脱贫家庭的收入增幅不明显，未脱贫家庭的经济状况仍较差。从多维贫困来看，非货币性多维贫困与货币性多维贫困的发生率下降了近 38% 和 41.5%，下降幅度超过收入贫困 18～21 个百分点，且脱贫和未脱贫家庭长期遭受的贫困剥夺深度均减缓了，尤其是脱贫家庭。

从图 3 - 2 和图 3 - 3 贫困深度和贫困强度来看，无论是收入贫困还是多维贫困，15 年间农村家庭的贫困深度和贫困强度均存在大幅下降趋势，但到了 2015 年贫困现状仍然不容乐观，贫困人口遭受的贫困剥夺感还比较强。从综合的贫困强度来看，贫困人口之间的不平等程度也比较明显。

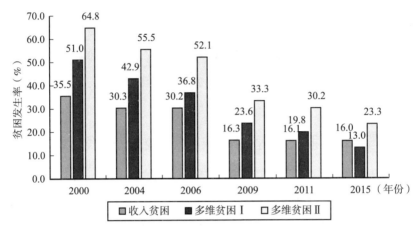

图 3 - 1　2000～2015 年农村收入贫困与多维贫困发生率

注：多维贫困在 k = 30% 临界值下识别并测度；收入贫困以 FGT（α）贫困指数测算，α = 0。

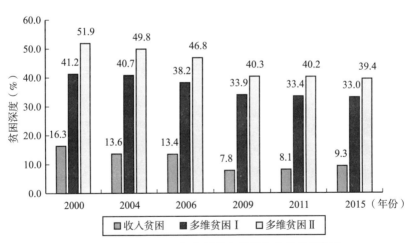

图 3 - 2　2000～2015 年农村收入贫困与多维贫困深度

注：（1）多维贫困在 k = 30% 临界值下识别并测度。（2）收入贫困以 FGT（α）贫困指数测算，其中，α 取 1，表示收入贫困的贫困深度，反映收入贫困家庭内部的不平等。（3）多维贫困测度中以 A_0^i 指数测度贫困深度。

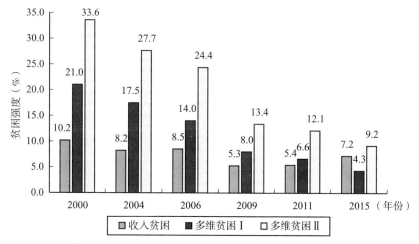

图 3 - 3 2000～2015 年农村收入贫困与多维贫困强度

注：（1）多维贫困在 k＝30％临界值下识别并测度。（2）收入贫困以 FGT（α）贫困指数测算，其中，α 取 2，表示收入贫困的贫困强度，反映收入贫困家庭内部的不平等及其贫困差距。（3）多维贫困测度中以 M_0^1 指数测度贫困强度。

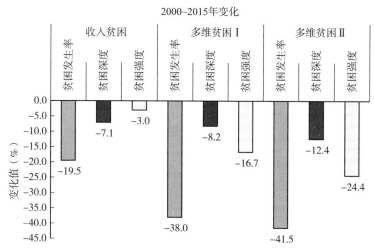

图 3 - 4 2000～2015 年农村收入贫困与多维贫困的静态比较

注：2000～2015 年均值差分变化，用 2015 年值减去 2000 年值，负值表示下降，正值表示增加。

可见，相较于收入衡量的贫困，从多维福利角度分析的家庭状况改善程度更好。这与农村2000年以后加大行政村道路、水电、卫生室、文化室等基础设施建设力度，相继实施新型农村医疗保险、城乡一体化的养老保险、精准扶贫和"五个一批"等综合扶贫方式有关，扶贫方式从单一的经济手段转变到多主体参与和多举措并举的综合手段，在一定程度上减轻低收入家庭支出负担同时，显著改善了家庭的多维福利水平。不难发现，扶贫政策单方面聚焦于收入提高的减贫作用较小，而注重家庭多维福利改善的扶贫成效将大大提升，且能进一步培育出脱贫家庭可持续发展能力。因此，随着中央和地方政府不断加大的扶贫力度，贫困地区基础设施和公共服务水平得到了显著提高（叶兴庆和殷浩栋，2019），脱贫与未脱贫家庭的生活质量、教育和医疗等福利水平都得到了极大改善。

二、农村贫困的动态分析：贫困状态转换与状态依赖

贫困的动态转换主要指家庭进入或退出贫困，一是原本贫困的家庭继续保持贫困状态或脱离贫困。二是非贫困家庭继续保持非贫困状态或落入贫困，抑或贫困家庭脱贫后的再次返贫等。为了能有效分析农村家庭的贫困状态转变，我们借助调查数据的调查年度，将经历不同贫困持续时间的样本状态划分为"从未贫困""一次贫困""两次贫困""三次贫困""四次贫困""五次贫困""深度贫困"和"长期贫困"等几种类型。

其中，"从未贫困"表示在考察期内家庭一直处于非贫困状态。"长期贫困"是按照贫困持续时间占整个观察期 T 的比重超过50%识别并测度，即家庭在所有 T 时期内，有一半及以上时期处在贫困状况（$\tau = 50\%$）。"深度贫困"考察了 T 时期内所有调查年度一直处在贫困状态的家庭，这部分家庭基本丧失了自我脱贫的能力，长期处在被剥夺的深

度贫困之中，是农村精准扶贫中的"难啃的硬骨头"，具有"贫困程度深且长期遭受能力或机会剥夺"的典型特征。在扶贫实践中，深度贫困人口基本分布在"两高、一低、一差、三重"①的深度贫困地区，属于扶贫成本高、脱贫难度大的绝对贫困人口，而且大多具有"老弱病残"等特征。这部分绝对贫困人口在教育机会、安全住房、基本医疗、资产积累和经济发展成果分享等多维福利指标上明显落后于地区平均水平，以致这部分人口实现不愁吃、不愁穿的"两不愁"目标相对容易，但要实现保障义务教育、基本医疗、住房安全"三保障"目标则相对较难。并且，这部分贫困人群的后代极易陷入贫困，具有代际传递和贫困适应性的动态特征。

从图 3-5 的结果可知，收入贫困与多维贫困的贫困状态转化中，收入贫困占"从未贫困"类型比例最高（32.2%），占"深度贫困"比例最低（0.3%）。而货币性多维贫困在"从未贫困"状态下占比较低（15.9%），而"深度贫困"状态下的占比较高（6.5%）。总体上，表现出了多维贫困人口的"深度贫困"现象更明显，且陷入"深度贫困"的可能性明显高于单维的收入贫困。这意味着，贫困人口中暂时性的收入波动导致居民进入与退出贫困的可能性很高，但贫困人口短时间实现收入脱贫的可能性也很大。然而，如果一个家庭是在教育、医疗、健康和生活质量等方面遭受了长期剥夺，很难在短时间内实现脱贫，从而极易陷入长期的"深度贫困"之中，这部分群体也将容易成为后期乡村振兴阶段的相对贫困人口。

---

① 习近平总书记在深度贫困地区脱贫攻坚座谈会上，提出深度贫困地区的贫困问题体现为"两高、一低、一差、三重"，即贫困人口占比高、贫困发生率高；人均可支配收入低；基础设施和住房差；低保五保贫困人口脱贫任务重、因病致贫返贫人口脱贫任务重、贫困老人脱贫任务重。参见习近平：《在深度贫困地区脱贫攻坚座谈会上的讲话》，载于《人民日报》2017 年 9 月 1 日第 2 版。

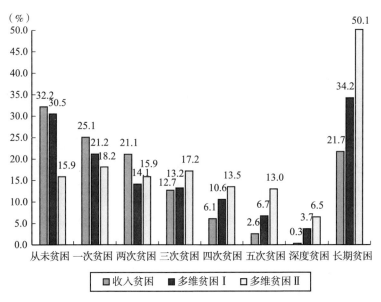

图 3 – 5　2000 ~ 2015 年农村家庭收入与多维贫困动态变动分布

注：多维贫困维度临界值按 k = 30% 识别并测度。

　　随着贫困持续时间的增加，收入贫困与非货币性多维贫困家庭的返贫比例明显小于脱贫家庭比例。然而，货币性多维贫困指标下贫困家庭"三次贫困"状态占比高于"两次贫困"状态的家庭，且六个调查年度中的"五次贫困"状态占比仍高达 12.98%，表现出长期贫困占比高、贫困持续时间长的特征，并且多维贫困家庭陷入"深度贫困"可能性随持续时间增加而提高。2000 ~ 2015 年，单从收入维度或单从多维福利维度（不含收入指标）来看，家庭总体贫困状态呈明显改善趋势，而包含了收入的多维贫困指标中，持续性长期贫困的比例较高。此外，收入贫困和多维贫困在暂时性贫困中的发生率转换率相差不大，但在长期贫困中的发生率和状态转换率存在巨大的静态和动态偏离，这一发现与李博等（2018）研究结论基本一致。因此，融入了收入因素的多维贫困指标，兼具评估脱贫家庭的未来发展能力，而单独的收入指标明显忽视了脱贫家庭脆弱性与可持续发展能力。

图 3 - 6 ~ 图 3 - 9 考察了农村家庭贫困转换概率及其状态分布，分析了贫困对象掉入"贫困陷阱"的可能性。图 3 - 6 和图 3 - 7 结果显示，在不考虑样本进入观测期前的贫困状态情况下，样本考察期内收入贫困家庭脱贫成功占比为 76.4%，初始贫困的家庭，继续保持贫困的占比为 23.6%。而非货币性多维贫困家庭维持持续性贫困状态的占比最低，为 18.8%，货币性多维贫困家庭持续贫困占比最高，表现为 27.7% 的脱贫失败率，这意味着货币性多维贫困家庭陷入持续性贫困的概率大大上升了。从图 3 - 8 和图 3 - 9 可知，贫困家庭进入持续性贫困的时间均值大致分布在 2 ~ 3 个调查年度期间。其中，货币性多维贫困平均贫困持续时间最长，达到了 3.079 个调查年度（平均 7.7 年）[①]，成为极易掉入"贫困陷阱"对象，是从脱贫攻坚走向乡村振兴阶段需要重点关注的对象。并且，货币性多维贫困人口，经历了长期贫困剥夺，脱贫的概率大幅下降，明显低于收入贫困发生率。测度结果显示，货币型多维贫困与非货币性多维贫困经历了长期贫困经历，脱贫的可能性依次为 23.5% 和 30.2%，均低于收入贫困对象的脱贫概率 35.9%。

　　另外，图 3 - 9 通过卡普兰—迈尔（Kaplan - Meier）估计了各贫困持续时期百分位数下的贫困状态转换分布。结果显示，贫困持续时间在 25% 分位数下的收入贫困家庭在进入第一个调查年度后脱贫成功，而贫困持续时间在 50% 分位数的收入贫困家庭，在进入观察期的第二个调查年度（约 5 年）后实现脱贫。比较而言，贫困持续时间在 50% 分位数的多维贫困家庭，在进入观察期第三个调查年度（约 7.5 年）后实现脱贫，发生贫困状态转变的时间比收入贫困增加了约 2.5 年。这意味着，

---

　　① 按照 2000 ~ 2015 年（共计 15 年）考察期内的六次调查年度占比计算，即平均贫困持续时间（年）= 15 ×（3.079 / 6）= 7.697。

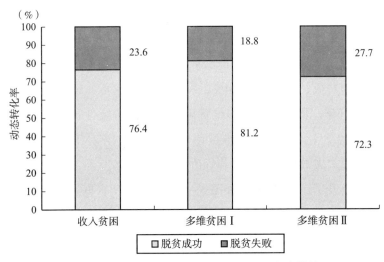

图 3-6　2000～2015 年贫困人口的贫困状态转换

注：（1）状态转换占比中的"脱贫成功"与"脱贫失败"占比加总为"1"。（2）"脱贫成功"指贫困家庭在样本考察期内（2000～2015 年）成功脱离贫困的家户数占总贫困家庭数的比例。（3）"脱贫失败"指样本考察结束后仍未脱离贫困的贫困家户数占总贫困家户数的比例，包括了考察期内脱贫后返贫并保持续贫困状态的贫困家户样本。

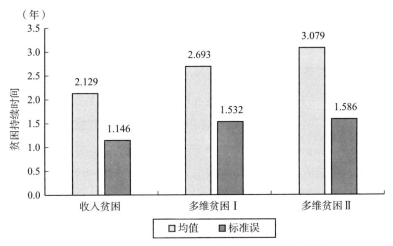

图 3-7　2000～2015 年贫困人口的贫困持续时间

注："贫困持续时间均值"表示贫困家户平均贫困持续时间，是调查年度的均值。

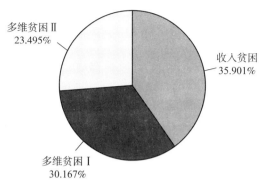

图 3 – 8　2000～2015 年贫困人口的贫困状态转化的风险率

注：卡普兰—迈尔（Kaplan – Meier）估计中的"风险率"是指"发生风险"的家户数除以存在风险的家户总数，此处"发生风险"意味着脱贫的可能性，即脱贫的概率。

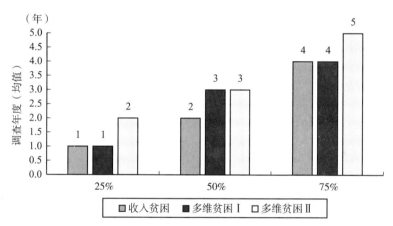

图 3 – 9　2000～2015 年贫困持续时期百分位数下的贫困转换分布

注：各贫困持续时期百分位数下的贫困状态转换由卡普兰—迈尔（Kaplan – Meier）估计获得。需要说明的是，对于三种类型贫困的估计中，我们假设各个贫困持续时间段是相互独立的。

多维贫困家庭在经历了三个调查年度贫困后，落入"贫困陷阱"的可能性提高了。并且，相同持续时间百分位数分布下，货币性多维贫困家庭随着贫困持续时间的增加"发生风险"（脱贫）的可能性降低了，退出贫困的时间明显延长了。这表明，收入贫困对象与多维贫困对象，在经历同等贫困持续时间经历的情况下，多维贫困家庭落入"贫困陷阱"

的可能性更高、贫困脆弱性也更大。

我们进一步分析发现（见图 3 - 10），三种贫困类型样本中，无论家庭初始期是否贫困，贫困家庭的"生存率"都呈现出下降的趋势，但随着贫困持续时间的增加，下降幅度越来越小，即呈现出了贫困状态转变中的负向时间依赖关系，这一点在多维贫困人口中更明显。简言之，家庭落入贫困的持续时间越长，中断这种贫困状态的可能性会下降，表现出了较强的贫困适应性与贫困状态的路径依赖。贫困个体一旦适应贫困的路径，产生贫困路径依赖，那么，则很难通过自我发展实现脱贫（周强，2021）。这意味着，2020 年虽然已经在现有扶贫标准下消除了绝对贫困人口，但原本属于多维贫困的脱贫人口，存在着非常高的返贫风险。现有的脱贫人口，由于早期经历了长期的贫困剥夺，或早期属于深度贫困的人口，一方面呈现出了较高的贫困脆弱性，另一方面产生了明显的贫困依赖心理，在乡村振兴发展阶段这部分脱贫群体的返贫风险非常高。

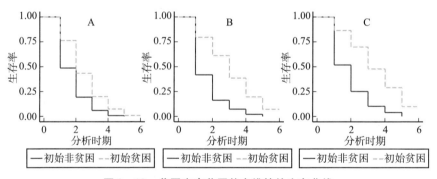

图 3 - 10　贫困家庭贫困状态维持的生存曲线

注：（1）以上采用了非参的卡普兰—迈尔（Kaplan - Meier）进行估计；A ~ C 依次为：收入贫困（A）、多维贫困 I（B）和多维贫困 II（C）。（2）"实线"表示在考察期 T 内，家庭从非贫困转换为贫困后的贫困持续时间，即进入观察期后才落入贫困，揭示了新进入贫困的家庭样本的生存（贫困持续）概率。（3）"虚线"表示在样本考察期 T 内，在第一个观察期 t = 1 就已经成为贫困，即进入观察期前就已经为贫困（存在左删失），揭示了这部分贫困家庭的贫困状态存在的路径依赖或适应性特征。

此外，从贫困人口早期贫困经历来看，进入观察期前的家庭贫困状态并未改变三种贫困类型的总体变动趋势。初始期的贫困经历，成为贫困人口是否转化为深度贫困人口的重要因素。由图 3－10 中的变动趋势可知，初始期贫困的家庭维持贫困状态的概率高于进入观察期后才落入贫困的家庭，初始期贫困后期保持原有贫困状态的可能性增加了，导致部分暂时性贫困人口落入持续性的贫困之中。并且，初始期贫困的家庭后期贫困状态发生转换的概率下降速度与幅度均快于初始非贫困家庭，导致二者的贫困状态转换概率随着家庭落入贫困时间的增加逐步扩大，这一点在非货币性多维贫困和货币性多维贫困两种类型中更明显。因此，家庭一旦落入贫困，在短期内无法脱贫的情况下，后期维持贫困状态的概率将大于退出贫困的概率，导致陷入"贫困陷阱"之中。并且，农村家庭一旦落入"贫困陷阱"，短期在政府帮扶下能够实现脱贫，但由于长期贫困经历导致的生存脆弱性，出现返贫的风险非常高，极易再次成为乡村振兴阶段新的贫困对象。

需要指出的是，以上分析存在一个较强的假设前提：无论家庭进入观测期时是否贫困，后期保持贫困状态均具有同质性，与家庭特征、家庭所在地区环境、家庭致贫原因等差异无关。显然，这与当前农村家庭的致贫原因及致贫因素多元化特征不符。现实中，农村家庭贫困表现出了较强的贫困异质性。为此，我们进一步考察了异质性家庭贫困状态转变差异（见表 3－3）。结果显示，按家庭户主性别分样本估计可知，贫困家庭中户主为女性的维持贫困状态的概率低于男性户主，而货币性多维贫困中的女性户主持续贫困状态的可能性最小。但进一步统计发现，贫困持续时间在 50% 和 75% 分位数的女性户主贫困家庭中，其贫困持续时间更长，这表明女性户主的短期贫困家庭退出贫困的可能性更大，但女性户主家庭一旦陷入长期贫困，则退出贫困的可能性会大大降低。

表3-3　　异质性贫困家庭的贫困持续时间分布（对数秩检验）

影响因素	收入贫困	多维贫困 I	多维贫困 II
户主性别	3.87 ** (0.049)	16.69 *** (0.000)	19.05 *** (0.000)
户主最高受教育程度	8.91 * (0.063)	62.84 *** (0.000)	61.12 *** (0.000)
家庭人口规模	12.87 *** (0.005)	28.26 *** (0.000)	12.54 *** (0.006)
家庭所在地区	25.26 *** (0.000)	24.00 *** (0.000)	34.13 *** (0.000)
地区收入差距 t	2.81 * (0.094)	15.00 *** (0.001)	3.97 ** (0.046)

注：（1）以上采用了分样本下的卡普兰—迈尔（Kaplan – Meier）估计，并在估计结果下进行了对数秩检验（log-rank test），其目的是检验生存函数的等同性及不同分样本间是否存在显著的差别。（2）括号内为检验系数的 P 值，*** 、** 、* 分别表示在1%、5%、10%水平上显著。（3）收入差距主要以家庭所在省份的基尼系数衡量，按照所在地省份基尼系数均值以下和均值以上分为两类，分别表示家庭所在地收入差距相对较小（低于均值）还是相对较大（高于均值）。

第五节　脱贫攻坚时期农村贫困状态依赖的影响因素分析

一、动态 Probit 模型估计

以上贫困状态转换的分析中，假定贫困或非贫困家庭各时刻的状态转移概率保持稳定，即贫困状态转化概率在不同时刻保持不变，且与初始状态无关。这样的假设前提偏离了农村家庭贫困现实，农村家庭经常受到各种不确定因素的影响。此外，半参数回归分析显示，贫困家庭经历了长期贫困剥夺后，日常生活中会自动产生相关的潜意识贫困行为和

贫困适应性，呈现出贫困状态依赖的特征。实际上，贫困与非贫困家庭各时刻贫困与否的状态转换概率不仅不稳定，而且存在明显的差异性。因此，我们进一步采取动态 Probit 模型估计，尽可能规避贫困初始状态差异导致的有偏估计。

表 3-4 中第 1～第 3 列中，假定初始条件是内生的，但不包括自回归误差项，采用动态随机效应 Probit 模型中的最大似然估计（maximum likelihood estimator，MLE）方法；第 4～第 6 列假定初始条件是内生的，且包括因变量的一阶自回归项，采用动态随机效应 Probit 模型中最大模拟似然（maximum simulated likelihood，MSL）方法。回归结果显示，无论是否包括因变量的一阶自回归项，各因素的系数回归结果均一致且显著，结果也较稳健。从三种贫困类型来看，因变量滞后一期的系数均为正且显著，意味着家庭贫困经历会对后续是否贫困产生显著的正向影响，说明贫困适应性与状态依赖的确存在。此外，在控制了家庭和地区层面的可观测因素后，家庭当期的贫困状态与上一期贫困状态高度相关，这一点在多维贫困情况下更明显，即上一期贫困的家庭，本期落入多维贫困的可能性比落入收入贫困的可能性更高。这是因为，家庭收入水平容易受到外在因素的影响，在出现短暂性外部冲击时产生明显变化，尤其是对低收入贫困人口来说，收入的不稳定性非常高。如果当年家庭收入来源比较稳定，且人均收入高于贫困线，则出现了"脱贫"。反之，如果当年家庭收入不稳定，例如，受到农业收成不好的影响，家庭人均收入低于贫困线的概率提高，则容易出现"返贫"问题。比较而言，从多维福利角度考察的贫困，则相对稳定。一个家庭的多维福利方面，例如，教育、医疗、健康和生活质量等指标均属于长期发展指标，且部分指标具有不可修复性，该指标一旦遭受剥夺不太可能在短期内好转，也很难修复，甚至是永久性的丧失。例如，家庭户主的教育，家庭户主一旦早期辍学或小学未毕业，当前情况下不可能再返校弥补教育缺失。因此，家庭的多维福利其实能更好地衡量贫困家庭遭受的"可行能力"剥夺现状，能更全面地衡量贫困人口的"能力贫困"问题。

多维贫困家庭表现出来更强的贫困适应性与状态依赖，受到过去贫困历史的影响作用更大。

表 3－4　　　2000～2015 年农村贫困状态持续的动态随机效应 Probit 估计

变量	动态随机 Probit 回归（MLE）			动态随机 Probit 回归（MSL）		
	（1）	（2）	（3）	（4）	（5）	（6）
	收入贫困	多维贫困 I	多维贫困 II	收入贫困	多维贫困 I	多维贫困 II
子代高中及以上	- 0.196 * （0.112）	- 0.889 *** （0.108）	- 0.664 *** （0.101）	- 0.268 ** （0.134）	- 0.685 *** （0.157）	- 0.699 *** （0.103）
子代职业地位	- 0.262 *** （0.083）	- 0.225 *** （0.084）	- 0.390 *** （0.146）	- 0.463 *** （0.061）	- 0.257 ** （0.106）	- 0.160 * （0.082）
社会服务水平	- 0.015 ** （0.006）	- 0.349 ** （0.138）	- 0.180 * （0.105）	- 0.055 ** （0.022）	- 0.361 *** （0.098）	- 0.196 * （0.118）
城镇化水平	- 0.026 *** （0.006）	- 0.032 *** （0.005）	- 0.034 *** （0.005）	- 0.045 * （0.024）	- 0.048 ** （0.023）	- 0.036 *** （0.005）
交通便捷度	- 0.054 * （0.029）	- 0.094 *** （0.035）	- 0.030 * （0.016）	- 0.077 ** （0.031）	- 0.079 ** （0.033）	- 0.032 * （0.017）
贫困补贴	0.125 * （0.073）	0.038 * （0.020）	0.093 *** （0.034）	0.033 * （0.019）	0.048 ** （0.021）	0.098 ** （0.043）
收入贫困滞后一期	0.116 * （0.069）			0.253 *** （0.058）		
多维贫困 I 滞后一期		0.818 *** （0.073）			1.418 *** （0.064）	
多维贫困 II 滞后一期			0.332 *** （0.088）			0.418 *** （0.062）
AR（1）				- 0.685 *** （0.163）	- 0.445 *** （0.149）	- 0.390 *** （0.146）
常数项	0.112 *** （0.036）	0.659 * （0.370）	0.257 ** （0.103）	0.327 *** （0.121）	0.461 *** （0.118）	0.413 *** （0.111）
初始贫困	是	是	是	否	否	否

续表

变量	动态随机 Probit 回归（MLE）			动态随机 Probit 回归（MSL）		
	（1）	（2）	（3）	（4）	（5）	（6）
	收入贫困	多维贫困 I	多维贫困 II	收入贫困	多维贫困 I	多维贫困 II
控制变量	是	是	是	是	是	是
样本量	9384	9384	9384	9384	9384	9384

注：（1）括号内为稳健标准误，***、**和*分别表示在1%、5%和10%显著性水平上显著。（2）"初始贫困"是指是否考虑样本在观测首期的贫困状况。（3）控制变量包括户主层面的户主性别、户主婚姻状况、户主受教育程度，家庭层面的家庭人口规模、女性成员占比、家庭子女数、家庭所在村的社会网络关系（以人情送礼替代）和地区层面的分布（中部、东部、西部、东北部）等。

另外，从各影响因素结果可知，贫困家庭的子代教育和职业地位越高，该贫困家庭的贫困状态依赖性越低，意味着家庭子代人力资本与能力水平很大程度上能斩断贫困状态依赖的路径，是非常好的缓解贫困代际传递的有效方式。此外，家庭所在村（社区）的社会服务水平、城镇化水平，以及交通便捷度等外部环境因素对贫困的影响为负，意味着社会服务水平越好、城镇化水平越高或居民出现的交通很便捷，则该家庭贫困状态依赖性也越低，这种作用效果在多维贫困情况下作用更大。实际上，外部环境也是影响贫困的重要因素。因此，改善交通条件、提高基础设施和公共服务水平是消除农村贫困的重要渠道，也是乡村振兴发展中的重要环节。

总之，本研究认为，农村贫困家庭遭受长期动态贫困并产生贫困适应性的根源，一方面是因为家庭面临暂时性冲击导致收入或多维福利水平的大幅下降，而后很难通过自我发展而完全脱贫。贫困意味着家庭的收入与福利遭受了剥夺、缺少创收渠道、没有机会上学、无法获取正规的工作等，贫困就是缺少清洁的饮用水、缺乏营养，贫困就是权力和自由的丧失（Sen，1976；森，2001；沈扬扬等，2018；周强、张全红，2017）。另一方面是因为存在不利于脱贫的长期未观测因素，导致家庭落入贫困后产生了贫困适应性或落入了"贫困陷阱"。贫困家庭经历了长期的贫困剥夺，日常生活中会自动产生相关的潜意识贫困行为趋势，或贫困文化的自我加强（Oswald & Powdthavee，2008）。同样，一个家庭长期被"贴上"了贫困的标签后，就会做出自我印象管理，使自己的行为与过去的贫困状态相一致，从而落入"贫困陷阱"中（Clark et al.，2016）。之所以会出现贫困状态依赖性或贫困的"标签效应"，主要是因为贫困适应性下的"状态依赖"或"标签"具有定性导向的作用，无论是"好"是"坏"的标签，都会对家庭成员的意识产生"自我认同"的影响（Waglan et al.，2014），使贫困对象遵循贫困路径陷入持续性贫困状态。

二、结果稳健性说明

为了检验家庭贫困适应性与状态依赖估计结果的稳健性，我们进一步基于动态随机效应 Probit 模型的估计，对收入分布最低的10%样本进行预测估计。表5－5中，第一列"状态"表示为"滞后一期#初始条件#均值分位数"三项的交集。状态中的第一项"滞后一期"用"0"表示"滞后一期的家庭条件为非贫困"，用"1"表示"滞后一期的家庭条件为贫困"；状态中的第二项"初始条件"为"0"表示"家庭初始状态下为非贫困"，用"1"表示"家庭初始条件下为贫困"；状态中的第三项"均值分位数"为"1"，表示"随机动态效应模型中观测变量联合均值在第1分位数上"。同理，用"2""3""4"……"10"依次表示"第3分位数""第4分位数"和"第10分位数"的情况。

表3－5估计结果显示，收入贫困家庭中，在收入分布的10%水平上，滞后一期和初始条件均为非贫困的家庭转换为贫困（进入贫困）的概率为14.5%。同一收入分布条件下，滞后一期非贫困但初始条件贫困的家庭转换为贫困的概率为49.9%。并且，滞后一期和初始条件均贫困的家庭，转换为贫困的概率提高到了54.1%，是滞后一期和初始条件均为非贫困的家庭的3.7倍。与此同时，在多维贫困家庭中也存

在同样的情况。例如，货币性多维贫困中，滞后一期和初始条件均贫困的家庭转换为贫困概率，是滞后一期和初始条件均为非贫困的家庭的6.7倍。这意味着，历史贫困状态会明显提高家庭持续贫困的概率，即存在显著的贫困状态依赖现象。与初始条件非贫困家庭相比，初始条件贫困的家庭未来发生贫困的概率更大，且滞后一期贫困的家庭未来落入贫困的概率也更大。这一结论印证了前面的观点，也论证了结果的稳健性与有效性。

表 3 – 5　　贫困依赖的状态转换的预测概率（动态随机效应 Probit 估计）

滞后一期#初始状态#分位数	收入贫困		多维贫困 I		多维贫困 II	
001	0.073 ***	(0.009)	0.110 ***	(0.011)	0.090 ***	(0.010)
002	0.060 ***	(0.007)	0.103 ***	(0.009)	0.106 ***	(0.010)
003	0.040 ***	(0.005)	0.101 ***	(0.008)	0.113 ***	(0.010)
004	0.048 ***	(0.005)	0.095 ***	(0.008)	0.118 ***	(0.010)
005	0.064 ***	(0.006)	0.099 ***	(0.008)	0.143 ***	(0.011)
006	0.090 ***	(0.008)	0.080 ***	(0.007)	0.149 ***	(0.012)
007	0.107 ***	(0.009)	0.091 ***	(0.008)	0.118 ***	(0.010)
008	0.129 ***	(0.011)	0.066 ***	(0.006)	0.103 ***	(0.009)
009	0.140 ***	(0.012)	0.040 ***	(0.005)	0.080 ***	(0.008)
010	0.145 ***	(0.016)	0.043 ***	(0.006)	0.094 ***	(0.012)
011	0.328 ***	(0.024)	0.431 ***	(0.024)	0.401 ***	(0.024)
012	0.306 ***	(0.023)	0.381 ***	(0.022)	0.444 ***	(0.023)
013	0.283 ***	(0.022)	0.373 ***	(0.021)	0.451 ***	(0.022)
014	0.298 ***	(0.020)	0.416 ***	(0.022)	0.473 ***	(0.023)
015	0.362 ***	(0.024)	0.405 ***	(0.021)	0.480 ***	(0.022)
016	0.392 ***	(0.022)	0.424 ***	(0.022)	0.531 ***	(0.023)
017	0.411 ***	(0.023)	0.426 ***	(0.023)	0.521 ***	(0.023)
018	0.408 ***	(0.024)	0.393 ***	(0.022)	0.506 ***	(0.022)

续表

滞后一期#初始状态#分位数	收入贫困		多维贫困 I		多维贫困 II	
019	0.505***	(0.028)	0.361***	(0.022)	0.508***	(0.023)
101	0.090***	(0.014)	0.253***	(0.024)	0.178***	(0.020)
102	0.074***	(0.012)	0.237***	(0.022)	0.202***	(0.020)
103	0.051***	(0.009)	0.23***	(0.021)	0.211***	(0.019)
104	0.060***	(0.010)	0.222***	(0.020)	0.216***	(0.019)
105	0.078***	(0.011)	0.228***	(0.021)	0.255***	(0.020)
106	0.108***	(0.014)	0.194***	(0.019)	0.262***	(0.020)
107	0.127***	(0.015)	0.215***	(0.020)	0.215***	(0.019)
108	0.153***	(0.018)	0.17***	(0.018)	0.191***	(0.017)
109	0.165***	(0.019)	0.110***	(0.015)	0.156***	(0.017)
110	0.190***	(0.022)	0.120***	(0.018)	0.182***	(0.022)
111	0.368***	(0.022)	0.643***	(0.017)	0.563***	(0.019)
112	0.345***	(0.022)	0.597***	(0.016)	0.606***	(0.015)
113	0.321***	(0.022)	0.591***	(0.015)	0.613***	(0.014)
114	0.335***	(0.019)	0.637***	(0.014)	0.637***	(0.013)
115	0.403***	(0.022)	0.621***	(0.014)	0.642***	(0.013)
116	0.433***	(0.019)	0.641***	(0.013)	0.688***	(0.012)
117	0.453***	(0.020)	0.644***	(0.014)	0.677***	(0.012)
118	0.450***	(0.023)	0.607***	(0.015)	0.657***	(0.013)
119	0.548***	(0.024)	0.569***	(0.018)	0.657***	(0.015)
120	0.541***	(0.032)	0.496***	(0.026)	0.629***	(0.025)

注：（1）括号内为稳健标准误，***、**和*分别表示在1%、5%和10%显著性水平上显著。（2）鉴于所分析表格内容有限，在计算预期概率的分位数水平时，我们仅罗列了前10分位数，后续分位数结果并未改变以上分布趋势。

第六节 本章小结

本研究从农村扶贫的实践出发，深入考察了低收入群体进入与退出贫困的可能性及其动态变动，系统分析了影响农村贫困状态转换的因素，以及贫困人口经历长期贫困后产生贫困状态依赖及其适应性的原因。在贫困动态分析与测度中，本研究通过引入时间维度，构建了能识别并测度长期贫困的系列指标，界定并测度分析了农村贫困人口的发生率及其状态转变。在致贫原因分析中，本研究采用非参数的卡普兰—迈尔（Kaplan-Meier）估计与动态随机 Probit 模型，深入剖析了导致贫困人口陷入"贫困陷阱"，成为持久性贫困的原因及其影响路径，为乡村振兴阶段农村贫困治理提供可靠的数据支持与理论参考。

本研究发现：第一，农村反贫困工作在扶贫增收的同时，提高了贫困人口的多维福利水平，改善了贫困人口的生活质量，且多维减贫的成效更好。测度结果显示，从贫困人口福利角度测度的贫困发生率下降幅度超过收入贫困 18~21 个百分点。第二，农村地区的贫困人口遭受贫困剥夺的时间越长，脱贫的可能性将大幅降低，这是因为贫困人口遭受福利剥夺导致的"可行能力"丧失，进而陷入"贫困陷阱"的概率将大大提高。第三，农村家庭落入贫困的持续时间越长，中断这种贫困状态的可能性会下降，表现出了较强的贫困适应性与贫困状态的路径依赖。贫困个体一旦适应贫困的路径，产生贫困路径依赖，很难通过自我发展实现脱贫。第四，从实证分析可知，农村贫困家庭呈现出了贫困状态转变中的负向时间依赖关系，具有较强的贫困适应性与状态依赖，且多维贫困家庭表现出更强的贫困适应性与状态依赖。此外，我们的分析也发现，外部环境的改善对农村贫困家庭贫困状态的影响作用小于家庭内部成员的资源禀赋，通过培育脱贫家庭长期的自我发展能力是根治农村地区贫困依赖及其适应性的良方。

2020 年虽然已经在现有扶贫标准下消除了绝对贫困人口，但原本属于多维贫困的脱贫人口，仍然存在着非常高的返贫风险，这部分群体将成为乡村振兴阶段的重点关注对象。现有的脱贫人口，由于早期经历了长期的贫困剥夺，容易成为后期的相对贫困对象，一方面呈现出了较高的贫困脆弱性，另一方面产生了明显的贫困依赖心理，在乡村振兴发展阶段，这部分脱贫群体的返贫风险非常高。政府在实现城乡社会保障与基本公共服务的一体化过程中，应通过构建包含收入、学历、就业、财产、健康和社会保障的多维信息系统来提高贫困人群识别，灵活性选择资金帮扶和能力帮扶解决扶贫对象脱贫内生动力不足问题。

与此同时，乡村振兴阶段政府扶贫治理目标应从解决绝对贫困群体"生存需求"转变到解决相对贫困群体的"发展需求"和"可行能力"培育。减贫战略不仅要为落后地区提供道路、电力、通信、灌溉设施、卫生室、文化室等硬件基础设施，而且还需瞄准相对贫困人口在教育或技能培训、医疗保健等人力资本方面的"软实力"培育，确保相对贫困人口的人力资本提高到一定水平，并足以胜任经济社会发展过程中的需求，从而帮扶这部分群体连接要素与市场并打破贫困适应性与状态依赖路径，从而跳出"收入低下/福利被剥夺—贫困—收入低下/福利被剥夺—贫困"的"贫困陷阱"路径。为此，构建长效的贫困治理机制，需要重点考虑脱贫人口自我能力的赋能与发展。本研究既注重收入贫困的减贫绩效测度，又注重多维福利改善的分析，符合农村扶贫实践中即注重收入水平的考核，又强调贫困家庭在教育、医疗、营养健康和卫生设施等方面福利改善的双重识别标准，为乡村振兴发展阶段低收入群体贫困治理提供有益参考。

第四章

脱贫攻坚时期的"增收"与"赋能"
机制:"输血式"与"造血式"扶贫

第一节 扶贫政策的比较

精准扶贫是国家推动的新一轮扶贫攻坚,是构建家庭、政府与社会多主体参与扶贫的一项重大扶贫机制创新,是与乡村振兴协同发展的一项重大战略。改革开放至今,我国经历了普遍贫困、区域贫困、贫困县和贫困村等多阶段贫困变化形态,贫困瞄准难度不断加大。国家根据整体贫困形态变化,不断调整贫困治理体系与扶贫发展模式,以实现扶贫资源有效瞄准,确保脱贫人口的持续性发展需求。脱贫攻坚阶段的精准扶贫政策将农村卫生设施、饮用水、住房、医疗、教育和公共文化等作为重要的核心任务,扶贫目标从解决温饱需求向解决贫困人口的可持续发展需求转变。精准扶贫政策明确了通过发展生产、易地搬迁、生态补偿、发展教育和社会保障兜底的多元化扶贫模式,构建了多级政府共抓扶贫的局面,凝聚了国际国内社会各方面社会组织力量参与扶贫。

中国政府实施的精准扶贫政策不同于一般的公共支出政策，也并非政府实施的营利性政策，与英国政府 20 世纪 60 年代的"解靴带政策"、巴西政府 1989 年实施的"贫民住区城市更新计划"和 2010 年奥巴马政府的"精选住宅区计划"等有着本质区别。为了衡量精准扶贫政策与国际主要减贫实践的共性与区别，本研究选取了包括几个具备代表性的国家的减贫政策与精准扶贫政策进行比较。表 4 - 1 为中国、英国、巴西、印度以及撒哈拉以南的部分非洲国家扶贫政策的实施主体、目标群体以及主要措施。对于多数发达国家而言，贫困存在的原因主要是收入与机会的不平等，而物质和生产资料匮乏导致的绝对贫困已经不存在。以英国为例，1942 年《贝弗里奇报告》中，就将保障公民福利和消除贫困作为政府施策的重心，开始侧重于对公民多方面福利的保障。在此之后，英国政府不断通过立法手段对全体公民的基本生活、就业和教育等方面进行全面保护，逐步建立其"从摇篮到死亡"的多维福利扶贫政策，包括了免费公立医疗、多种公民生活津贴与补助、针对贫困人口聚集区的教育支持以及各类社会保险等。但全面的、高水平的福利政策将会给政府财政带来沉重的负担，因此英国政府在 20 世纪末期更加积极寻求社会保障运营私有化，并逐步形成了私人慈善组织（NGO）接受政府援助，以专业的管理技能在公共救济方面发挥作用的合作体系。

表 4 - 1　　　　　　　部分国家扶贫方式与措施比较

	中国	英国	巴西	印度	撒哈拉以南部分非洲国家
政策名称	精准扶贫政策	《贝弗里奇报告》后的福利政策	20 世纪 90 年代后的扶贫策略	乡村综合开发计划和就业计划	"千年村"计划
施策主体	政府主导，社会、企业和个体等多方参与	政府与慈善组织	政府主导，社会力量协同参与	以政府为主体	国际组织主导，非政府组织协同参与

续表

	中国	英国	巴西	印度	撒哈拉以南部分非洲国家
生活方面	居民最低生活保障(低保、五保);分类救助政策	发放各类福利金与津贴	发放家庭奖励金;实行"零饥饿计划"满足基本生活需要	食物补助等补贴措施、社会保险支持	无
健康方面	大病、慢性病等医疗保障;农村医疗资源支持;医保报销比例提升等	免费公立医疗;全面的医疗保险制度	社区性的推行"家庭医疗救助计划"	免费公立医疗;医疗保险制度	医疗资源支持;提供主要传染病防治服务
就业方面	产业扶贫带动就业;就业技能培训;务工补贴;提供务工信息等	制定系列就业保障法律;成立专门监督和就业服务机构	政府直接颁布促进就业计划和增加收入计划,予以初次就业者更多保护	出台"新型国家农村就业保障计划"调控就业	无
教育方面	教育保障;免费营养餐计划;学校基础设施建设;贫困学生生活补贴;免除学杂费;贫困免息助学贷款等	设立"教育行动区"改善英国部分贫困地区学校的办学条件	全国范围的"扫盲计划";提供贫困群体助学补助金	强调对弱势群体的教育公平;扩大教育经费	完善学校基础设施建设;推进教师培训;提供免费营养午餐
住房方面	住房保障;危房改造;易地搬迁等	基本住房救助	"贫民住区城市更新计划"	"尼赫鲁全国城市复兴计划"	无
农业方面	产业扶贫;种养殖补贴;农业保险;新型经营主体扶持;惠农贷款等	农业保险	农业信贷支持;农业保险	土地改革;农业信贷支持;化肥补助	灌溉基础设施农业生产资料支持

资料来源:表中内容经笔者收集、整理获得。

  相较而言,新兴发展中国家所面临的绝对贫困与相对贫困共存的问题可能就更加复杂,巴西在20世纪60年代后凭借"发展极"的开发型扶贫模式来带动区域性发展,取得了显著减贫成效。但土地私有化的发展导致了大量无地农民涌入城市,这种过度城市化导致了城市基础建设不足和大量"贫民窟"的涌现。为了缓解贫困现状,巴西政府在20世纪90年代以来逐步将扶贫方式由单一开发型扶贫转变为更具多元化的扶贫方式，包括农业信贷支持、家庭救助基金计划、"零饥饿"计划以及保障性住房计划等。相比而言，印度则面临着贫困人口基本教育权利、医疗权利的丧失以及传统种姓文化对贫困人口的制约问题，更多地通过满足贫困居民基本生活需要的各项措施来救济和预防贫困，主要包括了化肥与食物补助、加强对弱势群体医疗教育的帮助、新型国家农村就业保障计划等。撒哈拉以南的部分非洲国家近年来则主要围绕千年村项目（millennium villages project，MVP）展开减贫实践分析。该项目以社会力量为主体，以村为具体帮扶单位，呈现出专业化，规模化的特点，对目标区域贫困居民的日常生活设施、农业、教育、就业等多个项目进行直接性投资帮扶。综上可见，英国、巴西、印度以及撒哈拉以南非洲部分国家的扶贫政策，更倾向于提供给贫困居民直接性的物质帮扶和基础的社会保障，以此来预防与消除贫困，这与中国精准扶贫政策中的危房改造补贴、"五保、低保"补贴、特殊困难补贴、生态补偿、外出务工补贴和医疗费用减免等基本一致，是一种直接"输血式"的转移支付扶贫。

实践中，中国农村精准扶贫政策对贫困的减缓作用，一方面政府采用了转移支付为主的贫困补贴，直接提高居民的最低收入水平，属于"输血式"扶贫方式，例如，危房改造补贴、"五保、低保"补贴、特殊困难补贴、生态补偿、外出务工补贴和医疗费用减免等；另一方面政府注重发挥市场机制分配扶贫资源的重要性，以培育低收入群体的自我发展能力而提高收入，是一种"造血式"扶贫方式，例如，产业扶贫、电商扶贫、旅游扶贫、基础设施建设、教育和就业培训扶贫等，确保贫困人口基本生活保障基础上，培育其自我发展能力。与其他国家的扶贫政策相比，中国的精准扶贫政策在实现贫困居民"两不愁、三保障"基础上，对贫困群体的帮扶更具"造血型"特征，更侧重于利用和改善贫困居民现存生活条件，培养其自力更生和自主脱贫致富的能力，从而更长效地解决脱贫和返贫问题。例如，在就业层面，精准扶贫政策在进行产业扶贫策略的基础上，更注重对贫困群体工作技能的培训，提高其人力资本来实现自主脱贫，而其他国家的扶贫政策更倾向于对失业者直接提供保护与工作岗位。

此外，从学术界研究动向来看，现有研究主要集中在对精准扶贫政策整体的减贫绩效与影响因素的研究，以及围绕精准扶贫的政策内涵与思想等展开。相关研究分析了农村扶贫发展项目的贫困人口减缓效应（贾俊雪等，2017），农村非正规金融发展的减贫效应与影响因素（周强、张全红，2019；苏静等，2013），以及精准扶贫政策对家庭收入、消费、转移支付与生活改善等方面的减贫成效的影响（陈永伟等，2020；张全红、周强，2019；杨均华、刘璨，2019）。也有部分研究精准扶贫政策实施过程中存在的农村经济与政治精英对扶贫资源的"俘获"等问题（温涛等，2016；韩华为，2018）。除此之外，部分研究探讨了精准扶贫中的扶贫资源与贫困需求之间的资源错配、制度缺陷导致扶贫资金使用低效、扶贫"面子工程"等因素对低收入贫困群体不利影响（胡联、汪三贵，2017；何欣、朱可涵，2019；Golan et al.，2017）。然而，针对精准扶贫政策尤其是"造血式"扶贫方式的收入分配效应研究几乎没有。

实践中，如果精准扶贫政策实施中不同群体的边际收益存在较大差异，那么贫困人口在绝对数量减少的情况下，会出现扶贫群体受益不平等问题，贫困家庭内部的收入不平等将会恶化。反之，如果"造血式"扶贫措施具有"亲最低收入群体"的特征，那么农村最底层的贫困人口将获益更大，从而形成贫困数量减少与收入分配改善的双赢局面，扶贫政策将更加完美的惠及最底层的人群。因此，我们认为对于精准扶贫政策的研究，既要重视"输血式"扶贫政策的减贫绩效，又要关注"造血式"扶贫政策的收入分配效应。全面系统考察农村贫困人口从精准扶贫政策中的受益流向及其作用大小，既丰富了扶贫政策的局部收入分配效应分析，也为研究政策外部性提供有力的经验证据。

断点回归模型、数据来源与变量选取

一、模糊断点回归（Fuzzy RD）

在评价政策对收入不平等的影响方法中，传统的马斯格雷夫和斯恩（Musgrave & Thin，1948）指数为最常用的测度方法（简称 M－T 指数），通过政策前后收入的基尼系数差分测度政策带来的收入差距变化了多少。然而，该方法并未剔除外生的制度对分析对象收入的影响，可能存在遗漏变量问题，从而造成测算结果的有偏或不一致。此外，普通的 OLS 回归不能有效解决遗漏变量导致的内生性问题。为了克服 M－T 指数测度收入差距的缺陷，本研究选取了政策效应分析中因果推断常采用的断点回归（regression discontinuity，RD）分析方法。

断点回归方法最初由西斯尔维特和坎贝尔（Thistlethwaite & Campbell，1960）提出并被逐渐推广运用。RD 方法的基本思想是寻找"外生断点"，可以是制度或地理环境，将样本按照一种前定的规则分配到断点两侧，从而形成非常接近随机实验的情况。考虑到本研究分析的精准扶贫政策在农村执行中，对贫困对象的识别遵循了国家贫困标准线划分的指导原则。实践中，只有家庭人均收入低于国家贫困线才可能被识别为贫困户，并且家庭被识别为贫困户以后，才有资格享受到系列政策利益和贫困补贴。因此，精准扶贫政策在实践中形成了非常好的准实验特征，按照收入水平将所有低收入家庭划分为了"贫困户"与"非贫困户"，这为本研究选取 RD 方法提供了良好的机制保障。此外，由于在实际运用中，各地区在前期贫困户识别时基本遵循"收入测评为前提下的村民评议"原则，即在帮扶干部进村入户对各家庭的收入测评基础上，再依靠村民代表评议的方法来最终确定的贫困对象。然而，由于参加民主评议的村民或村代表,对本村各家庭实际情况非常了解,这就会产生民主评议和收入标准的不完全一致,抑或由于村代表民主评议主观性受到"乡村精英"外在因素的干扰,从而导致部分原本收入低于贫困线的个体不能被评为贫困户,而收入高于贫困线的个体可能被确定为贫困户的现象出现(张全红、周强,2019)。并且,农村家庭间的社会网络关系、基层办事机构执行力强弱以及收入数据的准确性等因素,也会导致部分高于贫困线标准的家庭被识别为贫困户。

此外,脱贫攻坚时期还可能存在其他政府转移支付对扶贫政策的"干扰",例如,农村养老金标准、退耕还林补贴或粮食补贴标准提高等因素,也会导致扶贫政策效应的有偏估计。鉴于此,为了能获得"干净"的政策效应,有效解决政策评估中的遗漏变量偏误,我们采取了政策评估中的模糊断点回归(Fuzzy RD)方法。Fuzzy RD 方法能有效解决贫困户的识别与人均收入间很大可能并非精确变化的问题,并在后续通过大量的稳健性分析,排除可能存在的外生政策干扰。本研究在具体估计过程中,主要采用了 Fuzzy RD 的估计方法,并参考了布罗洛等(Brollo et al. ,2013)的研究方法,将模型设定方式为:

$$D_i = \delta + \lambda TPAP_i + f(z_i) + \varphi X_i + \mu_i \qquad (4-1)$$

$$Y_i = \alpha + \beta \hat{D}_i + f(z_i) + \gamma X_i + \varepsilon_i \qquad (4-2)$$

式(4-1)和式(4-2)分别是一阶段回归和二阶段回归表达式。其中,二阶段回归中的 $\hat{D}_i$ 是一阶段回归中被解释变量的预测值或估计值。$f(z_i)$ 是 z_i 的一个多项式函数,且本研究中的驱动变量 z_i 是家庭人均纯收入与贫困线标准之差,进行了标准化处理。Y_i 是被解释变量,β 是我们要估计的政策效应,且为局部平均处理效应(local average treatment effect,LATE)。X_i 为协变量(或控制变量),μ_i 和 ε_i 均为残差项。此外,$TPAP_i$ 是处理状态(D_i)的工具变量(IV),是家庭被识别为贫困户的识别规则,也是享受精准扶贫政策的资格,但不表示实际被瞄定为建档立卡贫困户,即:

$$TPAP_i = \begin{cases} 0 & if \quad z_i \geq poverty \quad line \\ 1 & if \quad z_i < poverty \quad line \end{cases} \qquad (4-3)$$

为保证实证结果的稳定性，本研究不仅采用多种带宽和多种 $f(z_i)$ 形式设定，而且引入了处理状态与驱动变量的交互项，尽可能减小断点两侧回归线斜率不同导致的偏误。

二、数据来源说明

本研究主要采用了中国家庭追踪调查（China family panel studies, CFPS）2012～2018 年数据，该数据包括了教育、医疗健康、职业、家庭人口、收入、消费和住房等方面的信息，且该数据是针对上一年度调查对象进行跟踪回访，满足了政策评估中对样本数据在政策前后比较的特征，也便于分析样本政策对家庭长期影响分析。由于脱贫攻坚时期的扶贫对象主要针对农村家庭，所以我们只采用了 CFPS 数据中的农户样本，直接删除了原始数据的城市家庭样本。CFPS 调查采取的随机抽样方法，针对全国展开，具有较高的代表性，抽样家庭覆盖了中国 25 个省/区/市，对所抽到的家庭成员进行全面的访谈与记录，获取家庭完善的信息。由于"六个精准""五个一批"等系列扶贫政策组合在 2016 年才大规模实施，所以，本书选择了 2016 年和 2018 年两轮调查数据。为了更好地分析家庭收入的动态变化，本书匹配了两个调查年度均参加调查的家庭，从而能准确识别并评估政策落地后的减贫绩效与收入分配效应。在数据处理过程中，对异常值和缺失值采取直接删除方式，最后经清洁处理后得到每年 4560 户家庭样本，总计 9120 户（全样本）。

三、贫困标准与变量描述统计

（一）贫困标准说明

实践中，我国农村扶贫标准先后经历了多次变动，最终以人均

2300 元/年（2010 年标准）为识别与帮扶标准[①]，并且根据每年物价指数进行适当调整，按标准测算到 2016 年和 2018 年分别为 3000 元/年和 3535 元/年左右，具体实施中不同地区可能存在一定的差异，但均以国家贫困标准为准则调整与实施。为了比较估计结果的稳健性，我们参考了国际贫困线标准。国际上的贫困线往往参照世界银行提出的 1.9 美元/天和 3.1 美元/天标准，换算为我国官方标准分别为 2880 元/年与 4377 元/年（与 2010 年可比）[②]。可见，我国官方扶贫标准比世界银行 1.9 美元/天的标准略高[③]。在实证分析中我们采用农村官方贫困线作为收入贫困识别与测度的标准，同时，在结果稳健性检验部分，我们将国际上的 3.1 美元/天的较高标准（非我国农村扶贫标准）作为政策分析的"安慰剂"冲击，分析估计结果的稳健性与有效性检验。

（二）被解释变量说明

本研究主要分析精准扶贫政策对贫困人口的增收、减贫与分配效应，所以被解释变量由三部分组成：（1）增收效应方面，本研究系统考察了政策对贫困家庭转移性收入、人均消费、生活改善与劳动力供给等影响，涵盖了贫困人口在收入与家庭生活改善方面的信息。（2）减贫效应方面，选取了综合的 FGT 贫困指数作为替代变量。（3）分配效应方面，一是研究了脱贫攻坚时期扶贫政策对贫困家庭收入差距的影响，所以采取了学术界常用的基尼系数和泰尔指数作为代理变量，并探讨了不同贫困人口从扶贫政策中的获益大小问题；二是比较分析了"输血式"扶贫与"造血式"扶贫的差异化的分配效应，采取了微观层面的

---

① 这是国务院扶贫办的最新脱贫指导线。参见：http://www.cpad.gov.cn/art/2018/10/17/art_82_90302.html。

② 换算为人民币后采用 CPI 指数对贫困线进行了平滑，以确保数据的可比性。

③ 由于根据汇率与购买力平价换算存在差异，所以该标准是高于还是低于 1.9 美元/天的标准存在一定的争议，但可以明确的是，与 1.9 美元/天的世界银行标准十分接近（观点来自"国务院扶贫办：我国现行贫困标准已高于世行标准：http://news.xinhuanet.com/gongyi/2015－12/16/c_128535730.htm"）。

相对剥夺指数和收入流动性指标，深入剖析了最低收入群体的获益性。

（1）转移性收入、人均消费、生活改善与劳动力供给变量。首先，有关转移性收入变量，本研究选取脱贫攻坚时期家庭获得转移支付变化来衡量。由于精准扶贫政策中有较多具体措施，例如，农村低保、发展产业补贴、易地搬迁扶贫补贴等，实质上是对贫困户的转移性支付，是一种"输血式"扶贫。其次，人均消费与生活质量变量。主要采用家庭人均消费衡量家庭消费情况。生活改善以家庭全年外出食物消费支出占全部总支出的比重为替代，从家庭改善性消费的角度进行衡量。最后，有关劳动供给（外出务工占比）变量，采用家庭劳动力外出务工占家庭成员的比例进行衡量。

（2）综合的 FGT 贫困指数。为了分析农村地区的贫困发生率（*Poverty*）、贫困深度（*Depth*）与贫困强度（*Intensity*），本研究主要采用传统的 FGT 贫困指数进行识别与测算。贫困发生率（*Poverty*）表示收入低于贫困线以下的人口数占总人口数的比例。贫困深度（*Depth*）指贫困人口遭受的剥夺深度，反映了所有贫困个体的收入与贫困线差距的平均水平，也被称为平均剥夺贫困缺口。贫困强度（*Intensity*）表示个体收入的平均剥夺强度，可视为加权的贫困缺口指数，权重为贫困缺口本身，反映了贫困个体收入剥夺的差距。

（3）在分析收入差距与不平等的测度时，从以下三个方面进行考虑：①采用基尼系数（*Gini*）和泰尔指数（*Theil*）考察收入不平等。考虑到中国各省份经济发展存在显著差异，且扶贫工作部署基本按照省（区/市）为单位，所以本研究测算到省级层面的基尼系数和泰尔指数。②分析微观家庭的收入不平等时，采用了相对剥夺指数（*Rel*）。收入的相对剥夺是指贫困家庭通过与参照群体的平均收入进行比较而发现自身收入处于劣势时所产生的一种被剥夺感。由于衡量不平等的基尼系数对较低收入阶层的收入再分配缺乏敏感性（Kakwani，1984），而本研究的对象主要以低收入贫困家庭为主，为了弥补基尼系数的缺陷，我们选取了卡克瓦尼（Kakwani，1984）提出的相对剥夺指数（简称 Kakwani

指数)① 作为测算微观家庭收入差距变化的替代指标,用于反映家庭层面的收入差距变化(任国强、尚金艳,2011)。该指数能够更精准地反映家庭收入变化背后的不平等问题,且在收入分布拟合中具备良好的性质(杨晶、邓悦,2020),从而有效地弥补了基尼系数对最低收入家庭收入变化敏感性差的缺陷。(3)为了纵向比较不同时期家庭收入差距的变化,选取了收入流动(Mob)指标。收入流动从微观家庭不同时期收入流动性角度出发,考察了家庭在不同时期收入排序的相对变化,并且衡量了同一家庭在不同时期所处阶层的变动。相关研究表明,不同时期收入流动导致收入排序的相对变化与收入分配密切相关,一个地区的高收入流动会缓解收入不平等,而低收入流动会加剧收入不平等(朱诗娥等,2018)。为了从微观家庭角度测度收入流动状态,我们将样本家庭按收入排序等分为 100 组,采用家庭跨组跃迁的状态来衡量收入流动。例如,家庭上一期比本期处于较低收入组,则识别为家庭的收入向上流动,则该变量赋值为 1;如果本期处于更低收入组,则识别为家庭收入向下流动,该变量赋值为 -1;如果两期所处的收入分组不变,则识别为 0。

(4)控制变量。本研究按照尽可能外生的原则来选取控制变量,分别涵盖了户主特征(户主年龄、户主性别、户主的婚姻状况等)、家庭特征(人口规模)与地区特征(所在地分布)等多方面因素。主要控制变量的含义和描述统计详见表 4 - 2。

表 4 - 2　　　　　　　　　主要变量及其描述性统计

变量	变量说明	2016 年			2018 年		
		全样本 (4560)	贫困 (907)	非贫困 (3653)	全样本 (4560)	贫困 (670)	非贫困 (3890)
Age	户主年龄(岁)	52.67	54.12	52.31	54.46	57.06	53.94
$Gender$	户主性别,男 =1,女 =0	0.566	0.575	0.564	0.565	0.561	0.566

---

① 本研究没有列出 Kakwani 相对剥夺指数的测算方法。具体测算方法详见卡克瓦尼(Kakwani,1984)和任国强、尚金艳(2011)等相关研究成果。

续表

变量	变量说明	2016 年			2018 年		
		全样本 (4560)	贫困 (907)	非贫困 (3653)	全样本 (4560)	贫困 (670)	非贫困 (3890)
Marital	户主婚姻状况，已婚 = 1，其他 = 0	0.878	0.854	0.884	0.862	0.810	0.879
Health	户主健康状况，健康 = 1，否 = 0	0.582	0.538	0.593	0.616	0.532	0.644
Illiteracy	户主小学辍学或文盲，是 = 1，否 = 0	0.354	0.446	0.331	0.355	0.443	0.329
HHedu	户主受教育年限（年）	6.019	5.102	6.251	5.646	4.616	5.991
Expedu	教育培训支出总额（元）	3647.3	3209.8	3756.0	3917.1	2743.9	4303.6
Expins	医疗保险支出总额（元）	832.0	716.6	860.6	1203.4	684.7	1375.9
Ratioemp	非农就业人数占家庭总人数的比例	0.553	0.525	0.562	0.649	0.601	0.660
Size	家庭总人数（人）	4.176	4.098	4.195	3.980	3.564	4.118
Income	家庭人均年收入（元）	10214.9	797.9	12262.5	10808.4	1115.2	13741.6
Transfer	家庭当年获得政府补贴收入（元）	2481.0	3019.9	758.7	2991.8	3473.0	853.6
Infr	本地出行人均交通费用（元）	528.31	485.52	538.96	636.95	449.74	698.91
Region1	所在地为西部，是 = 1，否 = 0	0.356	0.412	0.342	0.356	0.337	0.363
Region2	所在地为中部，是 = 1，否 = 0	0.287	0.262	0.293	0.285	0.293	0.282
Region3	所在地为东部，是 = 1，否 = 0	0.357	0.325	0.365	0.359	0.370	0.356
Ratio	本地贫困家庭数占该地区家户总数的比例	0.365	—	—	0.328	—	—

注：（1）统计值为样本均值，第一行括号内为样本量，"—"表示该值无统计意义。（2）家庭人均年收入、政府补贴收入、教育培训支出、医疗保险支出等货币性变量均剔除了价格因素（与2010年可比），且没有考虑人均家庭收入为负（负值表示借款或贷款）、教育培训支出为负（异常值）和医疗保险支出为负（异常值）的情况。（3）家庭所在地分布（西部、中部和东部）的划分标准，参照了中华人民共和国第六届全国人民代表大会第四次会议通过的"七五"计划公布的东部、中部和西部划分标准。

由表 4 - 2 统计结果可知，贫困家庭表现出以下明显特征：（1）高文盲率、低健康状况。由 2018 年数据可知，贫困户的户主文盲率比非贫困户高 11.4 个百分点，而户主健康状况比非贫困户低 11.2 个百分点。（2）贫困家庭人均收入和非农就业占比低，且在教育培训、医疗保障等人力资本投资方面的支出较低。（3）贫困户比非贫困户获得政府补贴（转移支付）人均高 2261 元（2016 年）和 2619 元（2018 年）[①]，且政府贫困补贴呈不断增加趋势，但非贫困户对当地交通、道路等基础设施利用更多。在地域分布上，贫困户与非贫困户并未表现出明显的差异，即本书所选样本并没有出现明显的样本集聚性特征。

第三节　精准扶贫政策的增收效应

一、Fuzzy RD 估计的有效性分析

在进行断点回归分析前，需要对方法有效性与满足的假设前提进行分析。Fuzzy RD 要求是存在一个真实有效的一阶段，意味着需要检验结果变量是否在断点附近产生了明显跳跃。为此，我们借助结果变量的分布图进行展示（见图 4 - 1）。图 4 - 1 显示，结果变量中的家庭收入、人均消费支出、生活改善和劳动力供给等变量在断点 2300（标准化后为"0"）附近均有显著的跳跃，即表示贫困家庭享受精准扶贫政策后产生了显著的影响，从而证实了 Fuzzy RD 满足第一阶段的断点"跳跃"的有效性假设。

---

① 政府补贴主要为贫困补贴，包括低保、五保补助、特困补助、救济金、赈灾款和其他扶贫补助。

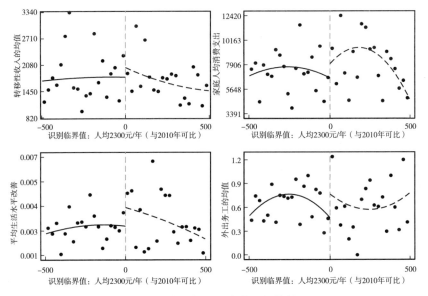

图4-1 收入与结果变量之间的关系

注：（1）对驱动变量做了标准化处理。结果变量从左到右、从上到下依次为家庭转移性收入、家庭人均消费、生活改善和劳动力供给。（2）需要说明的是，本研究使用了手动设定带宽的方法，[①] 而按照CCT最优带宽的方式可获得最优带宽估计值在376～693范围内，且最优带宽可通过Stata15中命令"rdbwselect"估计获得。

　　家庭自报的收入很可能存在自选择问题。为了检验断点附近的样本是否存在自我"操纵"收入而改变贫困识别状态，本书选择对人均收入变量在断点附近的分布进行了麦卡里检验（McCrary，2008）。考虑到人均收入在6000元及以上的样本家庭不太可能成为精准扶贫政策的识别对象，所以本书仅报告了人均收入在6000元及以下样本的检验结果（见图4-2），如果将样本的收入范围扩大，基本不影响检验结果。图4-2显示，断点两侧密度函数估计值的置信区间几乎重叠，

---

　　①　既有文献中，断点回归中带宽的设定方法大致分为两类，一是基于样本数据的自动选择最优带宽，二是按照样本分析手动设定带宽。其中，自动选择最优带宽主要有三种，分别由卡罗尼科等（Calonico et al.，2013）提出的CCT带宽、路德维希和米勒（Ludwig & Miller，2007）提出的CV带宽，以及由因本斯和卡利亚纳拉曼（Imbens & Kalyanaraman，2012）提出的IK带宽。

且断点两侧的密度函数不存在显著差异，排除了样本操纵驱动变量的可能。

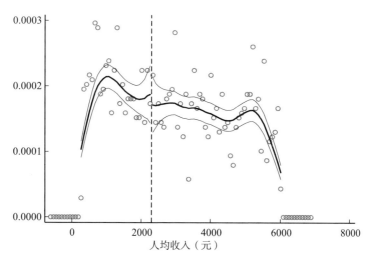

图 4 - 2　2016 ~ 2018 年驱动变量的核密度曲线

二、Fuzzy RD 估计结果与分析

表 4 - 3 为"断点"的识别分析，即收入识别规则是否享受了精准扶贫政策对贫困人口的判定。在表 4 - 3 中，本研究自定义了 4 个带宽，前 3 列给出的带宽较窄，其优点是可以以较低的形式来控制收入趋势，并允许收入趋势在断点前后不同（张川川等，2014）。第 4 列则选取了较大的带宽，其优点是可以尽可能利用更多的样本，但要求控制收入的更高阶函数。不同带宽设定，在第一阶段回归中存在一定的差异，但总体稳定性并未受到影响，且 F 统计量均超过了 10 的弱工具变量检验。从表 4 - 3 可以看出，各列估计结果均显示精准扶贫政策的收入识别规则对是否享受政策扶持有显著影响，年人均收入低于 2300 元的家庭享受精准扶贫政策的概率更高，且均在统计上显著。这是一种比较理想的结果，因为在分阶段函数的不同模型设定形式下，得到的结果是一致的

（Angrist & Pischke，2008）。

表4-3   收入识别规则对是否享受精准扶贫政策的影响

项目	因变量：享受精准扶贫政策（是=1；否=0）				
	自定义带宽				最优带宽
	+/-100	+/-200	+/-300	+/-500	+/-351
	(1)	(2)	(3)	(4)	(5)
人均收入≤2300（元）	0.046** (0.023)	0.047** (0.021)	0.050** (0.021)	0.055*** (0.020)	0.038* (0.021)
$f(z)$：分段线性函数	是	是	是	是	是
$f(z)$的高次函数形式	是	是	是	是	是
县级固定效应	是	是	是	是	是
控制变量	是	是	是	是	是
常数项	0.432*** (0.013)	0.432*** (0.013)	0.432*** (0.013)	0.432*** (0.013)	0.444*** (0.014)
人均收入≤2300（元）的F检验	13.943	14.791	15.571	17.204	13.122

注：（1）带宽按家庭人均纯收入来划定，括号内为稳健标准误，*、**和***分别表示在10%、5%和1%的水平上显著。（2）前四列回归结果是按照自定义带宽设定，最后一列选取了模型设定后的最优带宽，采取CCT带宽选择法与二次核。（3）$f(z)$的高次函数分别包括了二次方、三次方和四次方，这里仅报告了二次方高次函数结果，其他结果基本一致。

表4-4为脱贫攻坚时期精准扶贫政策对贫困家庭转移收入、人均消费、生活改善和劳动力供给等因素的估计结果。可以看出，政策显著提高了贫困家庭的转移性收入，从而增加了贫困家庭的总收入。实践中，精准扶贫政策针对低收入贫困人口，采取的兜底式帮扶为主，辅以能力培育的多种帮扶措施。直接对低收入贫困人口通过"输血式"转移支付提高贫困家庭的收入，起到了非常明显的增收作用，极大地改善了这部分群体的生活水平。

表 4 – 4　　　　　　　精准扶贫政策对结果变量的影响（Fuzzy RD）

被解释变量	自定义带宽				最优带宽
	+/ – 100	+/ – 200	+/ – 300	+/ – 500	+/ – 351
转移收入（对数）	1. 477 ***	1. 500 ***	1. 878 ***	2. 067 ***	2. 195 ***
	（0. 341）	（0. 343）	（0. 353）	（0. 295）	（0. 283）
人均消费（对数）	– 0. 135 **	– 0. 183 **	– 0. 201 **	– 0. 261 **	– 0. 239 **
	（0. 060）	（0. 079）	（0. 094）	（0. 114）	（0. 118）
生活改善	0. 031	0. 031	0. 119	0. 158	0. 153
	（0. 060）	（0. 060）	（0. 094）	（0. 114）	（0. 120）
劳动力供给	– 0. 361 **	– 0. 280 **	– 0. 231 **	– 0. 205 **	– 0. 252 ***
	（0. 150）	（0. 117）	（0. 101）	（0. 080）	（0. 095）
$f(z)$：分段线性函数	是	是	是	否	否
偏差校正局部多项式	否	否	否	二次方	二次方

注：（1）括号内为标准误，***、**和*分别表示在1%、5%和10%水平下显著。
（2）前三列回归结果是按照自定义带宽设定，最后一列采取了CCT最优带宽。

　　然而，进一步分析发现，精准扶贫政策使贫困家庭劳动力外出务工的比例下降了，呈现出负向趋势。出现这一现象，很大可能在于地区产业扶贫或家庭所在地提供了更多的工作岗位，例如，大部分贫困地区，为了解决贫困劳动力外出务工就业难问题，联合本地企业采取了扶贫工厂就业，或者鼓励有劳动能力的贫困人口加入本地合作社，通过产业发展带动家庭增收。并且，针对落后地区贫困家庭的劳动力，当地政府或村委提供了大量的扶贫公益岗位，有效解决了落后地区贫困家庭劳动力技能低下或能力弱的问题。以上各项就业扶贫、产业扶贫等措施，极大地吸引了有劳动能力贫困人口的就近就业，且兼顾了农业发展，从而减少了贫困家庭劳动力外出务工的可能性。另外，精准扶贫政策与家庭生活改善的关系为正，但统计上不显著。此外，精准扶贫政策通过大量的"支出减免"政策，例如，对贫困家庭子女教育补贴、学杂费和教材费等减免，对贫困人口看病就业的报销比例提高，实施"985"医疗扶贫等，这些"支出减贫"政策显著降低了贫困家庭的消费支出水平。总之，脱贫攻坚时期精准扶贫政策不仅对贫困家庭产生了显著的增收效应，而且具有明显的"节流"效应，对收入与支出两个方面都产生了积极的影响。

第四节 精准扶贫政策的减贫效应与分配效应

一、测度分析：精准扶贫政策的减贫效应

表4-5为脱贫攻坚时期农村贫困与收入不平等变化情况。从减贫绩效来看，2016～2018年，农村贫困发生率、贫困深度与贫困强度指数均表现出了明显的下降趋势，且在1%水平上显著。其中，贫困发生率降低了5.2个百分点，贫困深度和贫困强度分别减小了6.2%和6.3%。不难发现，2016～2018年，农村贫困发生率下降幅度与贫困深度、贫困强度的减少幅度基本一致，扶贫工作力度、深度和精准度都达到了新的水平。这时期，农村贫困人口的减少，主要得益于地方政府持续落实精准扶贫、精准脱贫方略，结合贫困人口的"两不愁、三保障"多维福利，扶贫工作实现了因地制宜、精准施策的同时，聚焦脱贫人口在收入与多维福利方面的脱贫质量，从而有效实现了贫困发生率下降与脱贫质量提升的同步发展，农村居民收入水平和生活质量均显著改善了。

此外，从表4-5中的不平等指数来看，2018年基尼系数和泰尔指数相比2016年上升了1.4个百分点和1.7个百分点，呈整体收入差距扩大趋势。基尼系数从2016年的0.472上升到了2018年的0.486的水平。可见，在以政府财政转移支付为主的帮扶体系中，扶贫工作使农村贫困发生率下降，贫困家庭收入水平大幅上升，但农村地区的收入差距却出现了扩大趋势。出现这一现象，本书认为，政府兜底式的贫困补

贴,是低收入贫困家庭的主要收入来源,直接的转移支付通过提高低收入贫困家庭的收入,缩小了贫困家庭与非贫困家庭间的收入差距,起到了收入再分配的调节作用,这个逻辑是成立的。然而,从 2016 年开始,扶贫工作从注重物质资本的投入,发展到"两不愁、三保障"的精准施策,这一过程中探索建立起了"转移支付""支出减免"和"增强内生动力"等多元化帮扶模式,不仅注重以财政补贴、实物救济为主的再分配,而且强调了经济发展与市场机制配置资源的按要素分配,增加了产业扶贫、旅游扶贫和电商扶贫等以市场化机制为导向的多元化"造血式"扶贫,更加重视市场在资源配置中的决定性作用,激发了扶贫产业的发展和农村经济结构调整。精准扶贫政策创新了传统的减贫策略,多元化的帮扶措施同时涵盖了农村的基础设施项目和救助帮扶体系,以期改善贫困家庭的生存、就业和增收条件。基于此,本研究合理推断认为,脱贫攻坚时期农村地区收入差距扩大的原因,一方面可能是不同收入水平的贫困家庭从精准扶贫政策中获益大小存在差异;另一方面精准扶贫政策虽然针对低收入贫困群体,但"造血式"扶贫对非贫困家庭也可能产生积极影响。因此,精准扶贫政策通过市场机制的间接渠道逐步对贫困家庭产生渗透效应的同时,也可能对非贫困家庭产生间接的溢出效应。

表 4 – 5　　　　　　　　贫困指数与收入不平等的变化

变量	年份	均值	最小值	最大值	标准差			差异检验
					组间	组内	交叉	
Poverty	2016	0.199	0.000	0.429	0.030	0.040	0.030	- 0.052 ***
	2018	0.147	0.000	0.339	0.030	0.054	0.030	
Depth	2016	0.173	0.000	0.317	0.027	0.038	0.027	- 0.062 ***
	2018	0.111	0.000	0.247	0.027	0.035	0.027	
Intensity	2016	0.144	0.000	0.278	0.025	0.037	0.025	- 0.063 ***
	2018	0.082	0.000	0.213	0.025	0.029	0.025	

续表

变量	年份	均值	最小值	最大值	标准差			差异检验
					组间	组内	交叉	
Gini	2016	0.472	0.237	0.690	0.027	0.053	0.027	0.014 ***
	2018	0.486	0.311	0.635	0.028	0.031	0.028	
Theil	2016	0.460	0.152	1.491	0.131	0.061	0.131	0.017 ***
	2018	0.478	0.159	1.441	0.121	0.269	0.121	

注：（1）***表示 1% 的显著性水平。（2）差异检验是用 2018 年均值减去 2016 年均值，负号表示下降了。（3）基尼系数和泰尔指数从省级层面进行测算。（4）"组间"和"组内"分别表示样本中"省份间"和"省份内"的标准差，"交叉"表示按省份与政策实施前后进行分组，该统计值反映了政策实施前后省级层面变量值分布的离散程度。

二、实证分析：精准扶贫政策的分配效应

为了分析脱贫攻坚时期扶贫政策的分配效应，选取了相对剥夺和收入流动性指标作为微观层面的收入差距指标。同时，为了比较"输血式"扶贫与"造血式"扶贫可能存在的差异化的分配效应，我们分样本考虑了贫困家庭获得转移支付与没有获得转移支付的两种情况。其中，不包括转移支付的情况主要在于剔除"输血式"扶贫的作用，从而获得较为"干净"的"造血式"扶贫政策效应。在进行 Fuzzy RD 估计前，本研究通过处理状态与结果变量关系的可视化分布图（见图 4-3），直观地展示 Fuzzy RD 方法中存在真实有效的一阶段。图 4-3 显示，在享受扶贫政策与没有享受扶贫政策的样本间，结果变量产生了明显的跳跃，这表明可以将断点处的跳跃视为精准扶贫政策对相对剥夺和收入流动性变量的因果效应。

表 4-6 报告了脱贫攻坚时期精准扶贫政策对收入流动的影响。为了剥离出政策中的转移支付与"造血式"扶贫的不同政策效应，表 4-6 中的第（1）~第（2）列为包括转移支付的估计结果，表 4-6 中的第（3）~第（4）列为不包含政府转移支付的估计结果。回归结果显示，在考虑了转移支

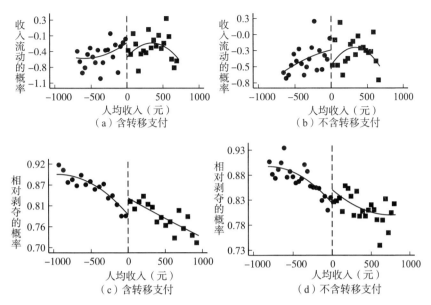

图 4 – 3　2016 ～ 2018 年人均收入与结果变量之间的关系

注：（1）图中竖直线为 Fuzzy RD 估计所使用的断点。本研究对断点做了标准化处理，即人均收入减去 2300 元（2010 年不变价格）。（2）结果变量依次为"含转移支付情况下的收入流动（a）""不含转移支付情况下的收入流动（b）""含转移支付情况下的相对剥夺（c）"和"不含转移支付情况下的相对剥夺（d）"。（3）结果变量的最优带宽依次为 +／－709、+／－678、+／－963 和 +／－817（最优带宽采取 CCT 方法①计算，不同方法测算的最优带宽可能存在差异，但对最终的政策效应不会产生实质性影响），以上结果均采取最优带宽实现。

付作用情况下，精准扶贫政策对贫困家庭收入流动的影响为正，显著促进了农村贫困家庭收入的向上流动。然而，不含转移支付的结果显示，精准扶贫政策对家庭收入流动的影响显著为负，且在 2016 年和 2018 年保持一致且稳健，这表明在不考虑政府转移支付后，精准扶贫政策使收入差距呈扩大趋势。这一结果的原因可能是，农村扶贫实践中长期以来确立的重点还是以"转移支付为主、支出减免为辅"的帮扶体系。例如，向贫困农户一次性给予 4000 元的农户增收启动资金、提高农村医

① CCT 方法以卡罗尼科（Calonico）、卡塔内奥（Cattaneo）和惕图尼克（Titiunik）三个人命名，具体的方法介绍可参考最新文献卡罗尼科等（Calonico et al.，2019）。本书最优带宽通过 Stata 15.0 中的命令"rdbwselect"估计获得。

疗报销的比例、免除各类保险费用等（李芳华等，2020）。政府转移支付虽提高了贫困人口的现金收入，但转移支付很难培育出低收入贫困家庭长期自我发展的内生动力，对低收入贫困家庭没有产生真正的赋能效应，没能从根本上改变低收入贫困家庭创收能力差的现状，从而出现了剔除转移支付后收入流动性下降的现象。

表4-6 精准扶贫政策对收入流动的影响（Fuzzy RD 估计结果）

变量	含转移支付		不含转移支付	
	（1）	（2）	（3）	（4）
分样本一：2016 年				
政策效应	1.002 * (0.544)	1.025 ** (0.491)	-0.024 *** (0.008)	-0.038 *** (0.006)
样本量	678	989	564	941
分样本二：2018 年				
政策效应	1.125 ** (0.554)	1.173 ** (0.476)	-0.078 *** (0.005)	-0.056 *** (0.005)
样本量	548	829	618	954
$f(z)$：分段线性函数		是		是
偏差校正局部多项式		是		是

注：（1）因变量为收入流动，以上一调查年度为基期，所有回归模型均使用 CCT 方法计算的最优带宽。（2）括号内数值为标准误，***、** 和 * 分别表示 1%、5% 和 10% 的显著性水平。

本研究进一步估计了精准扶贫政策对不同收入贫困家庭相对剥夺的影响（见表4-7）。表4-7结果显示，在考虑了转移支付作用情况下，2016~2018 年精准扶贫政策对贫困家庭的相对剥夺影响为负，即家庭相对剥夺感随着精准扶贫政策的实施而降低了，转移支付起到了提高贫困家庭收入获得感的正向效应。在不考虑转移支付情况下，精准扶贫政策的相对剥夺效应为正，且 2018 年比 2016 年作用更大。这意味着，不考虑政府对贫困家庭现金补贴后，贫困家庭的不平等剥夺感增加了。可见，精准扶贫政策扩大收入差距主要通过转移支付以外的影响渠道。转移支付降低贫困家庭相对剥夺感的机制，可能因为贫困家庭通常将自己的收入与同村家庭收入水平进行比较，在增加政府转移支付过程中，贫困家庭收入相对同村参考群体的平均收入水平差距降低，从而减轻了其相对剥夺感。在不考虑贫困补贴收入后，贫困家庭收入与参考群体间的平均水平差距拉大，从而导致相对剥夺感上升。

表 4-7 精准扶贫政策对相对剥夺的影响（Fuzzy RD 估计结果）

变量	含转移支付		不含转移支付	
	（1）	（2）	（3）	（4）
分样本一（2016 年）				
政策效应	-0.385 *** (0.040)	-0.457 *** (0.045)	1.589 *** (0.415)	1.737 *** (0.468)
样本量	894	1131	804	1097
分样本二（2018 年）				
政策效应	-0.327 *** (0.122)	-0.434 *** (0.149)	1.756 *** (0.407)	1.878 *** (0.336)
样本量	504	854	506	874
$f(z)$：分段线性函数		是		是
偏差校正局部多项式		是		是

注：（1）因变量为家庭的相对剥夺，所有回归模型均使用 CCT 方法计算的最优带宽。（2）括号内数值为标准误，***、** 和 * 分别表示 1%、5% 和 10% 的显著性水平。

本书进一步按照贫困人口对转移支付依赖程度进行分样本分析（见表 4-8），并从以下两个角度进行考察：（1）用家庭获得的贫困补贴收入占家庭总收入的 50% 及以上，视为贫困家庭对政府补贴具有较强的依赖性，进而分析精准扶贫政策对最低贫困群体的赋能增收作用；（2）剔除了获得政府转移支付补贴的贫困家庭样本，单独分析精准扶贫政策对无政府补贴贫困家庭的影响，以剖析"造血式"扶贫的政策效应。表 4 – 8 结果显示，精准扶贫政策（不含转移支付）对具有较高补贴依赖性贫困家庭实际收入增长的影响不显著，这意味着政府转移支付成为这部分贫困家庭的主要收入来源。相比而言，精准扶贫政策（不含转移支付）显著提高了无政府补贴贫困家庭的实际收入增长，从而间接证实了"造血式"扶贫对无政府补贴贫困家庭影响作用更大，且对不同贫困家庭产生了差异化的收入分配效应。

表 4 – 8　　　精准扶贫政策的异质性效应（Fuzzy RD 估计结果）

变量	因变量：实际收入增长的对数（不含转移支付）			
	贫困补贴占收入的 50% 及以上		贫困但无政府补贴	
	(1)	(2)	(3)	(4)
	样本一：2016 年			
政策效应	0.015 (0.017)	0.021 (0.017)	0.034 *** (0.011)	0.098 *** (0.036)
	样本二：2018 年			
政策效应	0.013 (0.017)	0.016 * (0.009)	0.022 *** (0.008)	0.037 *** (0.011)
$f(z)$：分段线性函数		是		是
偏差校正局部多项式		是		是

注：（1）因变量为实际收入增长的对数，以上一年为参考基期，且剔除了价格因素的影响。（2）括号内数值为稳健标准误，***、** 和 * 分别表示 1%、5% 和 10% 的显著性水平。

第五节　"造血式"扶贫惠及最低收入群体了吗

一、"造血式"扶贫的增收与赋能效应

本研究进一步分析了转移支付（见"输血式"扶贫）对不同收入

分位数家庭收入增长（见图 4 - 4 和图 4 - 5）的影响。图 4 - 4 显示，在考虑了政府对低收入贫困家庭转移支付的情况下，精准扶贫政策对各分位数家庭的收入均产生了显著的正向影响。图 4 - 5 结果显示，不含转移支付的扶贫政策对不同分位数家庭的收入产生了差异化影响，显著提高了第 18 分位数以上家庭的收入水平，而对第 18 分位数及以下（除第 16 分位数显著外）家庭的收入影响不显著。进一步测算可知，2018 年，第 18 分位数家庭人均收入的均值为 1293.4 元（不含转移支付，与 2010 年价格可比），低于农村扶贫标准，属于收入水平较低的贫困家庭，这部分贫困家庭长期遭受能力或机会剥夺，且很难通过自我发展实现脱贫，属于精准扶贫政策兜底式帮扶的重点对象。

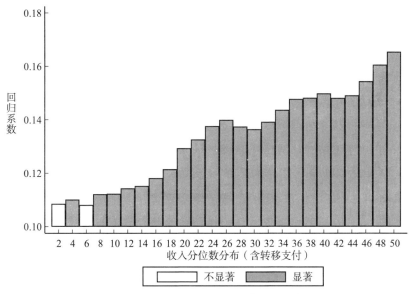

图 4 - 4 2016 ~ 2018 年精准扶贫政策对不同收入分位数
家庭收入的影响（含转移支付）

注：图中深色条形图表示在 10%（或 5%、1%）水平上显著。每个条形图代表相应分位数下的回归估计系数。由于精准扶贫政策瞄准的对象主要是中低收入群体，所以本图仅考虑了前 50 个收入百分位的回归结果，且限于图形大小及篇幅，仅列出了每隔 2 个百分位的回归结果。

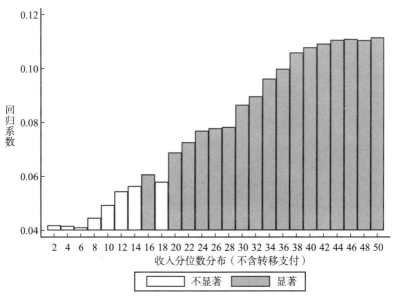

图 4 - 5　2016～2018 年精准扶贫政策对不同收入分位数
家庭收入的影响（不含转移支付）

注：图中的深色条形图表示在 10%（或 5%、1%）水平上显著。

　　在扶贫实践中，最贫困人口基本分布在"两高、一低、一差、三重"①的农村落后地区，属于扶贫成本高、脱贫难度大的绝对贫困人口，而且大多具有"老弱病残"等特征。这部分绝对贫困人口在受教育机会、安全住房、基本医疗、资产积累和经济发展成果分享等方面明显落后于地区平均水平。帮扶他们实现不愁吃、不愁穿的"两不愁"目标相对容易，但要实现保障义务教育、基本医疗、住房安全"三保障"目标则相对较难。由此可知，精准扶贫政策对最低收入贫困家庭的影响，主要通过现金转移支付实现，且转移支付对提高最底层贫困家庭

---

　　① 习近平总书记在深度贫困地区脱贫攻坚座谈会上，提出深度贫困地区的贫困问题体现为"两高、一低、一差、三重"，即贫困人口占比高、贫困发生率高；人均可支配收入低；基础设施和住房差；低保五保贫困人口脱贫任务重、因病致贫返贫人口脱贫任务重、贫困老人脱贫任务重。参见习近平：《在深度贫困地区脱贫攻坚座谈会上的讲话》，载《人民日报》2017年9月1日，第2版。

收入水平的作用非常明显，但除转移支付以外其他因素的增收效应相对较小。可能的原因是，最底层贫困家庭因为自身要素禀赋较差，从"造血式"扶贫中的边际获益明显低于禀赋能力占优的家庭，进而导致"造血式"扶贫利益更多流向了地区内要素禀赋高的家庭，但这种外溢效应并非不利于最底层贫困家庭，而是具有"亲要素禀赋"的特征，是市场机制配置扶贫资源的结果。因此，精准扶贫政策通过市场机制实现扶贫资源配置，间接影响了不同要素禀赋家庭的收入增速与创收能力。

一般而言，政府转移支付是低收入贫困家庭的主要收入来源，直接的转移支付通过收入效应缩小贫困家庭与非贫困家庭间的收入差距，这个逻辑是成立的。但是，直接的转移支付不具有赋能作用，只能为贫困家庭提供基本的生活保障，实现短期的收入再分配效应。对于大部分家庭而言，主要从"造血式"扶贫中获益。在市场机制作用下，"造血式"扶贫对不同收入家庭的影响必然存在显著差异，故而精准扶贫政策通过"造血式"扶贫对收入差距产生影响的逻辑便成立了。

精准扶贫政策虽然并未直接针对非贫困家庭，但"造血式"扶贫通过市场机制的资源配置，促进了非贫困家庭的要素流动，间接提高了非贫困家庭的收入。扶贫具有非排他性和不充分的非竞争性，贫困人口享受或利用了此产品，却不会排斥其他人对它的利用（雷明和李浩，2020）。例如，非贫困家庭借助自身要素禀赋、信息和社会资源优势，通过市场化行为可以从产业扶贫、基础设施建设、扶贫车间、电商扶贫等系列"造血式"扶贫政策中获益。精准扶贫政策虽然名义上针对的是全部建档立卡贫困户，但由于村级基础设施、公共服务和产业扶贫等扶贫资源供给，具有非排他性的公共品属性，扶贫资源的利益并非单向直接流入贫困户。例如，乡镇"扶贫车间"政策通过直接奖补或减免相关税费的形式鼓励民营企业雇佣贫困家庭的劳动力，从而实现就业扶贫的目的。事实上，一个"扶贫车间"只要满足贫困劳动力达到30%且连续工作3个月的要求，即可达到相关扶贫政策的奖补条件。这意味着"扶贫车间"中并非全部劳动力都是贫困人口，绝大部分非贫困人口也可以在"扶贫车间"就业。可见，鼓励乡镇发展"扶贫车间"的政策，在帮扶贫困人口就业的同时，也增加了非贫困劳动力的就业数量，提高了其劳动生产率。

综上所述，低收入贫困家庭的收入增长主要来自短期的政府补贴或费用减免，而"造血式"扶贫对最底层家庭收入增长的作用相对较小。扶贫实践中，绝大部分贫困户主要为缺乏劳动力、住房无保障、地处偏远、因病致贫等绝对贫困人口，针对这部分家庭的精准帮扶措施以"危房改造、生态补偿、社会保障兜底"等措施为主，虽然短时间内能解决这部分贫困人口的生产生活条件，但无法培育其长期的可持续发展能力。相比而言，具有劳动能力但暂时陷入贫困的家庭，从精准扶贫政策中的边际获益能力更强，且更多地从"造血式"扶贫中获益。本研究发现的地区内收入差距扩大，主要是"造血式"扶贫在市场化条件下资源配置的差异造成，即非均衡化的利益分配机制所致，且这种"造血式"扶贫利益更多流向了具有更高要素禀赋的家庭，这种扶贫资源利益分配，遵循了市场机制有效配置资源的原则，一定程度上提高了扶贫资源的利用效率和减贫成效。因此，本研究认为，地区内一定程度上的收入差距扩大并非不利于农村的减贫与发展，反而具有正向激励最低收入贫困家庭主动增强内生发展动力的积极效应，从而对贫困家庭产生间接的"扶志"作用。

二、进一步讨论：异质性及溢出效应分析

由于农村不同家庭的收入水平、要素禀赋结构、所处地理环境等因素的差异，将导致不同贫困家庭从扶贫政策中获益大小不同。进入 21 世纪以后，中国农村扶贫工作强调了"以市场为导向"的重要性，更加重视市场机制在资源配置中的决定性作用。然而，既有研究主要聚焦于扶贫政策对贫困家庭的直接增收效应，忽视了扶贫政策对非贫困家庭的间接影响。实际上，脱贫攻坚期间，农村贫困地区进行的各种公共投

资、产业扶贫、电商扶贫等"造血式"扶贫政策，对农村经济增长有着重要的推动作用。农村经济发展，一方面通过经济增长的"涓滴效应"带动贫困家庭增收，另一方面也会对非贫困家庭产生间接的溢出效应。因此，评估精准扶贫政策对非贫困家庭的外溢效应显得非常有必要。

为此，本研究进一步采用样本期间内贫困家庭数占该地区（c）总家庭户数的比例，作为精准扶贫政策在该地区执行力度的替代变量，即精准扶贫政策执行力度（$Ratio_{ct}$）[①]，用于分析精准扶贫政策对非贫困家庭产生的溢出效应。现实中，如果一个地区的贫困家庭越多，政府对该地区的帮扶力度会越大，投入的扶贫资金与扶贫资源等也越多。与此同时，为了分析精准扶贫政策是通过哪些因素影响了贫困家庭，我们选取了家庭成员的教育、医疗健康、非农就业和基础设施利用等具有经济赋能作用的多维度因素。其中，教育维度选取了户主受教育程度（$HHedu$）和家庭教育培训支出（$Expedu$），作为家庭成员的人力资本与工作技能水平的替代变量。医疗健康维度选取了户主健康状况（$Health$）与医疗保险支出（$Expins$），分别衡量家庭主要成员的健康状况和对医疗服务供给的利用情况。非农就业维度选取了家庭非农就业占比（$Ratioemp$），作为家中非农劳动力供给能力或数量的替代变量。基础设施利用维度主要选取了与居民日常生活、生产和工作密切相关的道路基础设施利用指标来衡量。由于所选数据中缺少直接有关道路基础设施方面的数据，结合数据可获得性，我们选取了家庭成员日常出行的人均交通费用（$Infr$）作为替代变量。

此外，本研究进一步借助固定效应回归模型，在模型中引入了精准扶贫政策实施力度（$Ratio_{ct}$）与影响因素（X_{it}）的交互项，从非贫困家庭的要素禀赋、健康状况、非农就业等方面展开异质性与溢出效应分

[①] 所选 CFPS 调查数据库中，缺少有关农村易地搬迁、旅游扶贫、电商扶贫、光伏扶贫等指标，为此，本书无法直接评估以上政策的影响，从而选取了精准扶贫政策执行力度作为替代变量。

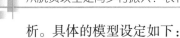

析。具体的模型设定如下：

$$Y_{it} = \beta_0 + \beta_1 Ratio_{ct} + \beta_2 X_{it} + \beta_3 Ratio_{ct} \times X_{it} + \alpha_k \sum_{k=1}^{n} Z_{ikt} + \lambda_i + \pi_t + \mu_{it}$$

$$(4-4)$$

在式（4-4）中，Y_{it} 为结果变量，交互项的系数（β_3）是本研究关注的核心，反映了相关因素（X_{it}）是否通过精准扶贫政策对非贫困家庭产生异质性或溢出效应。若 $\beta_3 > 0$ 则意味着影响因素 X_{it} 与精准扶贫政策执行力度之间存在正向的交互效应，即扶贫政策通过影响 X_{it} 对家庭产生积极或正的效应，且扶贫力度越大，这种影响作用越强。此外，Z_{ikt} 为个体层面、家庭层面与地区层面的控制变量（k 为控制变量个数），λ_i 为个体固定效应，π_t 为时间固定效应，μ_{it} 为残差项。为了防止序列相关或异方差问题的影响，本研究对系数进行估计时将标准误聚类到了个体层面。

从精准扶贫政策的异质性与外溢性影响来看（见表4-9），除表4-9的第（1）列估计结果不显著外，表4-9的第（2）~第（4）列中各交互项系数显著为正，这表明精准扶贫政策对非贫困家庭产生了明显的正向外溢性，且扶贫政策的外溢效应会因为非贫困家庭要素禀赋（教育、健康状况、非农就业占比等）差异而不同，能有效促进要素禀赋占优的非贫困家庭收入增加。随着该地区扶贫政策执行力度增加，通过对拥有较高人力资本和劳动力数量的非贫困家庭产生正向的外溢效应。具体而言，户主受教育程度与精准扶贫政策执行力度交互项的系数显著为正（35.4%），表明非贫困家庭中的户主受教育程度越高或越注重知识积累，随着该地区精准扶贫政策执行力度提高，对非贫困家庭的收入增加作用越大。此外，精准扶贫政策对非贫困家庭收入增长的影响，还通过促进非贫困家庭健康劳动力的非农就业，从而提高其收入水平。这是因为，扶贫创业培训、免息小额信贷（政府全额贴息）等扶贫政策，虽然针对的是贫困家庭，但对非贫困家庭也具有明显的正向外溢性。

表 4 - 9 精准扶贫政策的溢出效应（固定效应回归估计结果）

变量	因变量：实际收入增长的对数（非贫困家庭）					
	(1)	(2)	(3)	(4)	(5)	(6)
$Ratio \times \ln Expedu$	0.011 (0.019)					
$Ratio \times HHedu$		0.354** (0.170)				
$Ratio \times Ratioemp$			0.235*** (0.059)			
$Ratio \times Health$				0.017** (0.008)		
$Ratio \times \ln Expins$					-0.005*** (0.001)	
$Ratio \times Infr$						0.229*** (0.061)
个体固定效应	是	是	是	是	是	是
时间固定效应	是	是	是	是	是	是
控制变量	是	是	是	是	是	是
R^2	0.113	0.159	0.179	0.203	0.146	0.207
样本量	6078	6052	6130	6301	6192	6065

注：（1）因变量中的实际收入为剔除了转移支付的收入，且剔除了价格因素的影响。（2）括号内数值为稳健标准误，***、** 和 * 分别表示1%、5%和10%的显著性水平。（3）本研究主要关注交互项系数的显著性，所以其他变量估计结果均未列出。（4）控制变量包括户主年龄、户主性别、户主婚姻状况、家庭人口规模和地区分布等因素。

此外，医疗保险支出与精准扶贫政策执行力度的交互项显著为负，说明该地区精准扶贫政策实施过程中通过降低农村医疗保险支出，提高非贫困家庭的收入，且随着当地扶贫政策实施力度增加而提高。究其原因，可能在于精准扶贫政策推动医疗资源供给更多向农村地区倾斜，非贫困家庭也可以从更加完善的农村医疗服务中获益，间接减轻了其医疗支出负担，增加了非贫困家庭的收入水平。可见，医疗扶贫政策不仅对贫困家庭具有"健康保障激励效应"，而且对非贫困家庭产生了正的外溢效应。此外，从表4-9的第（6）列估计结果可知，农村基础设施利用对非贫困家庭的影响显著为正，产生了明显的正向外溢性。农村家庭对基础设施利用率越高，从精准扶贫政策中获益越大。这是因为，农村精准扶贫政策实施期间，改善了贫困地区的道路、交通、网络和灌溉设施建设等基础设施，拥有要素禀赋优势的家庭通过更便捷的出行、更充分的市场信息和更低的生产成本等渠道，能有效提高其家庭的非农收入。为此，在市场机制作用下，扶贫资源会自动流向能力或要素禀赋更高的家庭，通过政策的外溢性提高非贫困家庭的收入水平。

最后，本研究的结论与观点可以间接从既有研究中获得理论和经验支持。相关研究发现，精准扶贫政策对不同健康状况的居民具有显著的差异化效应，对健康状况更好的贫困人口的减贫绩效更大（张全红、周强，2019）。也有研究认为，精准扶贫政策对极度贫困家庭获得正规信贷的影响不显著，而其他农户从正规金融中获益更多（尹志超等，2020）。胡联和汪三贵（2017）研究发现，部分村干部倾向于将扶贫资源分配给自己关系好的精英农户，使部分非贫困家庭也可能成为建档立卡贫困户，从而出现农村精英俘获扶贫资源的情况。何欣和朱可涵（2019）指出，由于乡村内部信息的不对称，导致农村低保资源被精英俘获，且大约30%的低保资金支付给了农村高收入家庭。可见，已有研究从精英俘获、信息不对称和农村金融等方面分析得出，精准扶贫政策对不同贫困人口具有异质性效应，且更有利于拥有经济或政治优势的中高收入家庭。需要说明的是，与既有研究分析的扶贫政策可能存在瞄准偏误、精英俘获或扶贫资源错配等问题不同，本研究发现，精准扶贫政策的主要获益对象中，低收入贫困家庭除转移支付外，由于自身要素禀赋较差，获得的"造血式"扶贫利益相对较少，而要素禀赋占优的贫困家庭从基础设施建设、公共服务供给和产业扶贫等系列"造血式"扶贫中获益更多，且"造血式"扶贫利益对非贫困家庭产生了正的外溢性，从而扩大了地区内的收入差距。当然，这并非因为扶贫资源错配或精准扶贫政策执行效率低下所致,在精准扶贫政策大幅减少农村贫困的情况下,局部利益分配不均主要受到市场机制、农村基础设施、公共服务等外部环境产生的外溢性影响,且这种外溢性并非不利于低收入贫困家庭,而是对具有要素禀赋更高的家庭产生了更大的赋能增收作用。

第六节 结果的稳健性检验与说明

本研究不仅考虑了不同带宽的局域估计值,以检验估计结果的稳健性,而且还从以下三个方面检验了结果的有效性:第一,检验除了人均收入外的不受贫困线标准影响的控制变量是否在政策规则处有跳点。如果 Fuzzy RD 方法有效,不受政策影响的其他控制变量在政策规定的断点处应该不存在任何跳跃,且政策的工具变量仅通过人均收入影响被解释变量。第二,Fuzzy RD 估计方法对带宽具有较高敏感性,不合理的带宽设置可能会影响估计结果的稳定性。为了检验本研究选取的 CCT 带宽估计结果的稳定性,我们采取了手动设定带宽形式进行检验。第三,为了验证本研究精准扶贫政策规定的收入贫困线断点并非受到模型设定或样本量大小的影响,我们在政策规定的农村扶贫标准外,将贫困标准分别增加和减少 350 元(贫困标准上下浮动 15% 左右)作为两个新的断点作为"安慰剂"检验,以验证政策效应的稳健性与有效性。

(1)有效性检验。在本研究中,如果家庭特征变量或地区变量在断点处的条件密度函数存在跳跃,那么,则不能将政策效应归因于精准扶贫政策。因此,如果 Fuzzy RD 方法估计的结果有效,不受政策影响的其他特征变量在断点处不应该存在任何跳跃,意味着除了结果变量以外的家庭特征变量或地区变量在断点处应该是连续的。为此,本书进一步检验了家庭特征变量或地区变量的连续性,结果如表 4-10 所示。从表 4-10 结果来看,所有家庭特征变量或地区变量均不显著,从而有效排除了其他外生政策可能对结果产生的影响,说明本研究选取的 Fuzzy

RD 识别策略是有效性的。

表 4 - 10   特征变量连续性检验（Fuzzy RD 估计结果）

因变量	2016 年		2018 年	
	（1）	（2）	（3）	（4）
Age	- 29. 809 (41. 058)	- 32. 685 (46. 445)	63. 152 (225. 006)	73. 187 (265. 849)
Gender	0. 103 (0. 918)	- 0. 012 (1. 154)	- 0. 83 (0. 744)	- 1. 141 (1. 049)
Marital	- 0. 926 (1. 276)	- 0. 607 (1. 139)	0. 771 (0. 550)	1. 078 (0. 809)
Illiteracy	1. 299 (1. 731)	0. 962 (1. 649)	- 0. 251 (0. 645)	- 0. 310 (0. 704)
Ratioemp	- 0. 767 (1. 222)	- 0. 574 (1. 428)	0. 076 (0. 527)	- 0. 052 (0. 603)
Size	1. 677 (5. 081)	2. 770 (6. 399)	3. 741 (4. 477)	4. 605 (5. 429)
Region1	1. 068 (1. 443)	1. 522 (2. 103)	0. 749 (1. 007)	0. 933 (1. 080)
Region2	- 1. 647 (1. 847)	- 2. 059 (2. 470)	- 0. 61 (0. 888)	- 1. 199 (1. 318)
Region3	0. 698 (1. 340)	0. 703 (1. 519)	0. 002 (0. 815)	0. 083 (0. 989)
$f(z)$：分段线性函数		是		是
偏差校正局部多项式		是		是

注：所有回归模型均使用 CCT 方法计算的最优带宽，括号内数值为标准误。

（2）带宽敏感性检验。考虑到 Fuzzy RD 回归参数对带宽比较敏感，为了分析带宽选择对 Fuzzy RD 估计结果稳健性的影响，本研究采取了手动设定带宽形式进行检验。表 4 - 11 结果显示，与 CCT 方法下的最优带宽结果相比，使用手动设定带宽的显著性水平略有下降，但不同带宽设定并没有改变估计结果的正负符号，且在不同带宽标准下的估计结果与最优带宽估计结果保持了基本一致。

表 4 - 11　　　　不同带宽下的政策效应（Fuzzy RD 估计结果）

因变量		含转移支付			不含转移支付		
		（1）	（2）	（3）	（4）	（5）	（6）
		+/-300	+/-500	+/-1000	+/-300	+/-500	+/-1000
分样本一：2016 年	收入流动	1.055 (0.715)	1.061** (0.433)	1.381*** (0.401)	-0.018* (0.011)	-0.023* (0.013)	-0.042** (0.021)
	相对剥夺	-0.304* (0.161)	-0.280** (0.126)	-0.332** (0.136)	0.967* (0.564)	1.286*** (0.286)	1.790** (0.886)
分样本二：2018 年	收入流动	1.276*** (0.406)	1.531*** (0.429)	1.698*** (0.481)	-0.020* (0.011)	-0.025* (0.013)	-0.048** (0.022)
	相对剥夺	-0.182* (0.106)	-0.248** (0.106)	-0.225* (0.131)	1.013*** (0.366)	1.789** (0.719)	1.889*** (0.718)
$f(z)$：分段线性函数		是	是	是	是	是	是
偏差校正局部多项式		是	是	是	是	是	是

注：括号内数值为标准误，***、**和*分别表示1%、5%和10%的显著性水平。

（3）安慰剂检验。本研究进一步通过设定虚拟断点来检验政策效应的稳健性。按照虚拟断点设定方法，假定将贫困标准分别增加和减少350元（贫困标准上下浮动15%左右）作为两个新的断点，即2650元和1950元（2010年不变价格），作为精准扶贫政策的"安慰剂"冲击，该标准并非官方扶贫标准，所以预期不会对结果变量产生任何影响。表4-12结果显示，"安慰剂"扶贫标准下精准扶贫政策对收入流动与相对剥夺均没有影响，与预期结果一致，进一步表明 Fuzzy RD 估计结果的稳健性。

表 4－12 安慰剂检验（Fuzzy RD 估计结果）

变量		断点 ＋350				断点 －350			
		收入流动		相对剥夺		收入流动		相对剥夺	
		（1）	（2）	（3）	（4）	（5）	（6）	（7）	（8）
分样本一：2016 年	政策效应	0.713 (1.163)	0.998 (1.109)	0.066 (0.119)	0.046 (0.121)	－1.615 (2.252)	－1.134 (1.274)	－0.150 (0.159)	－0.176 (0.141)
	样本量	784	841	875	1164	748	1009	747	878
分样本二：2018 年	政策效应	1.960 (3.241)	0.809 (1.691)	－0.194 (0.325)	－0.113 (0.187)	－3.541 (6.352)	－4.854 (10.627)	0.311 (0.411)	0.322 (0.398)
	样本量	684	919	675	866	743	955	629	845
$f(z)$：分段线性函数		是		是		是		是	
偏差校正局部多项式		是		是		是		是	

注：（1）括号内数值为标准误，＊＊＊、＊＊和＊分别表示 1%、5% 和 10% 的显著性水平。（2）收入流动和相对剥夺变量中包含了政府转移支付，以断点增加或减少 350 元为新断点，且采用 CCT 方法计算的最优带宽。

第七节 本章小结

本研究基于中国家庭追踪调查 2016～2018 年数据，采用模糊断点回归方法，实证研究了脱贫攻坚时期农村精准扶贫政策的增收效应、减贫效应与收入分配效应，比较分析了"输血式"扶贫（转移支付）与"造血式"扶贫对不同要素禀赋家庭的差异化影响，揭示了"造血式"扶贫对非贫困家庭产生正向外溢性和扩大收入差距的原因。研究发现：一方面，脱贫攻坚时期，精准扶贫政策提高了贫困家庭的（转移性）收入、降低了人均消费等，对贫困家庭产生了显著的增收效应。并且，精准扶贫政策通过最低生活保障补贴、危房补贴、助学补贴、"985"医疗政策等减免或报销补贴政策，大幅减轻这部分贫困家庭的支出负担，改善家庭的生活水平，产生了明显的"增收"与"节流"的双重效应。另一方面，2016～2018 年，精准扶贫政策使农村贫困发生率、贫困深度与贫困强度分别下降了5.2%、6.2%和6.3%，显著缓解了农村的贫困问题。此外，由于转移支付不具有"授人以渔"的作用，长期兜底式政府补贴反而促使最底层贫困家庭产生了明显的补贴依赖。并且，最底层贫困家庭要素禀赋较差，在市场机制作用下从"造血式"扶贫中获益相对较小。本研究进一步分析发现，精准扶贫政策在减少农村贫困的同时，对非贫困家庭产生了明显的正向外溢性，"造血式"扶贫利益流向要素禀赋占优贫困家庭的同时，也间接增加了非贫困家庭的获益，从而扩大了农村地区内的收入差距。实践中，市场机制有效配置扶贫资源，促进了农村地区的要素流动与整合，为处于底层的贫困家庭打通了向上流动的渠道，只要扶贫政策能激发最底层贫困人口自我发展的主观能动性，这种地区内的收入差距就会缩小，并对农村减贫和发展产生更大的长期效应。

基于以上研究结论，本研究得到如下政策启示：第一，现实中，低收入贫困家庭在教育机会、安全住房、基本医疗、资产积累和基础设施利用等方面明显落后于社会平均水平，并且除了转移支付以外其他措施对最底层贫困家庭的扶贫增收效应相对有限。为此，在步入乡村振兴阶段，为了巩固脱贫成效，应转变"转移支付为主、支出减免为辅"的贫困治理思路，注重提高低收入贫困家庭成员及其子代的人力资本，加大"志智双扶"的帮扶力度，激发贫困主体自我的内生发展动力。第二，乡村振兴初期，在评估与考核农村减贫绩效的同时，不能忽视扶贫资源分配的非均衡化导致局部收入差距扩大问题。此时，贫困治理的工作重点与任务需结合农村贫困发展现实进行调整，更多关注局部收入差距变化导致的相对贫困问题，尽快构建能够精准识别要素禀赋较差家庭的相对贫困标准与体系，从源头上有效缓解相对贫困。第三，扶贫不能只顾一时的脱贫摘帽，也不是一兜到底，政府对低收入贫困家庭的转移支付应规避"奖懒罚勤"式帮扶，逐步消除长期兜底式帮扶滋生的福利依赖思想，着手建立"有条件的现金转移支付"机制，彻底解决脱贫家庭后期发展内生动力不足问题。

第五章

多维资产赋能农村低收入
人口的可持续发展

第一节 基于"可行能力"视角认识农村资产贫困

进入新时代以来，中国社会发展理念逐渐改变，反贫困工作的任务也从摆脱贫困转向富裕人民，更加注重带动农村地区的持续性发展（洪银兴，2017），这意味着继续依靠政府大规模投资和经济增长推动的减贫绩效将越来越差。因此，适度调整扶贫策略、创新反贫困发展模式已十分必要。具体来看，农村地区贫困人口缺乏持续的发展能力，主要因为收入贫困标准忽视了长期的经济发展功能和贫困脆弱性信息（Haveman & Wolff，2004）。相关研究指出，我国现行的扶贫标准，是基于低收入群体满足"基本生存需求"的消费支出测算，是一个较低的生存贫困标准，低于这一标准，贫困人口将很难维持正常的生活。因此，当前政策设计侧重于保护低收入群体生存而非主体性培育（边恕等，2018）。相比之下，农村家庭的资产是增加未来财富的一种可持续资源，反映了家庭生活和发展的实际状态，能有效地抵御外部风险冲击导致的短期收入困难（Brandolini et al.，2010）。汪三贵和梁晓敏（2017）研究发现，中国农村地区因缺乏资产积累导致贫困的现象非常普遍，资产匮乏已成为农村家庭长期致贫的根本原因。

事实上，以收入为主的扶贫政策对贫困家庭在抵御疾病、抗击外部风险、培育自主能动性、积累人力资本等方面的作用非常有限。收入的暂时性变化会明显影响家庭当期的生活水平，这意味着以收入为核心的反贫困目标在乡村振兴发展阶段已不适用。本研究发现，反贫困工作中"输血式"扶贫的减贫成效很弱，最底层贫困人口自主性发展能力欠缺。然而，相比于收入的功能，资产一方面具有帮助贫困人口抵御风险、抗击外部负向冲击的能力，另一方面资产反映家庭未来时期的财富资源、培育可持续发展能力和投资变现的能力（Caroline，1998；Conley，1999；Gittleman & Wolff，2004；Brandolini et al.，2010）。为此，对贫困家庭或脱贫家庭长期发展的研究中，研究者逐步将贫困问题与家庭资产相联系。以资产作为判定一个家庭贫困程度及其长期发展的能力，能有效地避免低收入家庭因短期收入波动导致的暂时性贫困问题。同时，家庭资产涵盖了家庭贫困脆弱性的动态信息，能更真实地反映家庭的生活和发展实际状态的同时，揭示资产分配不均等背后的财富差距。谢若登（Sherraden，1991）认为，收入是家庭财富资源的一种象征，具有流动性特征，所以并不能代表家庭资源的全部，而资产可视为家庭资源的稳定性财富。一个家庭所拥有的资产不仅可以抵御外部风险对家庭造成的冲击，即降低家庭贫困脆弱性，而且也能产生更长期的财富效应和社会地位等福利效应。

资产贫困（asset poverty）的概念最早由奥利弗和夏皮罗（Oliver & Shapiro，1995）提出，他将资产贫困定义为"一个家庭缺乏充足的资产以满足未来三个月的基本需求就处于资产贫困"。无独有偶，霍夫曼和沃尔夫（Haveman & Wolff，2004）将资产贫困定义为"一个家庭或个体可获得的财富资源在一个确定的时间内不足以满足自身基本需求

（basic needs）的情况"。随着以资产作为家庭财富理念的形成，美国学者罗伯特和沃尔夫（Robert & Wolff，1995）从资产缺乏的角度定义了贫困，将"没有充足的资产以满足基本需求的情况"定义为资产贫困。这里界定的资产缺乏也是基于"基本生存需求"角度出发，按照他们的方法，确定了美国的资产贫困线约为4413美元，如果低于这一标准，则被识别为资产贫困家庭。资产贫困的概念体现了以家庭资产为本，资产能为家庭的未来提供可持续和稳定的社会资源（Haveman & Wolff，2004）。

资产贫困的概念是最近几十年才提出的，因此对这一问题的研究相对较少，且并未形成统一的标准体系。按照上述界定，国内学者如王春萍（2008）、毕红静（2011）、刘振杰（2012，2014）、邹薇和屈广玉（2017）、游士兵和张颖莉（2017）等结合中国农村减贫现状，提出了从维持贫困家庭消费水平到促进其发展转变的扶贫思想，进而提出了"收入为主"向"资产为主"的反贫困救助机制。但是以上研究并未深入探讨导致农村家庭资产缺乏的原因，也没有提出明确的资产测度方法。国内学者汪三贵和尹浩栋（2013）认为，通过资产反映的家庭贫困发生率更稳定，且能准确地反映出家庭的整体福利现状，能够精准地识别贫困的长期状态。李佳路（2011）从家庭的耐用品、可用耕地、固定性资产（生产性）和住房四个方面，重点研究了影响农村家庭资产水平的原因。邓锁（2016）从"收入—消费"视角转变到"资产—发展"新方向，探讨了2013年全国城镇困难家庭资产脆弱性与陷入资产贫困风险的可能性。

综上所述，本研究结合贫困理论与中国扶贫现实，基于"可行能力"视角，深入考察治理农村贫困人口发展的可行机制，探讨农村地区的低收入贫困人口在耕地、生产性资产等方面的积累，进而针对性提出促进低收入人口发展的有效路径——多维资产赋能。本研究认为，资产贫困的概念虽弥补的收入波动的不足，但却没有考虑到家庭年度收入流对短期家庭福利的影响。因此，对一个家庭从现在到未来贫困现状的描述，最有效的方法是将资产和收入均考虑进来，以一个家庭资产和收入是否满足其一定时期内的"可行能力"为衡量家庭贫困的标准。从这个角度来理解家庭贫困，更能反映一个家庭所处的社会状态和未来发展能力，同时也涵盖了家庭之间的财富差距及其不平等问题（Brandolini et al.，2010）。此外，由于资产是一个多维的概念，具体包括物资资产、金融资产、人力资产、社会资产和自然资产等形态，这些资产不但可以产生收入和消费，还可以创造其他资产，并与"可行能力"概念紧密相连，因此，本研究从多维资产的角度来测算农村的资产贫困状况。

第二节　农村家庭多维资产贫困的维度选取与数据来源

一、多维资产贫困的维度选取

由于国内外还没有多维资产贫困维度和指标选取（含临界值）的统一标准，且有关资产贫困的研究也相对较少。本研究一方面基于已有多维贫困测度方法，采用了传统上的阿尔克和福斯特（2011a，2011b）多维贫困理论和方法；另一方面结合农村资产积累现状，构建了全新的多维资产贫困指标体系。

在具体维度与指标选取中，我们主要依据资产具有的两项重要特征：维持"生存需求"和培育"可行能力"。维持"生存需求"主要体现在资产具有的可变现能力，实现维持贫困人口稳定收入来源的功能。培育"可行能力"主要体现在确保家庭福利发展和可持续生计，尤其是对家庭未来持续、稳定发展能力的影响（Sen，1976；谢若登，2005）。另外，本研究借鉴了卡洛琳（Caroline，1998）、霍夫曼和沃尔夫

（2004）、汪三贵和尹浩栋（2013）、李佳路（2011）、游士兵和张颖莉（2017）等国内外研究中有关家庭资产与贫困的研究成果，同时，考虑了中国农村家庭贫困现实和微观数据的可获得性。考虑到农村家庭的住房、耐用品和生产性固定资产对家庭的生活、生产有着重要影响，所以物质资产方面，选取了住房、耐用品和生产性固定资产作为衡量家庭生活与生产的维度。土地作为农村居民生存的根本，有着举足轻重的影响，将家庭农用耕地作为单一维度。此外，资产具有的变现能力，是居民遇到风险时的保障，将资产性收入作为衡量居民资产抗风险能力指标。因此，本研究选取了物质资产维度的住房、耐用品和生产性固定资产，土地资产维度的农用耕地和资产变现能力维度的财产性收入共 3 个维度 5 项指标（见表 5 - 1）。现有研究中，对资产的界定，更多体现在资产的金融属性，例如，股票、基金、债券等金融资产。但是，目前中国农村金融市场还不完善、不健全，农村家庭收入用于金融资产积累的可能性很低。因此，本研究结合分析对象的特殊性，对多维资产贫困的维度选取中，主要偏向于考虑土地资产、耐用品资产等与农村发展实际相关的维度。

表 5 - 1　　　　　　　家庭资产的维度、指标及被剥夺临界值

维度	指标	指标说明	数据类型
物质资产（1/3）	住房（1/9）	家庭住房的材质，如果家庭房屋结构为土坯、土窑洞、危房等情况，识别为贫困	离散型指标，贫困赋值"1"
	耐用品（1/9）	如以下家用电器或交通工具一项也没有的，识别为贫困：彩色电视机、空调、冰箱、微波炉、电饭煲、电话，以及自行车、摩托车、电瓶车等	离散型指标，贫困赋值"1"
	生产性固定资产（1/9）	家中用于农用生产的资产，例如，生产性汽车、大中小型拖拉机、胶轮大车、电动（含燃油）三轮车、水泵、收割机等一项也没有的视为贫困*	离散型指标，贫困赋值"1"

续表

维度	指标	指标说明	数据类型
土地资产 （1/3）	农用耕地 （1/3）	新增家庭成员没有分配到集体的农用耕地，或家庭长期缺乏耕地（长期保持在当地平均水平以下）视为贫困**	离散型指标，贫困赋值"1"
资产变现能力 （1/3）	财产性收入 （1/3）	家中没有任何财产性收入（包括住房和其他生息实物资产）视为贫困	离散型指标，贫困赋值"1"

注：括号内数字为维度和指标权重，采用了双重等权重的赋值方法。

* 表示土地资产维度以人均耕地面积衡量最佳，人均耕地面积小于 2 亩，视为资源耕地贫困。但是，土地面积数据在 2010 年和 2012 年是可获得的，2014 年却无法获得，并且调查样本中的土地面积包括了"耕地、林地、牧场和水塘"的全部面积，从而无法从现有的数据中将单独的耕地面积识别出来，进而无法测算人均家庭的耕地面积。鉴于此，本章选用了家庭是否从集体分配到可用的耕地为替代变量，用于识别家庭在土地自然资源方面的贫困状况。

** 表示剔除了土地流转后没有耕地的情况。

二、数据来源说明

本章节研究数据采用了中国家庭追踪调查（CFPS）2010～2014 年数据，没有采用后期公布的 2016 年和 2018 年的数据的原因在于，后期数据没有涉及农村家庭耕地方面的指标，或者无法识别出农用耕地。此外，选用 CFPS 数据而没有选取其他数据原因在于，CFPS 数据可以进行跟踪匹配，确保了本研究分析样本的连续性，也便于分析贫困家庭资产积累情况。CFPS 数据作为一项全国性、综合性的社会跟踪调查项目，长期跟踪收集了中国 25 个省份中 105 个县（区、县级市）的 146 个行政村的个体和家庭样本，每年可用样本量个数大约为 1.6 万个个体。调查内容包括了家庭收入、支出、资产、人口、住房、交通、健康和认知能力等主题，克服了大部分微观调查数据存在调查对象层次的单一化和调查内容的有限性，同时涵盖了家庭现有住房和房产、土地、耐用品与农业机械、金融资产和债权债务等方面的信息，满足了本书对家庭资产数据的要求，对分析家庭资产动态变动具有很好的代表性。

农村家庭多维资产贫困的测度结果分析

一、农村家庭多维资产贫困动态变动趋势

图 5-1 和图 5-2 测算了农村家庭各指标贫困发生率及其变动趋势。测度结果显示，第一，2012~2014 年，农村家庭多维资产的各项指标贫困发生率均呈下降趋势。但是，从图 5-2 中可知，各项指标的贫困下降幅度非常小，固定资产维度贫困发生率下降幅度最大，但仅下降了 7.41%，其他维度贫困下降幅度不超过 3 个百分点。第二，各项资产贫困发生率高低相差很大，呈现出了明显的资产非均衡发展特征。第三，农村家庭资产变现能力维度下的贫困发生率非常高。与 2012 年相比，2014 年虽然有下降趋势，但降幅甚微，不到 1 个百分点。第四，农村家庭耐用品指标的贫困发生率最低，2014 年仅为 1.1%。这意味着，农村家庭生活维度方面的耐用品基本实现了全覆盖，但资产收益性对家庭收入的影响作用不明显，使资产贫困发生率非常高。其中，农村家庭在资产变现能力维度上处于普遍贫困状态，90% 以上的家庭处于无任何可变现资产的困难处境中，同时也反映了当前中国农村家庭贫困脆弱性高，尤其是家庭抗外部风险能力差问题存在普遍性，这表明家庭未来通过自我发展脱贫的难度较大，同样也说明脱贫家庭的未来发展能力欠缺，传统上以收入为主的反贫困模式有待进一步完善。

另外，从农村家庭生产与发展的资产积累来看，生产性固定资产指标贫困发生率也非常高，从 2012 年的 60% 的高位水平，下降到了 2014 年的 53.4% 的中高位发生率水平，并没有实质性的下降。生产性固定资产积累与资产变现能力，衡量了一个家庭可持续发展能力，也是一个家庭抗击外来风险的能力的体现。生产性固定资产指标反映的是农村家庭

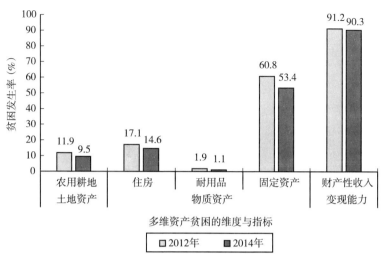

图 5 – 1　多维资产贫困的指标贫困发生率

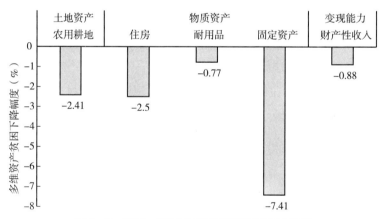

图 5 – 2　2012～2014 年多维资产贫困变动趋势

注：用 2014 年相应指标减去 2012 年相应指标，负号表示下降了。

参与农业生产程度与可持续发展的内生动力，是农村家庭农业生产效率的体现。资产变现能力，是家庭前期资产积累与当期资产结构合理配置的展现，是家庭抗风险能力的主要指标。但是，农村家庭生产性资产积累的贫困发生率仅次于财产性收入指标，且均停留在较高的发生率水平，两项指标贫困均较为严重。可见，农村家庭尤其是低收入家庭对生产性固定资产和财产性资产积累缺乏，从而导致这部分家庭长期处于资产贫困及其匮乏状态，也正是当前农村地区脱贫家庭存在高脆弱性和高返贫率的原因所在。进一步测度分析发现，农村地区最底层贫困人口的住房贫困发生率非常高，呈现出了无任何住房资产与生产性资产的多重困境。

图 5-3~图 5-6 分别测度与比较分析了农村家庭的多维资产贫困发生率、多维资产贫困深度和综合的多维资产贫困指数，揭示了农村家庭在综合资产方面的被剥夺广度、深度和强度，也反映了家庭落入资产贫困所遭受的"剥夺痛苦"与福利丧失。从图 5-3 可以看出，第一，有 90% 的家庭在两个调查年度中，其资产遭受了 1 项及以上指标贫困（k=20%），农村家庭处于任意资产贫困的可能性极高。第二，将贫困临界值设定为 k=40% 时，农村多维资产贫困发生率从 2012 年的60.7% 下降到了 2014 年的 54%，但仍处于较高发生率水平。第三，将贫困临界值分别设定为 60% 和 80% 时，到 2014 年仍依次有 8.9% 和1% 的发生率水平。这意味着，当 k=80% 时，任意 4 项指标同时贫困的农村家庭有 1%，这部分资产贫困家庭几乎陷入了资产缺失的持续性贫困之中，几乎没有任何生活类或生产类可用资产，农村地区资产贫困不容乐观。

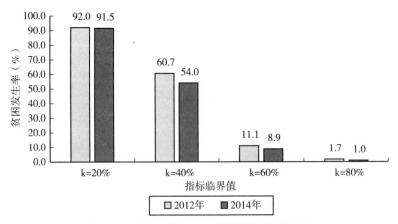

图 5-3 2012~2014 年多维资产贫困发生率

从农村地区的资产贫困深度（见图 5 - 4）和强度指数（见图 5 - 5）
测度结果可知，农村家庭长期遭受着较为严重的资产贫困问题。2012～
2014 年，农村家庭资产多维贫困的剥夺程度增加了，且随着贫困临界
值标准的提高而上升了。这期间，综合的多维资产贫困指数虽然随着贫
困发生率的下降而逐步减小，但从 2012～2014 年，仅下降了 1.9 个

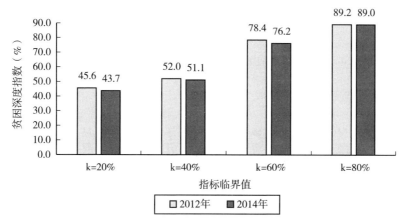

图 5 - 4　2012～2014 年多维资产贫困的贫困深度

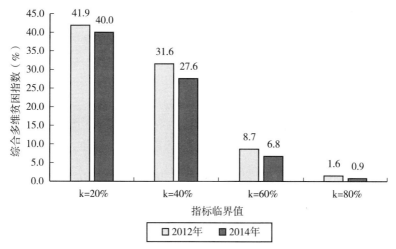

图 5 - 5　2012～2014 年综合的多维资产贫困指数

百分点（k＝20%）或4个百分点（k＝40%）。不难发现，当将贫困临界值设定为k＝40%（任意2项指标处于贫困）的情况下，综合的家庭资产贫困指数为27.6%（2014年）。

图5-6为农村多维资产贫困各项指标在2012～2014年的下降幅度变动趋势。当贫困临界值取k＝40%（任意2项指标处于贫困）的情况下，多维资产贫困发生率下降幅度最明显，降低了6.7个百分点。而贫困深度指数降幅甚微，不到1个百分点。这意味着，在贫困发生率下降的过程中，贫困家庭遭受的资产"剥夺感"仍较高，并未有显著下降趋势，这一点在农村落后地区的低收入人群中更明显。

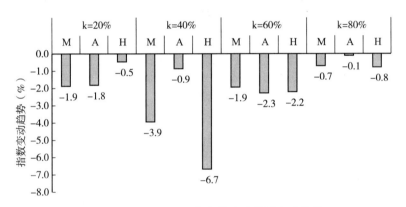

图5-6 2012～2014年多维资产贫困变动趋势

注：多维资产变动用2014年指数减去2012年对应的指数，负值表示下降了。

综上所述，4项及以上同时处于资产贫困的家庭基本是农村最底层的群体，这部分人群主要是那些因残、因病、缺乏劳动力等赤贫人口。目前，高维资产贫困家庭基本能够达到当前精准扶贫"两不愁"的目标，但要实现未来发展中的"三保障"相对较难。这意味着，在收入上水平较低的贫困家庭中，家庭资产积累基本为"零"，且缺少资产积累的初始要素禀赋。为此，政府长期的"输血式"政策兜底保障是这部分家庭得以脱贫的关键，但并没能解决这部分群体可持续发展能力。

政府要确保这部分群体的收入脱贫，还需进一步考虑如何促进这部分脱贫家庭未来的资产积累能力。进一步，我们分析了考察期间农户的收入贫困发生率，按照国家收入贫困线（人均 2300 元/年，2010 年不变价格）测算，2012 年家庭收入贫困发生率为 20.4%，2014 年为 19.6%，都要高于官方公布的统计结果，但仍然远低于在临界值（k）20% 和 40% 水平下的资产贫困发生率。因此，从资产方面反映的农村家庭贫困程度及其不平等现象更为严重。资产作为农村贫困家庭未来可持续发展能力的体现，绝大部分低收入家庭很难积累足够的资产，从而导致这部分家庭在面临外部风险时容易再次返贫。

二、不同收入分位数下的多维资产贫困分布

接下来，本研究进一步分析不同收入分位数下家庭多维资产贫困发生率分布情况（见表 5－2）。由测度结果可知，相比收入贫困发生率，不同收入分位数水平上均存在多维资产贫困家庭，且随着贫困临界值（k）的增加，这一现象在中高收入分位数水平上更明显。例如，在 k = 60% 的临界值下，最高 25% 收入家庭的资产贫困发生率在 2012 年和 2014 年都要比其他中下收入群体高。出现这一"反常"现象的原因，我们认为主要由农村家庭不同收入阶层出现的收入来源分化所致。农村低收入家庭主要靠务农或就近打零工，而选择外出务工的比例相对较低。例如，由图 5－7 测度结果发现，最低 25% 收入分位数下的家庭外出务工的比例仅为 30.29%，低于其他收入分位数家庭近 30 个百分点。并且，最低 25% 收入分位数家庭务工收入处在较低的人均每年 2365.83元，而最高 25% 收入分位数家庭的务工收入人均每年高达 25862.55 元，是最低 25% 收入分位数的 11 倍左右。另外，随着中高收入家庭外出务工的增收效应，有接近 10% ~ 15% 比例家庭实现了非农化转移。可见，中低收入农村家庭主要以土地资产作为家庭收入来源之一，并且购置了基本的生产性固定资产，而中高收入家庭一部分在财富积累到一定程度

后实现非农化转移，而绝大部分依靠外出务工或个体经营，这部分家庭的收入来源主要是工资或利润，他们将所积累起来的财富用于农村住房投资①，而缺乏对基本的土地或生产性固定资产的积累。

表 5 - 2　　　　不同收入分位数下多维资产贫困与收入贫困发生率　　　　单位：%

多维资产贫困							
	2012 年				2014 年		
临界值	最低 25%	中下 25%	中上 25%	最高 25%	最低 25%	中下 25%	中上 25%	最高 25%
k = 20%	94.46	92.79	91.63	89.17	93.24	91.39	90.80	86.57
k = 40%	67.22	57.19	58.40	59.92	59.93	52.78	51.40	49.10
k = 60%	9.25	9.84	10.89	17.64	6.16	4.04	8.77	16.82
收入贫困							
国家标准	62.44	0.00	0.00	0.00	59.93	0.00	0.00	0.00

注：不同收入分位数下的多维资产贫困发生率，是在各收入分位数条件下计算获得。

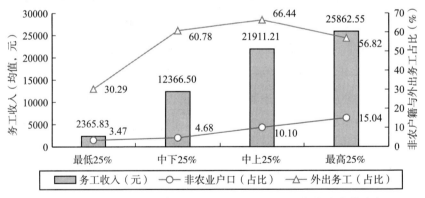

图 5 - 7　2014 年农村家庭不同收入分位数外出务工与非农户籍分布

资料来源：数据来自 CFPS2014 年调查，经笔者整理后获得。

　　此外，从图 5 - 8 中不难发现，不同收入分位数下农村家庭住房资

---

① 本书的研究并未考虑户口为农业户籍而在城里进行住房投资的这部分家庭。

产积累存在显著差异，低收入家庭住房资产积累相对较少，而高收入家庭住房资产积累相对较高。图5-8数据显示，中国农村房产并不能有效地转化为增值的资产，且不具任何的保质增值功能。相反，农村住房建造成本较高，而建成后迅速贬值，建成后的住房市值缩水十分严重。例如，各收入分位数下的农村家庭住房建造成本是建成后住房市值的2～2.5倍。其中，农村最低25%到最高25%收入分位数家庭的住房建造成本与建成后住房市值比例依次为2.13、2.35、2.53和2.09。所以农村地区的中高收入家庭所积累的住房财产收入效应并不能有效地发挥出来，导致了高维贫困临界值上中高收入家庭多维资产贫困发生率较高的"倒挂"现象。农村高收入与低收入家庭资产被剥夺的这种难解的"倒挂"现象，一方面由于中国农村住房市场具有的典型特征，导致了农村住房不具有长期投资价值，进而造成了农村家庭将积累的财富转化为住房资产时遭受了较为严重的"隐性剥夺"。当然，这种"隐性剥夺"是农村家庭消费习惯与文化习俗所致，是追求住房需求带来的"社会地位""面子意识"基础上的消费能力损失，同时也是资产财富效应的缺少所导致。

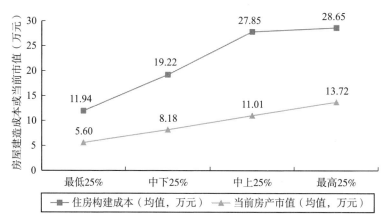

图5-8　不同收入分位数下农村家庭住房建造成本与建成后市值差异（2014年）

资料来源：数据来自CFPS2014年调查，经笔者整理后获得。

　　同时，低收入家庭土地资产相对较多，高收入家庭的土地资产相对较少。表5-3结果显示，2012年农村最低25%和最高25%收入分位数家庭耕地指标贫困发生率分别为8.1%和16.5%。到了2014年，在中低收入分位数家庭耕地指标贫困显著降低的情况下，最高25%收入分位数家庭的贫困发生率却呈现出小幅上升趋势。与此同时，中低收入家庭的生产性固定资产指标贫困发生率减幅较大，而中高收入家庭在该项指标上的减幅相对较小。进一步测度结果发现，收入分布在最高25%家庭拥有集体土地面积最低（仅为6.7亩），且家庭土地价值占家庭净财产的比例也最低，仅为17.6%。相比之下，最低25%收入分布家庭的土地价值占家庭净财产的比重超过了最高收入25%分位数家庭近4个百分点。其中，根据CFPS数据测度发现，土地价值占家庭净资产的比例从最低25%到最高25%收入分位数家庭依次为：21.38%、21.87%、20.12%和17.55%。此外，家庭拥有集体土地总面积依次为：8.74亩、8.80亩、8.61亩和6.73亩。

表5-3　　　　　不同收入分位数下各指标的贫困发生率（%）

指标	2012年				2014年			
	最低25%	中下25%	中上25%	最高25%	最低25%	中下25%	中上25%	最高25%
农用耕地	8.1	8.6	9.4	16.5	5.6	3.9	8.2	16.5
住房	17.7	15.3	13.1	9.4	20.6	18.3	12.9	8.6
耐用品	3.6	0.6	0.9	0.2	2.3	0.7	0.3	0.1
生产性固定资产	63.6	55.0	55.5	60.1	55.0	50.5	50.5	55.7
财产性收入	93.8	92.2	90.3	86.0	92.3	89.9	89.8	82.3

注：不含家庭土地流转后没有耕地的情况。

　　需要指出的是，不同收入分位数水平上的多维资产贫困发生率，是在各收入分位数水平下测算的，并不是在全样本范围内比较的。这意味着不同收入阶层内部之间的多维资产贫困存在着多维不平等现象，且主要体现在高维度临界值范围上。在中低维临界值条件下，家庭间资产贫困发生率差异不大，绝大部分家庭均存在任意 1 个或 2 个指标上的多维资产贫困，而在任意多项指标贫困临界值下，家庭间的这种多维不平等现象则较为明显了。当然，在 k = 60% 临界值下，并不完全意味着中高收入家庭一定就比中低收入的家庭落入多维资产贫困的可能性更大，而是反映了在不同收入分位数范围内家庭多维资产贫困存在同一收入阶层内部间的不平等差距的扩大，并且这种不平等在高收入家庭内部更明显。但毫无疑问的是，农村最低收入群体长期遭受着多维资产剥夺，处于长期较严重的资产贫困之中。

总之，收入贫困指标只反映了最低收入 25% 水平下的贫困状况，忽视了其他不同收入分位数上家庭资产及其福利状况问题。可见，那些处在非收入贫困且绝大部分资产指标遭受剥夺的家庭并没有在收入贫困指标中体现出来。这意味着，收入因素很难解释农村家庭多维资产贫困的主要原因，这也是当前收入贫困在识别和测度家庭贫困的主要缺陷，忽视了家庭未来持续发展的能力。相比之下，多维资产贫困指数反映了不同收入分位数下的资产分布、可持续发展能力及其不平等程度。

第四节　本章小结

本章研究跳出了传统收入贫困分析的视角，从资产赋能贫困人口的角度出发，剖析了农村低收入群体资产遭受剥夺的程度及其原因，从借助家庭追踪调查数据进行了实证检验与分析。需要说明的是，本研究主要针对脱贫攻坚早期阶段数据，但研究切入点仍然是从农村现阶段发展中存在的典型问题出发，分析农村长期发展中面临的重要问题，得出的结论可以推广到乡村振兴阶段。

总体而言，本研究发现：第一，农村家庭资产贫困现象较为普遍，无论是低收入家庭还是高收入家庭的资产积累都不理想。第二，2012～2014 年，农村家庭的资产贫困呈下降趋势，但下降幅度较小。当贫困临界值取 k＝40%（任意 2 项指标处于贫困）的情况下，多维资产贫困发生率下降幅度最明显，但降低幅度也仅为 6.7 个百分点。并且，综合的多维资产贫困指数降幅甚微，不到 1 个百分点。这意味着，在贫困发生率下降的过程中，贫困家庭遭受的资产"剥夺感"仍较高。第三，生产性固定资产指标和资产变现能力指标的贫困发生率非常高。其中，生产性固定资产贫困发生率从 2012 年的 60% 的高位水平，下降到了2014 年的 53.4% 的中高位发生率水平，但并未改变农村生产性资产积累不足的局面。与此同时，农村家庭几乎处于无任何可变性资产的普遍贫困状态下，该项指标的贫困发生率高达 90% 以上。可见，农村家庭尤其是低收入家庭对生产性固定资产和财产性资产积累缺乏，从而导致这部分家庭长期处于资产贫困极其匮乏状态，也正是脱贫攻坚时期农村地区脱贫家庭存在高脆弱性和高返贫率的原因所在。第四，农村土地与住房的资产效应太弱导致农村家庭多维财产积累出现异常的"倒挂"现象，这主要由于中低与中高收入水平家庭的经济来源分化导致家庭多维资产积累差异所致。第五，由于中国农村家庭的房产具有的典型特征，很大程度上引致了高收入家庭将积累的财富转化为住房资产时遭受了较为严重的"隐性剥夺"。与此同时，低收入深度贫困人口存在较为严重的多维资产剥夺，并无实质性的可抗击外部风险的实物资产积累，从而导致整体农村居民的抗风险能力极低。

不难发现，以收入为标准的扶贫政策很大程度上掩盖了家庭致贫的原因、致贫的类型与贫困脆弱性，并且很难保证脱贫家庭的脱贫质量和持续发展能力。相比而言，资产具有维持与发展的功能，在抵御外部风险冲击、培育家庭可持续发展能力、实现家庭消费平滑、赋予低收入家庭可行能力和社会地位等方面具有重要作用。基于以上研究结论，本研究认为：第一，在中国现行的经济发展条件下，在实现脱贫攻坚并走向乡村振兴阶段，理应前瞻性地着手构建以多维资产积累为目标的反贫困政策治理体系，包括建立多维资产指标体系及"资产—收入"双贫困线标准，确保脱贫人口的可持续发展能力。第二，步入乡村振兴发展阶段，政府应注重对农村最底层人群资产积累能力的培育与引导，提高落后地区低收入家庭的常规性增收渠道是基本保障，而培育其资产积累能力，是彻底解决农村人口可持续发展能力问题的关键。第三，针对性建立微观资产调查数据库，尤其是对脱贫人口资产发展的跟踪。尝试设立"个人发展账户"并将精准扶贫中的贫困补贴部分地注入该账户等，实现精准脱贫家庭的持续与稳定发展，并提高脱贫家庭的未来抗风险能力。第四，以"资产"为目标的反贫困发展是一项长期、持久的工作，这就要求家庭、政府和社会三者的协调配合和共同努力，将农村资产贫困人口的发展内化于"个人努力＋政府扶持＋社会资本"的多主体培育之中，更加注重低收入人口的持续稳定发展能力。第五，中国已消除了收入标准下的绝对贫困，但以资产为标准的资产贫困仍然存在，且较长时间内影响居民的生活与发展。第六，资产兼具增收与赋能的作用，起着减贫与防贫的多重功效。为此，乡村振兴发展阶段，政府应着手构建具有中国特色"收入为主、多维资产为辅"的发展型社会福利政策，拓展"中国模式"的反贫困发展体系，相关政策也理应更多地倾向于缺乏资产的困难家庭户，有效地帮助这部分人口脱离贫困的同时赋予其平等的发展机会，从而有效地培育出脱贫家庭长期稳定的发展能力。

第六章

农村医疗改革的收入再分配效应

第一节 农村医疗改革的演进历程与现状

医疗保险是社会保障的重要方面，具有调节收入分配的功能，对低收入群体也起到了"扶贫""减支"和"降负"的作用。改革开放以来，我国医保体系经历了四次重大调整：初步探索（1978～1992 年）、构筑框架（1993～2002 年）、全面推进（2003～2008 年）[1] 和深化改革（2009 年至今）。1992 年以前，医疗改革的对象主要是以城镇国有企业职工、离退休人员为主，农村医疗问题长期被忽视，医疗卫生水平亟待提高。1992 年 9 月，国务院下发《关于深化卫生医疗体制改革的几点意见》，提出了"以工助医、以副补主"的医疗改革建议，探索先试点

---

[1]　我国医医疗保障体系发展经历阶段的划分主要参考了宋晓梧（2009）的研究，经整理后获得。

后推广的发展模式，① 以期建立统筹结合的医疗保险制度。然而，本次改革却形成了"以药养医"发展机制，刺激了医院与医生"共谋"创收的最大化行为，严重影响医院公益性发挥。1997 年 5 月，国务院批准《关于发展和完善农村合作医疗若干意见》，一定程度上促进了农村合作医疗的恢复与发展，但效果甚微。

2002 年 10 月，国务院进一步号召逐步建立大病统筹为主的新型农村合作医疗制度（简称"新农合"），② 明确提出构建确保全国近 2/3 农村人口面临重大疾病时"住得起院、看得起病"的医疗体系，通过对生病住院进行报销或补偿以达到社会保障中"防贫、济贫"的目的。③ 此后，医疗改革在农村迅速展开，各省份开始至少选择 2～3 个县作为先行试点，随后全面扩大覆盖面。到 2008 年底，开展"新农合"的县（市、区）个数增加到了 2729 个，参加人口达到了 8.15 亿人，参合率超过了 91%。④ 但实践中，农村地区却出现了不同人群"看病难、就医贵"的医疗服务可及性受限的现象，农村基本医疗保险制度的公平性并未受到足够的重视。

为此，政府在 2009 年开启了新一轮的医疗改革方案《中共中央国务院关于深化医药卫生体制改革的意见》（简称"新医改"），提出了"广覆盖、保基本、可持续"的医疗改革原则，从重点保障大病到逐步向门诊小病延伸的发展目标，目的在于有效减轻农村居民就医费用负担，促进农村基本医疗服务均等化。"新医改"期间，为了提高农村低收入家庭看病就医保障水平，政府不断加大对基本医疗保险的财政投入，各级政府为此投入近 8500 亿元医改资金。截至 2017 年，农村医保

---

① 1994 年四部委联合印发的《关于职工医疗制度改革的试点意见》，决定先在江苏和江西两省试点，在总结"两江试点"改革经验的基础上，逐步在全国 50 多个城市进行扩大试点并推广。

② 2003 年 1 月国务院正式发布了《关于建立新型农村合作医疗制度的意见》，"新农合"制度要求遵循自愿参与、多方筹资、以收定支、保障适度、先行试点、逐步推广等原则。

③ 这是全国各地区卫生医疗体制改革的基本任务和核心目标之一。

④ 参合数据来源于各年度《中国卫生统计年鉴》，经搜集整理获得。

的各级财政补助标准提高到了每人每年 450 元，基本医疗参保人数超过 13.5 亿，参保率稳定在 95% 以上，[①] 保障范围和比例不断增加。农村因病致贫、因病返贫的状况大大缓解。但是，"新医改"发展中，药品生产流通体制不完善、政府卫生投入负担过重、药价与医药费用上涨过快等问题依然存在，改革利益均等惠及全体居民的政策目标并未彻底实现，医疗改革任务仍任重道远。

医疗保险作为农村地区的一项重大社会公共服务，是否有效保障了低收入群体均衡化利益，成为当期研究的高度关注。相关研究认为，中国目前的医疗改革并没能有效降低低收入群体医疗支出，发挥调节收入再分配的功能（王小鲁、樊纲，2005；金双华、于洁，2017），在"低保费、高共付率"模式下，合作医疗收益流向贫困人口部分较低，对农村落后地区贫困人口几乎没有影响。现实中，农村医疗改革明显提高了居民患病就诊率（颜媛媛，2006），但"看病贵"问题依然长期存在（周强、张全红，2017），家庭看病就医自付医疗费用支出不降反增（Blumenthal & Hsiao，2005），医疗支出年均增长率高达 15.7%，远超农村家庭收入增长速度（杜乐勋等，2009）。并且，我国存在亲富人的健康不平等和医疗服务利用不平等，高收入人群健康状况更好并使用了更多的医疗服务（解垩，2009）。

可见，针对低收入群体的医疗保险是否起到"防贫、济困"效果，对农村地区贫困人口是否实现了医疗扶贫的作用，这是本研究关注的重点。相关研究认为，医疗保险对贫困家庭的支出并不具有明显的减缓作用，尤其是"新农合"的社保效应甚微，反而增加了部分家庭额外的医疗支出负担，降低了贫困家庭收入水平（Wagstaff et al.，2009；Yip & Hsiao，2009；Shi et al.，2010；程令国、张晔，2012）。基于此，本研究立足农村医疗改革发展的现实，结合不同收入水平家庭面对医疗改

---

① 数据主要来自中华人民共和国国家统计局数据库：http：//data.stats.gov.cn，经整理后获得。

革的医疗选择与消费需求变化，深入探析了农村医疗改革对贫困人口的影响。与此同时，本研究构建了完整的医疗消费选择模型，为剖析不同收入水平家庭医疗需求与消费选择偏好提供了基础性的分析方法与思路。

需要说明的是，在 2003 年以前，中国农村基本医疗保障范围和覆盖面较窄，且重点以城市居民的劳保医疗、公费医疗保险改革为主，农村地区的医疗保障水平基本处于"真空"状态（李华、俞卫，2013）。截至 2002 年底，农村地区合作医疗保险的覆盖率仅为 9.5%，有近 80% 的农村居民没有获得任何的医疗保障[①]。为了解决农村居民医疗无保障问题，中共中央、国务院于 2003 年 1 月正式发布了《关于建设新型农村合作医疗制度意见的通知》，大力号召在农村地区推行医疗保险制度改革。农村 2003 年开始的"新农合"，采取在各省（市、区）选择 2 ~ 3 个县作为先行试点后再逐步推广，并最终实现全覆盖的改革模式。所以本研究将 2003 年以后的农村医疗保险统一界定为新型合作医疗阶段，作为本书医疗保险制度的评估对象，而将 2003 年以前的时期称为传统合作医疗阶段。

第二节 作用机理分析：农村医疗改革的受益流向

为了探析农村不同收入群体医疗服务选择偏好及其效用获得，我们构建了描述家庭患病就医效用最大化的医疗消费选择模型。为不失一般性，本研究假定存在两个经济行为主体：医院与居民。其中，医院作为医疗服务的供给方，居民作为医疗消费的需求方，医院提供两种可供选择的医疗服务（商品），即"住院"与"门诊"。居民在既定收入水平下存在两种选择行为，即"购买医疗保险"与"不购买医疗保险"[②]。

---

① 卫生部卫生统计中心：《第三次国家卫生服务调查分析报告》，表 2 - 1 - 15，第 16 页。
② 这里主要指政府提供的相关医疗保险，而非商业保险，如"新农合"。

事实上，居民选择"门诊"或者"住院"都同等视为是对健康的消费需求的增加，将其视为一种健康效用或福利的获得，且居民将收入作为消费预算约束条件。基于此，我们从不同收入水平的居民医疗消费中构建了医疗需求选择的微观理论模型。

接下来，用 V_t^h 表示居民 h 的间接效用函数，用于描述居民在 t 时期医疗消费时获得的健康效用或获益，用 $\hat{x}_t = \dfrac{x_t}{x_{t0}} - 1$ 表示变量 x_t 从 t_0 到 t 时期的增长率。那么，在收入给定的情况下，居民 h 在 t 时期医疗消费中获得的效用为 $\hat{V}_t^h$，即：

$$\hat{V}_t^h = \hat{W}_t^h - \sum_{d \in D} w_d^h \hat{P}_{d,t} \tag{6-1}$$

式（6-1）中，$\hat{W}_t^h$ 和 w_d^h 分别表示居民 h 在 t 时期的名义收入和特定医疗服务 d（门诊或住院）下的支出份额。$\hat{P}_{d,t}$ 表示居民 h 在 t 时期患病就医的支出变化，该变量也衡量了不同时期医疗价格的变动。此外，为了描述不同收入水平的居民面对医疗服务价格变化时的效用分布，我们将式（6-1）进一步分解为医疗价格变动的"共同性"趋势部分与"异质性"选择部分，即：

$$\hat{V}_t^h = \underbrace{\hat{W}_t^h - \sum_{d \in D} w_d \hat{P}_{d,t}}_{\text{"一篮子商品"效用}\hat{V}} - \underbrace{\sum_{d \in D} \hat{P}_{d,t}(w_d^h - w_d)}_{\text{Cov}(\hat{P}_{d,t}, w_d^h - w_d)} \tag{6-2}$$

式（6-2）中，第一项（$\hat{W}_t^h - \sum_{d \in D} w_d \hat{P}_{d,t}$）表示每个居民支付固定"一篮子"医疗服务消费后所获得的效用变化。其中，w_d 表示医疗服务系统内用于支付固定"一篮子"医疗费用的支出份额，主要指支付门诊费用的份额或住院费用的份额。第二项 $\left[\sum_{d \in D} \hat{P}_{d,t}(w_d^h - w_d) \right]$ 解释了异质性的居民在受到外部冲击（如药价变化、医疗改革等）下不同医疗服务消费福利获得分布的变化，即居民医疗消费的异质性效用。其中，如果外部冲击导致了特定医疗价格（$\hat{P}_{d,t}$）发生变化，且与居民 h 的医疗支付份额变动（$w_d^h - w_d$）之间呈正相关，此时二者之间的协方差为正值，表示个体相对于社会平均水平在该项医疗服务（门诊或住院）中损失了更多，这是因为个体支付了更多的费用以及福利水平明显下降了。并且，$(w_d^h - w_d)$ 衡量了居民 h 与社会平均医疗支付水平的成本差距，即居民医疗支出的被剥夺程度。如果 $(w_d^h - w_d)$ 的值为正，表示居民被剥夺程度增加了，相对社会平均水平支付更多了。相反，如果该值为负，表示居民相对平均社会水平少支付了，可视为一种"相对获益"，也是一种健康的相对获益。例如，在收入水平给定的情况下，医疗服务价格上升导致居民个体平均医疗消费支出增长幅度超过了社会平均增长水平，那么该居民的支出被剥夺程度就增加了，且居民的医疗支出负担增加了。

为了进一步分析不同收入水平居民的医疗服务选择问题，拓宽个体同质性假定条件，我们假定医疗需求的消费者存在两种情况：富人与穷人，用 $h = r$ 表示富人，$h = p$ 表示穷人。并且，将医院的医疗供给方式放宽为：门诊与住院，$d = nc$ 表示选择"门诊消费"，$d = c$ 表示选择"住院消费"。事实上，相对于住院服务，门诊服务成本更低，且穷人面对的门诊边际消费倾向也更高，即存在 $w_{nc}^p > w_{nc} > w_{nc}^r$。如果经济社会发生变化，如医疗改革，这将会导致门诊服务价格的边际增长率快于住院服务价格增长[①]，从而相对价格变动 $\hat{P}_{nc,t} > \hat{P}_{c,t}$。根据式（6-2）可知，$\left[\sum_{d \in D} \hat{P}_{d,t}(w_d^h - w_d)\right]$ 对于穷人来说为正，对于富人来说为负。所以，穷人患病后选择门诊消费的可能性增加了，但获得的总效用或总收益（$\hat{V}_t^p$）却更小了。同理，富人选择住院服务的可能性增加了，且获得的总效用或总收益（$\hat{V}_t^r$）也更大了。为此，这便解释了为何医疗改革后农村地区仍长期存在"看病贵"难题现象。

实践中，农村医疗改革中的医疗保险报销制度，主要是通过"大病

---

①　由中国实践可知，国家医疗卫生服务体系发展过程中，虽然大幅提高了居民享受医疗服务的可及性和医疗保险报销比例，但仍然存在医疗服务价格增长速度快于医疗服务可及性增长速度。

支出保障"起作用，从制度上设定了严格的报销比例和报销范围，存在特定的报销门槛和报销起付线限定。另外，不同地区、不同级别医疗机构的报销比例也存在差异。受报销前支付能力的影响，不同收入水平参保家庭面临住院服务需求选择时存在差异，由于医疗保险报销比例、报销范围和起付线等有着明确的规定，对于收入相对较高（支付能力强）的家庭而言，会存在"小病大治"的消费偏好转变，为了获取报销收益而选择"住院"消费，从而获得医疗改革政策的保障效用。相较低收入家庭而言，医疗保险对高收入家庭带来的医疗价格增速相对较低。相反，农村低收入家庭，由于事前具有较弱的医疗支付能力，患病后会较大可能选择门诊或低价格药物治疗，即存在更高"大病小治"的消费偏好，尽可能选择不住院治疗，很难享受到医疗改革带来的政策保障效应，所以面临的医疗价格增速相对较快。这是因为，脱贫攻坚战略实施前的医疗保险是一种事后报销或补偿机制，且存在报销手续复杂、审核严格、起付线（封顶线、共付比例）限定等因素，加之前期看病治疗费用昂贵，低收入患病家庭不得不放弃必要的住院治疗，导致健康状况进一步恶化的同时，很难享受到参保后均等化的医疗报销利益，从医疗改革中的获益也必然相对更少。

与此同时，除了分析收入异质性居民的"交叉效应"，我们进一步分析相同收入水平（收入约束给定）下居民医疗消费选择的"内部效应"。[1] 其中，$\hat{P}_{d,t}^{h}$指数会随着不同收入水平居民的不同消费选择而变化，形成了个体层面的交叉变化的价格指数$\hat{P}_{ac,t}^{h}$和内部差异的价格指数$\hat{P}_{in,t}^{h}$。通过交叉价格指数（$\hat{P}_{ac,t}^{h}$）与内部价格指数（$\hat{P}_{in,t}^{h}$），我们可以进

---

① 分解机理正如微观经济学中商品价格变化产生的"收入效应"与"替代效应"类似。其中，本研究中的价格"交叉效应"类似于"替代效应"，"内部效应"则相当于"收入效应"，但存在本质上的区别。需要指出的是，由于受到数据所限，无法获得医疗价格（门诊服务费与住院服务费）变动前后的数据，所以无法测度具体的相对医疗价格变动导致的价格指数的变化，所以本研究对于医疗费服务价格的"交叉效应"与"内部效应"分解，只能停留在理论模型推导上，并未在实证部分做相应的经验论证。

一步将居民的总价格变动指数分解为：

$$\hat{P}_t^h = \underbrace{\sum_{d \in D} w_d^h \hat{P}_{d,t}}_{\hat{P}_{ac,t}^h} + \underbrace{\sum_{d \in D} w_d \hat{P}_{d,t}^h}_{\hat{P}_{in,t}^h} + \underbrace{\sum_{d \in D} (w_d^h - w_d)(\hat{P}_{d,t}^h - \hat{P}_{d,t})}_{\hat{P}_{cov,t}^h} - \underbrace{\sum_{d \in D} w_d \hat{P}_{d,t}}_{\hat{P}_t}$$

$$(6-3)$$

式（6-3）中，$\hat{P}_t$ 表示"一篮子商品"的价格水平指数[①]，等式右边第三项中的 $\hat{P}_{cov,t}^h$ 表示产品间价格波动（与产品均值的差异）与支付份额波动（与支出份额均值的差异）之间的协方差。如果 $\hat{P}_{cov,t}^h$ 为正值表示产品价格波动幅度与支付份额波动幅度一致，即居民边际支付能力同物价水平变动一致。基于此，结合实际可知，无论选择门诊服务还是选择住院治疗，对于穷人与富人来说都将面临不同的边际消费价格，即穷人在门诊服务与住院治疗中的边际支付能力比富人都要弱。虽然购买医疗保险的费用对于穷人与富人都是一样的，但是对于穷人来说，购买医疗保险的边际支付能力更差，富人边际支付能力更强，所以这一假设具有现实合理性。其次，假定同样的门诊服务或住院服务存在不同的支付价格（便宜与贵），即用 $d = e$ 表示贵的支付价格，用 $d = c$ 表示便宜的支付价格。那么，穷人相比富人将会选择消费更多便宜的"商品"，即有：$w_c^p < w_c < w_c^r$。如果在医疗改革后，消费者面临着便宜"商品"的价格变化速度更快，例如，门诊服务价格快速增长，即 $\hat{P}_{c,t} > \hat{P}_{e,t}$。那么，根据式（6-2）的理论模型，我们将再次获得穷人从医疗卫生体系改革中获益更少。这是因为，增加的边际门诊支付成本将对穷人的总效用影响更大，所以穷人从医疗服务价格变化中受损更大，遭受的剥夺程度也更深，从而产生了不同收入群体中医疗改革带来的"逆向再分配效应"——富人获益而穷人受损的局面。

此外，本研究进一步进行了医疗服务价格的"交叉效应"与"内

---

① 类似于国家统计局测算的 CPI 指数，但有较大差异。这里的"一篮子商品"指固定的医疗消费选择。

部效应"分解。假定消费者在面对选择集（D）时有 d 种不同消费方案（选择的替代性），D 中所有方案加总的价格指数为 $\hat{P}_t$，且不同消费方案 d 内又存在不同的支付意愿，则有：

$$\hat{P}_t = \sum_{d \in D} w_d \hat{P}_{d,t} \qquad (6-4)$$

$$w_d = \frac{\sum_h P_{d,t0}^h q_{g,t0}^h}{\sum_h \sum_d P_{d,t0}^h q_{d,t0}^h} \qquad (6-5)$$

$$\hat{P}_{d,t} = \frac{1}{G_{d_d}} \sum_{g_d \in d} \hat{P}_{g_d,t} \qquad (6-6)$$

式（6-4）和式（6-6）中的 w_d 表示在 t_0 时期医疗服务中消费"商品" d 的支出份额，$\hat{P}_t$ 表示"一篮子商品"的价格水平指数（类似于国家统计局测算的 CPI 指数，但有较大差异）。式（6-6）中的 $\hat{P}_{d,t}$ 表示在 t 时期不同 d 种选择方案的平均价格变动指数，其中，每种消费选择 $\hat{d}$ 中存在不同的支付价格 $\hat{P}_{g_d,t}$。那么，每个居民的价格水平指数表示为 $\hat{P}_t^h$，即：

$$\hat{P}_t^h = \sum_{d \in D} w_d^h \hat{P}_{d,t}^h \qquad (6-7)$$

$$w_d^h = \frac{P_{d,t0}^h q_{d,t0}^h}{\sum_d P_{d,t0}^h q_{d,t0}^h} \qquad (6-8)$$

其中，$\hat{P}_t^h$ 和 w_d^h 表示居民层面的指数，且异质性居民 h 将会有不同的消费选择，即：

$$\hat{P}_{d,t}^h = \sum_{g_d} s_{g_d}^h \hat{P}_{g_d,t} \qquad (6-9)$$

式（6-9）中，$s_{g_d}^h$ 表示居民 h 在不同消费选择 d 下选择第 g_d 的支付份额，$\hat{P}_{g_d,t}$ 表示非个体层面不同消费选择 d 下选择第 g_d 的支付份额。$\hat{P}_{d,t}^h$ 指数会随着不同收入水平居民的不同消费选择而变化。个体层面的交叉变化的价格指数为 $\hat{P}_{ac,t}^h$，内部差异的价格指数为 $\hat{P}_{in,t}^h$，即：

$$\hat{P}_{ac,t}^h = \sum_{d \in D} w_d^h \hat{P}_{d,t} \qquad (6-10)$$

$$\hat{P}_{in,t}^{h} = \sum_{d \in D} w_d \hat{P}_{d,t}^{h} \qquad (6-11)$$

式（6-10）中的 $\hat{P}_{ac,t}^{h}$ 指数作为不同消费选择 d 的支付份额，反映了居民生活成本的变化，是个体在不同消费选择层面的价格加权指数。此外，式（6-11）中的 $\hat{P}_{in,t}^{h}$ 指数也是反映了居民生活成本的变化，但该指数作为同种消费选择内部不同支付价格变化的综合反映，是同种消费选择下不同内部支付价格的加权指数。

此外，为了进行不同居民 h（即 h_i 与 h_j，$i \neq j$）之间在相同时期 t 上的比较，我们进一步分解表示为：

$$\Delta \hat{P}_t = \Delta \hat{P}_{ac,t} + \Delta \hat{P}_{in,t} + \Delta \hat{P}_{cov,t} \qquad (6-12)$$

需要说明的是，其中 $\Delta \hat{x}_t = \hat{x}_t^{hi} - \hat{x}_t^{hj}$ 表示的是同一时期不同个体间的差分，但并非是在时间上的差分。$\Delta \hat{P}_t^h$ 指数包括了价格变动的"交叉效应""内部效应"和协方差之间的"总效应"，通过不同个体间的一次差分方法表示，消除了随时间变化的价格变动的共同趋势 $\hat{P}_t$ 部分。

第三节　实证模型、数据来源与变量选取

一、多期双重差分模型与分析思路

2003 年开始的农村医疗保险制度改革（简称"医疗改革"）可视为一项政策"准试验"，这项改革具有两种效应：一是由医疗保险制度改革试点前后变化而形成的"时间效应"，二是各地区医疗保险制度改革试点推广引起的"处理效应"，从而满足了传统 DID 方法评估政策效应的"准试验"特征。然而，2003 年农村医疗保险制度改革在推行过程中采取的"先行试点、逐步推广"的渐进模式，存在一个渐进的时序过程，被"处理"的时间节点存在先后差异，违背了传统 DID 方法对

政策时间要求为"同时性"的假设。鉴于此，本研究借鉴郭峰和熊瑞祥（2017）等在研究中国经济特区分批次设立和城商行成立时采用的渐进性差分方法与思路，采取了符合评估渐进性政策冲击的多期双重差分（multi-period difference-in-difference，M - DID）方法，有效克服了传统双重差分（DID）方法评估此类问题时导致的潜在异质性和有偏的政策效应问题。此外，与特定时间上的 DID 分析方法不同的是，M - DID模型中不再有统一的政策实施年份，而是允许每个地区都有单独的实施年份，这更加符合政策逐步推广的现实。具体的模型设定如下：

$$Y_{st} = \alpha + \gamma \cdot reform_{st} + \beta_k \cdot X_{st} + \beta \cdot cyear_{st} + \delta_t inc2003 \cdot year + \varphi_s + c_t + \varepsilon_{st}$$

$$(6 - 13)$$

$$Y_{ist} = \alpha + \gamma \cdot reform_{st} + \beta_k \cdot X_{ist} + \vartheta_i + c_t + \varepsilon_{ist} \qquad (6 - 14)$$

式（6 - 13）和式（6 - 14）中，下标 i 表示家庭，s 表示县，t 表示年份，k 为变量格数。变量 $reform_{st}$ 表示 t 时期该县是否展开试点了医疗保险制度，已试点医疗保险制度则 $reform_{st} = 1$，否则 $reform_{st} = 0$。医疗改革主要以县为单位，县级地方政府进行资金统筹，所以在分析医疗保险制度对居民收入差距的影响时，采用了以县级为单位的数据样本。式（6 - 13）中被解释变量 Y_{st} 表示 t 时期 s 县的居民收入差距指标，我们采用既有研究中常用的基尼系数、泰尔指数、收入分位数中第 95 分位数与第 5 分位数的比率和第 75 分位数与第 25 分位数的比率等作为收入差距的衡量指标。此外，本研究允许各县拥有不同的初始禀赋和不同的线性增长趋势，从而在模型中增加了 2003 年县级农村人均纯收入与每个县的时间趋势变量的交互项（$inc2003 \cdot year$）作为控制变量。为了能有效克服政策实施非同时性导致的政策持续时间异质性，定义变量 $cyear_{st}$ 为县已推行医疗保险制度的时长（可视为医疗保险制度实施的"年龄"），控制了各县的初始禀赋和随时间变化的不可观测趋势。如果样本观察时期 t 大于 s 县推行的具体年份（用 c_s 表示），即 $t > c_s$，则 $cyear_{st} = t - c_s$，否则 $cyear_{st} = 0$。

在分析医疗保险制度的微观作用机理部分，结合医疗保险制度受

益对象精细化到户的特征，本研究则从微观居民视角展开讨论。式
（6-14）中 Y_{ist} 表示某县在 t 时期的家庭层面被解释变量，包括家庭收入、额外医疗支出费用、住院费用、门诊费用、住院服务需求和住院报销比例等变量。系数 γ 是我们关注的政策效应，反映了医疗改革对被解释变量的平均影响。式（6-13）和式（6-14）中的 X_{st} 和 X_{ist} 分别为县级层面和家庭层面的控制变量，φ_s 和 ϑ_i 分别表示县级层面和家庭层面的固定效应，c_t 表示时间固定效应，ε_{st} 和 ε_{ist} 分别包含了县级层面和家庭层面不可观测的其他因素。

此外，为了分析医疗改革对居民收入差距的动态影响，本研究在标准回归模型中嵌入系列持续时间虚拟变量，即：

$$Y_{st} = \alpha + \beta_m \cdot D_{st}^{-j} + \beta_n \cdot D_{st}^{+j} + \beta_k \cdot X_{st} + A_s + B_t + \varepsilon_{st} \qquad (6-15)$$

式（6-15）中，$D's$ 为时间的虚拟变量，$D_{st}^{-j}=1$ 表示医疗保险制度试点前的第 j 年，$D_{st}^{+j}=1$ 表示医疗保险制度试点后的第 j 年，否则取值为零。需要说明的是，本研究排除了医疗保险制度确立的当年效应，X_{st} 为县级层面的控制变量，A_s 和 B_t 分别为县级和年份固定效应。

二、数据来源与处理说明

为了评估医疗改革对农村低收入群体的影响，分析医疗改革的动态再分配效应，本章采用了中国健康与营养调查（CHNS）1991~2015 年数据，并对所有调查年度家庭进行跟踪匹配。采用 CHNS 1991~2015 年数据的原因有二，一是本章研究需要解析家庭持续性收入变化与医疗改革的关系，对数据结构和稳定性要求较高；二是所选样本数据需要涵盖家庭在医疗卫生、收入、教育、门诊需求、住院需求、正规就业、非正规就业和医疗报销比例等维度的诸多重要信息，且分析数据信息涵盖整个农村医疗改革的演进历程。综合考虑以上数据要求，目前只有 CHNS 数据能够满足。为此，本章选取 CHNS1991~2015 年的 9个年度调查数据。虽然 CHNS 数据官方对外只更新到了 2015 年，采用该

数据可能无法覆盖脱贫攻坚时期的整个阶段，探讨脱贫攻坚时期的医疗扶贫的减贫效应可能相对较弱。但是，农村医疗改革对不同收入群体的差异化作用具有长期现实意义，所以本研究结论并不改变脱贫攻坚时期医疗扶贫的效果与作用。并且，脱贫攻坚阶段政府加大了对农村贫困人口医疗报销补偿的比例，且提高了对贫困地区医疗服务的供给能力，因此本研究结论仍具有较高的理论与经验参考价值。

数据处理方面，本研究分析对象为农村，所以直接删除了城市样本。此外，CHNS 调查数据所选样本在 1997 年后有 9 个省份，每个省份包括 4 个县，每年有 36 个县级层面的长期跟踪样本。其中，CHNS 数据在 1997 年以前分布于 8 个省份，1997 年用黑龙江（1997 年辽宁未参加调查）替代辽宁，1997 年以后则将黑龙江和辽宁一起纳入调查，增加到了 9 个省份，每个省份大约有 450 ~ 500 个有效样本（按家户）。2000 年以前，该数据每年大约涉及 3500 个家户，总共约 15000 个个体数据，2000 年以后（包括 2000 年）调整为每年约 4400 个家户数据。由于北京、上海和重庆样本在 2011 年后才列为调查范围，为了样本平衡性直接将其删除。并且，对所有的货币指标数据，均剔除了价格因素的影响，并直接删除了居民收入数据为负的样本。按照以上数据清洁与处理方式，最终获得 1991 ~ 2015 年的县级样本 312 个，家户样本 20412 户。

三、变量选取与描述性统计分析

为了全面衡量县域居民的收入差距，本书选取了基尼系数、泰尔指数、收入分位数中第 95 分位数与第 5 分位数的比率和第 75 分位数与第 25 分位数的比率共 5 项指标作为收入差距的替代变量，具体测度结果详见表 6 - 1。在分析医疗改革对居民收入差距的影响时，控制变量选取了来自县级层面的城镇化、住房条件、交通便捷性、环境卫生和社会服务等因素。在分析微观作用机理时，为了控制个体异质性对回归结果的影响，本研究分别对个体成员特征（以家庭户主为代表）、家庭特征、家庭所在社区（村）状况等多个维度的信息进行控制。个体层面特征涉及家庭户主的受教育程度、户主性别、户主年龄、户主是否外出务工等人口学信息，家庭层面特征包括家庭成员结构中的赡养负担系数和女性成员的比例等。主要变量说明及其描述性统计结果详见表6-2。

表6-1　　　　　　　　收入差距指标的描述性统计

变量	均值	最小值	最大值	标准差		
				组间	组内	交叉
Log（Gini/（1-Gini））	-0.411	-1.167	0.693	0.282	0.275	0.236
Log Gini	-0.931	-1.438	-0.406	0.163	0.158	0.136
Log Theil	-1.287	-2.354	0.221	0.392	0.371	0.325
Log 95/5	2.603	1.257	4.710	0.536	0.559	0.481
Log 75/25	1.002	0.508	2.789	0.238	0.257	0.220

注：以各县家庭人均收入测算。测量收入差距的变量有：（1）基尼系数的 Logistics 转换，即按照（Gini/（1-Gini））的对数获得；（2）基尼系数的对数；（3）Theil 指数的对数；（4）收入的第95分位数与第5分位数比率的对数；（5）收入的第75分位数与第25分位数比率的对数。

表6-2　　　　　　　　主要变量的描述性统计（全样本）

变量	变量说明	均值	标准差
县级层面变量			
城镇化	所在县的城镇化率	51.493	18.328
住房条件	所在县的整体住房评价（均值）	7.270	2.324
社会服务	所在县的社会服务水平（均值）	2.781	3.180
交通便捷性	所在县的交通便捷度评分（均值）	6.174	2.254
卫生环境	所在县的环境卫生评分（均值）	8.005	2.158
地域分布	所在县的地域分布（东部、中部、东北部和西部）	2.423	1.082
家庭层面变量			
正规就医	患病后是否选择正规就医，是=1，否=0	0.824	0.381
医疗服务	就医时选择住院或门诊，门诊=0，住院=1	0.098	0.298
门诊费用	门诊治疗费用（元）	328.50	2695.88
住院费用	住院治疗费用（元）	1743.64	10650.45

续表

变量	变量说明	均值	标准差
额外费用	除住院与门诊外的额外治疗费用（元）	60.31	297.51
总医疗支出	总医疗费用（元）	1411.63	9302.44
报销比例	医疗费用报销比例（%）	17.86	31.86
受教育年限	家庭户主的受教育年限（年）	7.149	3.770
性别	户主为女性，女性=1，否=0	0.063	0.244
婚姻状况	户主婚姻状况，已婚=1，否=0	0.909	0.287
健康状况	户主的健康状况，健康=1，否=0	0.910	0.286
外出务工	最近一年户主是否外出务工，是=1，否=0	0.859	0.348
女性占比	家庭女性成员占总人数的比重	0.301	0.168
赡养负担	家庭赡养负担系数	0.092	0.213
家庭规模	家庭人口数量（人）	3.898	1.483
参保比例	所在村/社区家庭参加合作医疗保险的比例	0.570	0.056

注：（1）所在地区（县）的"住房条件、社会服务、交通便捷程度、环境卫生"等变量按照 1~10 的分值衡量，分值越大表明该指标水平越高。（2）"所在县的地域分布"为分类变量，地区分为西部（对照组）=1、中部=2、东北部=3 和东部=4，东部包括山东和江苏，西部包括广西和贵州，中部包括河南、湖北和湖南，东北部包括黑龙江和辽宁。（3）患病后选择在村诊所/社区卫生服务站、单位诊所、乡计生服务机构、乡医院/社区卫生服务中心、县妇幼保健医院、县医院、市妇幼保健医院/直辖市区级妇幼保健医院、市医院/直辖市区级医院、职工医院等正规医院单位看病就医的视为"正规就医"，在私人诊所或在家自行治疗等行为视为"非正规就医"。（4）"受教育年限"按照小学 6 年、初中 3 年、高中 3 年、大学 4 年依次推算，且不含幼儿教育阶段年限。（5）婚姻状况中取"0"包括未婚、离异、分居、丧偶等情况。（6）关于"健康状况"变量，如果过去四周中生过病或患有慢性疾病的判定为不健康。（7）家庭赡养负担系数的计算公式为：赡养负担=（60 岁以上老人数 +0~16 岁子女数）/16~60 岁劳动人口数。其中，16~60 岁的劳动人口数中剔除了成年人口中的残疾人数量。

第四节 实证分析：农村医疗改革的收入再分配效应

一、农村医疗改革对收入差距的影响

表 6-3 的回归结果显示，农村医疗改革明显扩大了地区内居民的

收入差距。从衡量收入差距的5项主要指标来看，医疗保险制度造成居民收入差距扩大了2.7~8个百分点，且结果比较稳健。农村医疗改革作为基本公共服务体系的重要组成部分，在改善农村地区基本医疗服务可及性的同时，并没有起到缩小居民收入差距的作用。另外，除了本研究关注的医疗保险制度外，城市化水平等因素也是扩大居民收入差距的主要因素。相比较而言，社会服务、交通便捷性等基本公共服务完善能显著降低居民收入差距。

表6－3　　　　　　　　　医疗保险制度对收入差距的影响

变量	LogisticGini	LogGini	LogTheil	Log95/5	Log75/25
	（1）	（2）	（3）	（4）	（5）
医疗改革	0.051 ***	0.027 ***	0.079 ***	0.080 ***	0.030 ***
	（0.005）	（0.002）	（0.006）	（0.011）	（0.006）
城镇化	0.003 ***	0.002 ***	0.004 ***	0.004 ***	0.000
	（0.000）	（0.000）	（0.000）	（0.001）	（0.000）
住房条件	− 0.035 ***	− 0.019 ***	− 0.042 ***	− 0.101 ***	− 0.037 ***
	（0.002）	（0.001）	（0.003）	（0.004）	（0.002）
社会服务	− 0.009 ***	− 0.005 ***	− 0.012 ***	− 0.016 ***	− 0.006 ***
	（0.001）	（0.001）	（0.001）	（0.002）	（0.001）
交通便捷性	− 0.015 ***	− 0.008 ***	− 0.019 ***	− 0.019 ***	− 0.013 ***
	（0.001）	（0.000）	（0.001）	（0.002）	（0.001）
卫生环境	0.006 ***	0.003 ***	0.011 ***	0.020 ***	0.006 ***
	（0.001）	（0.001）	（0.002）	（0.003）	（0.001）
控制变量	是	是	是	是	是
县级固定效应	是	是	是	是	是
时间固定效应	是	是	是	是	是
R^2	0.226	0.218	0.232	0.200	0.213
样本量	312	312	312	312	312

注：（1）括号内为县级层面的稳健标准误，＊、＊＊和＊＊＊分别表示10%、5%和1%的统计显著性水平。（2）样本时间范围为1991~2015年（n＝312），1997年前每年样本总计为8省份32县，1997年后增加到9省份36县。

二、农村医疗改革的长期动态效应

为了探寻农村医疗改革对收入差距的影响是否存在长期效应，本书通过式（6-15）研究农村医疗改革的"年龄"对居民收入差距的影响（见图6-1）。图6-1结果显示，农村医疗改革前并不存在显著的扩大或缩小居民收入差距的效应，医疗改革实施前居民收入差距围绕均值"0"呈规律性上下波动，表现出比较平稳的发展趋势，说明本研究的处理组与控制组之间不存在明显的系统性差异。然而，农村医疗改革实施后，政策对居民收入差距产生了显著的正向效应，且这种影响水平随着农村医疗改革"年龄"的增加而提高。具体而言，农村医疗改革建立后的前5年期间，对收入差距的影响显著为正，但系数的置信区间围绕"0"均值波动，说明农村医疗改革对居民收入差距的影响较小。随着医疗改革"年龄"的继续增加，农村医疗改革对收入差距的正向效应也增加了，且在第7年达到最大，此后长期保持较大的收入差距扩大效应。

综合而言，农村医疗改革的短期效应不明显，而长期中显著扩大了居民的收入差距，且在实施7年及以后的政策效应更明显，其原因可能为：农村医疗改革从2003年开始试点并逐步全面推广，到2009年才实现农村地区全覆盖。从2003~2009年，正好经历了6年，2010年为农村医疗改革的第7年。现实中，农村医疗改革使"新农合"全覆盖后，为了提高农村居民看病就医保障水平，"新农合"中的医疗保险制度明确提出了以"广覆盖、保基本、可持续"的实施原则，从重点保障大病到逐步向门诊小病延伸，且增加了政府的卫生投入和公共财政补偿力度，即形成了"补需方"的投入机制导向，改变了长期以来政府为医疗服务供给方提供经济补偿的"补供方"模式（谭晓婷、钟甫宁，2010）。为此，本研究认为，"新农合"全覆盖后，"补需方"的保障机制彻底释放了农村居民的医疗需求，使医疗保险的报销补偿利益直接影响患病居民，从而产生了显著的收入差距扩大效应。

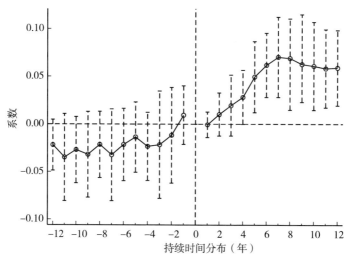

图6-1 农村医疗改革对居民收入差距的动态影响效应

注：（1）回归估计结果设置在95%置信区间，且控制了县级层面的聚类稳健标准误。（2）时间轴为"0"表示医疗改革制度的时间节点，负值表示医疗改革制度试点前的时期。正值表示医疗改革制度试点后的持续时间，即医疗改革制度实施的"年龄"。（3）将时间窗口期设定为医疗改革制度试点前后各12年。（4）我们进一步分析了不含控制变量的基准回归结果，或将基尼系数替换为其他衡量收入差距的指标，估计结果除数值上存有差异外，总体动态变动趋势并无明显差别。

　　具体而言，农村医疗改革中的筹资与报销补偿两个环节直接影响居民医疗消费支出与报销补偿收入，相关制度要求居民参与"医疗保险"的人均筹资标准不断提高，各级政府对参保个人的补贴标准从最初的人均不到10元，增加到了2015年的380元/人和2016年的420元/人，个人缴费部分也增加到了人均180元左右（全国平均水平）。[①] 一方面是按照人头定额筹资的保障机制，另一方面高收入群体与低收入群体保费的边际支付能力存在差异，这种无差别化的定额缴费设计使低收入群体

---

　　① 数据来自国家统计局：http：//www.stats.gov.cn/，笔者整理后测算获得。由于有关农村人均卫生费用支出数据只更新到2014年，所以仅测算了2009~2014年人均卫生增长率数据。相比而言，全国与城市人均卫生费用支出年均增长率分别为14.8%和11.5%。

承担了与其缴费能力相比更高的缴费义务，即低收入群体的边际缴费倾向更高，呈现出缴费机制的累退性。对于低收入居民来说，不断增加的缴费额会挤出一定程度的基本生活费用。对于高收入居民来说，缴费对基本生活没有任何影响。与此同时，虽然政府对个人补贴部分的转移支付不断增加，但2009~2014年，农村人均卫生费用支出（自付部分）年均增长20.9%，使低收入居民的医疗支出增长速度超过了同期农村人均可支配收入的增长速度。可见，快速上涨的医疗费用和累退性的缴费机制等多重因素，长期而言对农村低收入群体依然是一个沉重的经济负担，增加了低收入群体医疗支出的边际成本，进而形成了"隐形"的低收入群体"补贴"高收入群体的逆向再分配"倒挂"现象，从而扩大了居民收入差距。

第五节 农村医疗改革的收入分位数效应与异质性效应

一、农村医疗改革的收入分位数效应

为了探析农村医疗改革对不同收入群体的再分配效应及作用方向，我们估计了不同收入分位数下医疗改革对居民收入的影响，其中，被解释变量为相应分位数组居民收入的对数。图6-2给出了每间隔5个收入分位数组的19个回归估计结果。图6-2结果显示，农村医疗改革对不同收入组居民的收入产生了差异化影响，对第1分位数到第22分位数收入组居民的收入影响不显著。此外，除了第53分位数和第98分位数收入组居民的回归估计结果不显著外，农村医疗改革对高收入组和第23分位数以上中等收入组居民均产生了正向促进作用，并且对高收入组居民的影响更大，即医疗改革主要有利于地区内高收入居民的收入提

升，而对最低收入居民的增收效应不明显，由此居民收入差距扩大了。这一研究结论，进一步论证了本章中分析发现的"可能存在低收入群体补贴高收入群体的逆向再分配"问题。

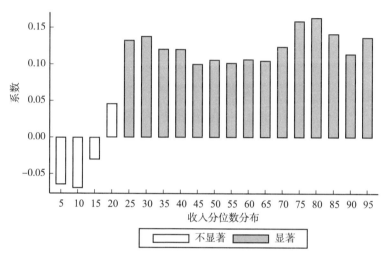

图 6 - 2　农村医疗改革对不同分位数组居民收入的影响

注：（1）每个条形图表示农村医疗改革对相应分位数收入组的估计结果，所有模型均控制了个体固定效应和时间固定效应。（2）浅色条形图表示估计结果不显著，深色条形图表示估计结果在统计上显著。

二、农村医疗改革的异质性医疗消费选择效应

事实上，既有研究基本忽视了农村医疗改革对异质性居民医疗消费选择变化的差异，而将农村医疗改革对居民的收入或医疗补偿的影响视为同质的，从而形成了相关研究结论的争议。鉴于此，本研究进一步探析因收入水平差异引致的居民医疗服务需求异质性问题。表 6 - 4 为农村医疗保险制度试点前后不同收入组患病居民选择门诊与住院服务的分布。结果显示，相应收入组患病居民选择门诊服务的比重均高于住院服务，这符合当前医疗消费的现实。然而，从门诊需求来看，中下 25% 和最低 25% 收入组居民在医疗保险制度试点后的消费需求分别下降了

0.118 和 0.255，而中上 25% 和最高 25% 收入组居民在医疗保险制度试点后的消费需求呈明显上升趋势，尤其是最高 25% 收入组居民的门诊需求增加了 0.301。从住院需求变动可知，最低 25% 收入组居民的住院需求呈下降趋势，而其余收入组居民的住院需求呈增长趋势，最高 25% 收入组居民的住院需求增加了近 0.041。可见，农村医疗改革后，最低 25% 收入组居民的门诊与住院需求占比呈明显的下降趋势，而中高收入组居民的门诊与住院需求占比均上升了，尤其是高收入组居民增长幅度较大。这可能是因为对低收入居民而言，看病就医的经济门槛相对较高，低收入组居民患病后选择住院治疗的比例相对较小，且在医疗改革后并未得到大幅改善。对于中高收入组居民而言，随着其收入水平的提高，加之医疗改革带来的医疗服务可及性增加，刺激了中高收入组居民对医疗消费的潜在需求，这种潜在的医疗需求是中高收入组居民追求额外的医疗保健服务或高质量医疗服务的释放。并且，医疗支出补偿机制对中高收入组患病居民的住院边际支出补偿呈递增效应，引致中高收入居民尤其是高收入居民产生了"过度医疗"现象，从而形成了这部分居民对医疗需求的递增趋势。

表 6－4 不同收入组居民的医疗需求变动

政策	门诊				住院			
	最低 25%	中下 25%	中上 25%	最高 25%	最低 25%	中下 25%	中上 25%	最高 25%
试点前	0.360	0.270	0.201	0.089	0.029	0.029	0.015	0.007
试点后	0.106	0.152	0.239	0.390	0.013	0.033	0.020	0.048
变动量	−0.255	−0.118	0.038	0.301	−0.016	0.004	0.005	0.041

注：测算了同一地区不同收入组居民的医疗需求分布情况，变动量的负值表示医疗需求占比下降了。

为了探析农村医疗改革释放的医疗需求变化，揭示医疗改革政策的收益从长期来看是否惠及低收入居民，本研究进一步从居民患病后额外医疗支出费用、住院和门诊需求及其治疗费用等多个方面展开分析。需要说明的是，由于 CHNS 中有关居民看病就医支出费用、住院或门诊情况的变量，主要是对过去四周（一个月）的反映，且患病居民占总样本的比例较低，所以调查样本数据中有关这方面的指标产生了较多缺失值或无效回答。本研究按照数据清洁原则，将缺失值直接删除，使得清理后的数据样本大幅减少，但由于被调查对象是否患病和就医行为都具有随机性，所以删失后的样本数据不会对总体研究结论产生实质性的影响。

表 6 - 5 结果显示，农村医疗改革显著提高了居民住院和门诊等方面的医疗费用，同时还提高了居民额外的医疗支出费用，增加了医疗卫生保障方面的支出费用。一方面由于农村地区医疗卫生体系的不断完善，患病居民寻求正规医院就医的占比随之上升，增加了对健康需求的额外治疗费用；另一方面农村医疗改革释放出农村居民除基本门诊外的潜在医疗需求，从而增加了居民医疗消费的总支出水平。这意味着，医疗消费需求的增加对边际支付能力相对较弱的低收入群体而言，医疗健康方面的支出费用占总收入的比重增加了，从而减弱了其边际支付能力，加重了低收入群体的医疗支出负担。

表 6 - 5　　　　　农村医疗改革对居民医疗服务费用的影响

变量	额外医疗支出费用的对数	住院费用的对数	门诊费用的对数
医疗改革	0.849 *** (0.212)	0.604 *** (0.211)	0.826 *** (0.317)
常数项	0.653 ** (0.265)	3.596 *** (0.394)	2.323 *** (0.466)
控制变量	是	是	是
个体固定效应	是	是	是
时间固定效应	是	是	是
R^2	0.028	0.091	0.041
样本量	2275	2714	1236

注：（1）括号内为个体层面的稳健标准误，＊、＊＊ 和 ＊＊＊ 分别表示 10%、5% 和 1% 的统计显著性水平。（2）控制变量包括个体层面、家庭层面和地区层面的变量。其中，个体层面变量有家庭户主的受教育程度、户主性别、户主年龄、户主是否外出务工等变量，家庭层面包括赡养负担系数和女性成员的比重等变量，地区层面变量为所在县的地域分布（西部、中部、东北部和东部）。

从农村医疗改革对不同收入组居民的影响来看（见表6-6），农村医疗改革显著增加了最高25%收入组居民的额外治疗费用和住院需求，且显著提高了最高25%收入组居民住院报销补偿比例。可见，高收入组居民是医疗改革中的获益者，获取了更多的医疗服务的同时，其医疗费用的相对支付比例降低了。相比之下，农村医疗改革对中低收入组居民尤其是最低25%收入组居民的住院需求及其报销补偿比例的影响不显著，这部分居民在医疗改革中的获益不明显。

表6-6　　　农村医疗改革对不同收入组居民的差异化影响

变量		最低25% （1）	中下25% （2）	中上25% （3）	最高25% （4）
被解释变量： 额外医疗支出 费用的对数	医疗改革	0.450 （0.455）	1.232 *** （0.420）	1.075 *** （0.390）	1.105 ** （0.558）
	常数项	1.593 *** （0.529）	−0.633 （0.483）	0.445 （0.420）	0.330 （0.532）
	控制变量	是	是	是	是
	个体固定效应	是	是	是	是
	时间固定效应	是	是	是	是
	R^2	0.033	0.065	0.047	0.047
	样本量	476	524	547	728
被解释变量： 住院服务需求	医疗改革	−0.082 （−0.078）	−0.087 （−0.061）	−0.028 （−0.054）	0.134 *** （−0.051）
	常数项	0.888 *** （0.113）	0.050 （0.083）	0.085 （0.108）	−0.059 （0.063）
	控制变量	是	是	是	是
	个体固定效应	是	是	是	是
	时间固定效应	是	是	是	是
	R^2	0.062	0.044	0.047	0.043
	样本量	641	685	714	893

续表

变量		最低25%	中下25%	中上25%	最高25%
		（1）	（2）	（3）	（4）
被解释变量：住院报销比例	医疗改革	0.845 （0.882）	0.217 （0.641）	1.191 ** （0.523）	1.794 ** （0.704）
	常数项	0.059 （1.259）	2.838 *** （0.815）	3.572 *** （0.734）	2.939 *** （0.722）
	控制变量	是	是	是	是
	个体固定效应	是	是	是	是
	时间固定效应	是	是	是	是
	R^2	0.105	0.046	0.053	0.048
	样本量	267	247	326	396

注：括号内为个体层面的稳健标准误，＊、＊＊和＊＊＊分别表示10%、5%和1%的统计显著性水平。

可见，农村医疗改革的收入再分配调节机制主要通过对不同收入组居民的支付能力和报销补偿产生影响。相同条件下，高收入患病居民能通过住院报销补偿机制减轻医疗负担，增加健康绩效，而低收入居民存在"大病小治"的倾向，患病后选择门诊或非住院治疗的可能性更大，失去了医疗保险对住院报销补偿调节机制中的再分配利益，更多的医疗补偿资金被高收入患病居民所享受。高收入患病居民因获得报销补偿收益，其实际医疗价格增幅相对较低，而低收入患病居民因无法获得医疗补偿收益，其面对的实际医疗价格相对增幅较大。可见，农村医疗改革并未起到调节不同收入居民间的收入再分配作用，"反向"筛选了高收入患病居民获得更多医疗补偿利益，而"漏损"了低收入患病居民享受医疗报销补偿的机会，导致低收入居民在医疗服务供给上遭受更深的剥夺，形成了医疗改革后低收入者"补贴"高收入者的"倒挂"现象。因此，改革后的医疗保险制度对高收入居民具有显著的"强化效应"和"稳定效应"。

结果的稳健性检验与说明

事实上，M – DID 估计是否能够得到无偏估计和一致估计，取决于模型识别假定是否成立或有效。虽然从动态效应部分，我们可以看到在医疗改革前处理组与对照组并无显著差异，且存在明显的共同趋势。然而，农村医疗改革并非一步完成，而且期间陆续出台了系列补充措施。因此，本研究结论是否会受到其他政策措施的干扰，这是我们需要进一步考虑的问题。为了验证分析结果的稳健性，本研究进一步采用安慰剂（Placebo Test）与工具变量法（IV）分别对回归结果稳健性进行检验。并且，在异质性家庭医疗需求选择差异分析中，由于删失样本可能产生选择性偏误，会存在一定程度的高估或低估回归结果的情况，所以本研究选取赫克曼（1981）两步法进行稳健性检验。

一、M – DID 有效性及安慰剂检验

如果有未观测到的与本研究的被解释变量相关的因素影响到了样本县是否推行医疗改革，那么没有推行医疗改革或推行医疗改革较晚的地区就不能作为 M – DID 的对照组。对此，本研究采用"反事实"分析法来检验上述假设。本研究借鉴刘瑞明和赵仁杰（2017）构建的"假想的反事实"方法进行稳健性检验，即通过构造假想的处理组与对照组重新估计回归方程来判定本书分析结果的稳健性。如果在"假想的反事实"下处理效应是不显著的，那就表明在没有推行医疗改革时处理组与对照组的收入差距变动不存在系统性差异，从而间接验证了本研究分析结果的有效性与稳健性。具体而言，由于农村医疗保险实行的是家庭缴费、集体扶持和政府资助相结合的筹资机制，筹资标准有一个最低标准，其中除家庭缴费部分外，绝大部分保费由县（市）财政进行补贴。

可见，经济发展水平越高的地区越可能推行医疗改革。因此，本研究试图通过地区经济发展水平来构建医疗改革的"反事实"，将经济发展水平高于样本均值水平的地区划分为处理组，反之则为对照组。由表6-7回归结果可知，在假想的"反事实"下，农村医疗改革对收入差距的影响不显著。因此，可以排除虚假处理效应问题，表明本研究的估计结果十分稳健。

表6-7　　　　　　　　　假想的"反事实"估计结果

变量	Logistic Gini	Log Gini	Log Theil	Log95/5	Log75/25
	（1）	（2）	（3）	（4）	（5）
医疗改革	0.053 （0.061）	0.028 （0.033）	0.071 （0.085）	0.072 （0.122）	0.026 （0.053）
常数项	− 0.043 *** （0.011）	− 0.743 *** （0.006）	− 0.754 *** （0.014）	3.573 *** （0.022）	1.219 *** （0.012）
控制变量	是	是	是	是	是
县级固定效应	是	是	是	是	是
时间固定效应	是	是	是	是	是
样本量	312	312	321	312	312

注：括号内为县级层面的稳健标准误，∗、∗∗和∗∗∗分别表示10%、5%和1%的统计显著性水平。

二、内生性与工具变量（IV）检验

为了尽可能消除因遗漏变量或样本选择等问题带来的有偏估计，本研究进一步采用工具变量（IV）方法检验M-DID估计结果的稳健性。本研究借鉴彭晓博和秦雪征（2014）等对IV的选取思路，将样本县当年是否进行了医疗改革与该地区医疗保险制度改革进程的乘积作为农村医疗改革政策的工具变量。实践中，很难观察到地区医疗保险制度的进程，本研究将样本县医疗保险制度改革后的合作医疗参保比例作为医疗保险制度进程的替代变量。一方面 IV 与农村医疗改革相关（相关性），另一方面 IV 只通过影响该地区参保家庭医疗需求这一唯一途径起作用（外生性）。此外，本研究采用施泰格和斯托克（Staiger & Stock，1997）的方法进行弱工具变量检验，F 值大于 10 可以认为 IV 估计的相对误差较小，基本排除弱工具变量的问题。检验结果显示，在控制其他外生变量的情况下，所选 IV 与医疗保险制度之间呈正相关关系。同时，虽然谢氏偏方（Shea's partial R^2）的统计值为 0.1117，但 IV 的 F 统计量超过了 10% 水平误差容忍的临界值 2818.81，意味着本研究使用的 IV 很大概率通过了弱工具变量检验。

尽管没有精确的方法来验证 IV 的外生性，但本研究尽可能地排除 IV 可能通过其他渠道影响个体的收入差距，并采取间接验证方法来对 IV 的外生性进行检验，即针对尚未进行医疗改革的地区分析 IV 对该地区的影响。由于该地区没有进行医疗改革，所以该样本县合作医疗的参保比例就为零，除非可能存在共同影响医疗保险制度改革和家庭所在地区收入差距的不可观测因素，否则 IV 就不太可能对该地区居民的收入差距产生影响。检验发现，加入 IV 后的基础回归中，IV 的系数并不显著，这间接支持了本研究所选 IV 满足外生性的假设。为此，通过 IV 方法尽可能克服潜在内生性后的回归结果显示（见表 6-8），农村医疗改革对居民收入差距产生了显著的正向影响，即扩大了农村居民的收入差距，这与 M-DID 方法的估计结果一致，从而证实了本研究结论的稳健性。

表 6-8　　　　　　稳健性检验：IV 估计（2SLS）结果

变量	Logistic Gini	Log Gini	Log Theil	Log95/5	Log75/25
	（1）	（2）	（3）	（4）	（5）
医疗改革	0.122 ***	0.060 ***	0.213 ***	0.260 ***	0.036 **
	(0.011)	(0.005)	(0.014)	(0.027)	(0.014)
常数项	-0.157 ***	-0.798 ***	-0.960 ***	3.335 ***	1.193 ***
	(0.015)	(0.008)	(0.019)	(0.035)	(0.019)

变量	Logistic Gini	Log Gini	Log Theil	Log95/5	Log75/25
	（1）	（2）	（3）	（4）	（5）
控制变量	是	是	是	是	是
县级固定效应	是	是	是	是	是
时间固定效应	是	是	是	是	是
R^2	0.217	0.214	0.219	0.194	0.201
样本量	312	312	312	312	312

注：括号内为县级层面的稳健标准误，＊、＊＊和＊＊＊分别表示10%、5%和1%的统计显著性水平。

三、赫克曼两步法检验

为了检验样本删失后可能存在自选择的内生性问题，本研究使用赫克曼（1981）两阶段模型研究农村医疗改革对患病居民异质性医疗服务选取行为的影响。其中，选择方程使用的被解释变量为：患病后正规就医 =1，其他（没有患病或患病后非正规就医）=0。赫克曼选择方程中引入两个工具变量刻画医疗需求与医疗供给对居民患病后医疗服务选取决策的影响，分别为"居民所在县合作医疗的参保比例"与"居民所在县的市场化程度"。表6-9回归结果显示，门诊费用模型中的逆米尔斯比率不显著，说明门诊需求与医疗保险制度改革与否不存在选择性偏误，这符合现实情况。因为居民所在地是否实施医疗保险制度对居民患病后是否去门诊就医的影响很小，且农村医疗改革主要通过筹资与住院费用的报销补偿起作用。另外，患病后选择住院治疗、医疗总支出费用、住院支出费用和额外医疗支出费用等模型中的逆米尔斯比率均显著，这表明以上模型存在选择性偏误，但考虑了样本选择后农村医疗改革的估计系数同样显著，所以存在一定的样本选择性并不影响本研究估计结果的稳健性，且对最终的研究结论也没有产生实质性的影响。

表 6 - 9   稳健性检验：赫克曼两步法估计结果

项目		住院需求	总医疗费用的对数	门诊费用的对数	住院费用的对数	额外医疗费用的对数
		（1）	（2）	（3）	（4）	（5）
结果方程	医疗改革	0.109 *** (0.040)	1.275 *** (0.362)	2.732 (3.777)	1.236 *** (0.354)	0.554 (0.382)
	常数项	- 0.725 ** (0.332)	- 5.790 * (3.000)	- 43.937 (48.876)	- 5.389 * (3.017)	- 5.139 (3.133)
选择方程	医疗需求	- 1.300 ** (0.587)	- 1.429 ** (0.600)	- 2.704 (1.933)	- 1.336 ** (0.601)	- 0.962 (0.630)
	医疗供给	- 0.005 *** (0.001)	- 0.005 *** (0.001)	- 0.001 (0.003)	- 0.005 *** (0.001)	- 0.005 *** (0.001)
	医疗改革	0.285 *** (0.062)	0.303 *** (0.063)	0.351 ** (0.166)	0.289 *** (0.063)	0.284 *** (0.067)
	常数项	- 1.407 *** (0.149)	- 1.448 *** (0.151)	- 2.860 *** (0.390)	- 1.473 *** (0.153)	- 1.470 *** (0.161)
逆米尔斯比率		0.348 ** (0.146)	4.448 *** (1.300)	13.567 (14.118)	4.331 *** (1.297)	2.820 ** (1.358)
控制变量		是	是	是	是	是
个体固定效应		是	是	是	是	是
时间固定效应		是	是	是	是	是
样本量		2269	2160	677	2131	3190

注：括号内数值为稳健标准误，* 、 ** 和 *** 分别表示 10% 、 5% 和 1% 的统计显著性水平。

第七节 本章小结

农村医疗改革长期受到学界广泛关注，医疗保险被认为是社会保障中"防贫、济贫"的有效措施。本章研究从微观理论视角构建了异质性居民医疗消费选择模型，解释了农村居民医疗价格相对水平变动后的获益分布。并且，借助微观家庭动态跟踪调查数据，采用多期双重差分（M－DID）方法实证考察了农村医疗改革对地区内居民收入差距的影响及其原因。研究发现：第一，由于边际支付能力差异，医疗改革后农村低收入口患病后选择门诊消费的可能性增加了，而富人选择住院服务的可能性增加了，且医疗消费的总效用或总收益富人获益会更大，这便是农村地区仍长期存在"看病贵"难题现象的原因所在。第二，农村医疗改革长期内扩大了富人与穷人间的收入差距，其中，通过有利于富人（获益更多）而不利于穷人（获益更少）的传导渠道起作用。第三，农村医疗改革对居民收入的影响虽然存在较强的水平效应，但并不具有稳定增长的趋势效应，这很大程度是因为农村三次重大医疗改革的差异化"交叉"效应与"多期叠加"作用所致。第四，农村医疗改革显著扩大了居民收入差距，且对居民收入产生了明显的逆向再分配作用。医疗保险制度补偿机制的本质是政府对患病居民的一种"特殊"的现金转移，这种转移支付是在患病就医居民与非患病（或患病后没有就医）居民间进行的再分配转移，所以医疗改革通过间接的收入效应影响居民收入分布，进而影响居民收入差距。第五，农村医疗改革的收入再分配调节机制主要通过其保费缴纳机制的累退性和报销补偿的累进性起作用，增加了高收入居民额外医疗支出费用及住院报销比例，而对低收入尤其是最低25%以下收入居民的影响不显著。其结果是，农村医疗改革在长期内通过使高收入居民获益更多而低收入居民获益更少的传导渠道产生逆向调节作用，造成低收入居民在医疗保险制度中遭受了"隐形剥夺"，形成了低收入居民"补贴"高收入居民的"倒挂"效应，进而扩大了居民收入差距。第五，除了直接的报销补偿差异外，农村医疗改革对居民差异化的增收效应也导致了收入差距的扩大。农村医疗改革对地区内第22分位数及以下最低收入组居民收入的影响不显著，但显著促进了中高收入组居民的收入提高。此外，我们认为，如果仅考虑医疗保险制度政策的短期冲击，即采用传统的DID方法评估政策效应（两期

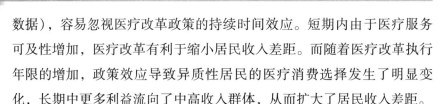

数据），容易忽视医疗改革政策的持续时间效应。短期内由于医疗服务可及性增加，医疗改革有利于缩小居民收入差距。而随着医疗改革执行年限的增加，政策效应导致异质性居民的医疗消费选择发生了明显变化，长期中更多利益流向了中高收入群体，从而扩大了居民收入差距。

基于以上研究结论，本研究认为，一项社会保障的实施，既要考虑到多数人的利益，也要考虑到低收入人群对减轻支出负担的诉求。判断医疗改革政策"扶贫、济困"的好坏，或者科学与否，一个基本点就是医疗改革应该让所有人获益。不是说收入高、住得起院、看得起病的这部分群体从医疗保险中享受医疗改革带来的好处，更重要的是要收入低、看不起病、住不起院的低收入人口也要享受到医疗改革带来的更多收益。不管怎样，医疗改革后的报销原则导致中高收入群体的医疗负担下降而低收入群体负担并未改变，这恐怕是当前医疗改革扶贫中的一种不良现象。因此，乡村振兴中医疗保险制度的完善，需在考虑低收入群体医疗支付能力的基础上，优化缴费分摊机制，调整保费补贴政策和医疗保障基金账户结构，兼顾不同收入群体的医疗需求，有效发挥医疗保险制度的济贫与再分配效应。

此外，农村医疗卫生体制改革如果能通过提高全体居民的医疗可及性而改善其健康状况，或者能实现均等化的医疗费用分摊或补偿而间接提高居民的实际收入（降低居民医疗支出），就能有效地实现医疗保险均等化的风险分摊机制，切实保障农村人人享有基本医疗卫生服务。与此同时，本研究认为，应着力提高农村医疗卫生供给能力、拓展资金筹措渠道，进一步健全农村以基本医疗保险为主体、多种形式健康保险为补充的医疗保障体系建设，且应该加大对低收入居民的保障范围和补偿力度，通过减少农村低收入人口医疗费用的直接支付负担，实现"扶贫、防贫、济贫"的同时，促进农村低收入群体把原先用于应付疾病风险的经济资源合理配置到生产性投资或长期的人力资本投资中，进而提高全体居民的收入水平，改善收入分配格局，从而助力乡村振兴与共同富裕发展。

第七章

福利效应：脱贫攻坚时期的
"志智双扶"效应

截至 2020 年底，中国消除了绝对贫困，实现了全面小康。但当前的脱贫并不意味着彻底改变了低收入人口的心态、心智或行为模式，贫困人口由于内心期待与主流社会存在差距，或者由于生活压力和社会困扰而产生心理障碍，从而产生适应困境的"贫困文化"。处于贫困文化环境中的群体，即使收入水平上暂时摆脱了物质贫困，但往往会因为难以适应新的社会环境和发展机遇，仍然长期处在社会的边缘位置。贫困地区家庭经历过长期贫困，虽然在政府帮扶下实现了脱贫，但长期贫困经历容易使人颓废消沉，长期遭受贫困剥夺容易使人自暴自弃。因此，脱贫攻坚时期政府主导的精准扶贫是否起到了除了增加收入外，激发贫困人口主观能动性与自我发展能力。基于对以上问题的思考，本章致力于分析脱贫攻坚阶段"扶智"与"扶志"对贫困人口可持续生计能力的影响，以期为乡村振兴时期贫困治理提供有益参考。

第一节 脱贫攻坚时期的"志智双扶"思想

党的十八大以来，习近平总书记立足中国农村贫困发展现实，抓住贫困人口思想上的贫根，阐释了"以人民为中心"发展思想的重要性，做出了"扶贫必扶志、治贫先治愚"的重要论述①，形成了"扶志"与"扶智"相结合的精准扶贫理念。在逻辑上，"扶志"与"扶智"是一体两面的关系，"扶志"需要"扶智"，而"扶智"也需要"扶志"，只有将贫困人口的生活志向与思想、知识教育结合起来，"扶志"与"扶智"才能有效增强贫困人口的可持续发展能力与内生发展动力，所以将"扶志"与"扶智"概念统一界定为"志智双扶"，强调的是二者的内在关联性与重要性。"志智双扶"理念全面阐释了贫困人口存在的非物质贫困问题，也指出了物质脱贫与精神脱贫、文化脱贫的重要性。"扶志"就是帮助贫困群众改变思想观念，树立信心，提升脱贫致富的志气和勇气，激发贫困人口主观能动性，提升脱贫人口的主观努力程度。与此同时，"扶智"就是帮助贫困群众接受教育，提升脱贫致富的技术和技能，增强脱贫人口的自我发展能力。因此，通过"志智双扶"提升农村贫困人口的内生动力，从根本上消除非物质贫困对低收入群体的影响，具有非常重要的作用。

贫困不只是物质的匮乏，也是对人智力、思想、文化和心理上的"排斥"与"隔离"（刘欣，2019）。长期处在贫困之中会使贫困人口期望与现实脱节，产生消极的"贫困亚文化"现象（周怡，2007），进而影响脱贫人口的可持续发展能力。路易斯（Lewis，1966）从经济、社会、文化多维视角提出"贫困亚文化"理论，将其界定为"贫困群体所拥有的一种独特的生活方式，这种文化体现在他们的行为方式、个人

---

① 《习近平扶贫论述摘编》，中央文献出版社 2018 年版，第 137 页。

习惯、价值观念等非经济层面上"。路易斯（1966）认为，在贫困环境中形成的"贫困亚文化"是导致贫困群体处于贫困状态的主要原因。被贫困文化笼罩的个体通常表现出"强烈的无助感、宿命感、负面情绪、适应性、自卑"等观念或行为。个体处在精神贫困和文化贫困之中，会经常认为自己的努力是无效的，对于生活存在一种很强的宿命感，进而产生负面心理或情绪。负面心理或情绪会降低个体认知和生活积极性，从而导致贫困个体逐渐陷入贫困心理陷阱（Haushofer，2014）。此外，长期处于贫困状态会对贫困群体的心态产生影响，会使贫困人口产生一种贫困适应性心理。贫困的适应性，使贫困人口逐渐摸索出一套适应当期生活的贫困依赖路径，而不是改变贫困状态的生活方式和价值观念。长期贫困经历使贫困人口习惯性在贫困状态中生存，从而不愿意做出任何改变。

"贫困亚文化"不仅会影响当期的贫困人口观念与行为，还具有非常明显的代际传递作用。长期贫困经历使贫困人口形成异常的价值观或品格缺陷，在这种环境中成长的儿童，会具有明显的"短视"和固执观念。并且，贫困家庭中的父代，由于不能正确看待对子代教育投资的重要性，而不愿对子代教育进行过多投资，从而容易形成教育贫困的代际传递。与此同时，贫困家庭子代也会受到父辈贫困适应性的"潜移默化"，在父代贫困文化的"熏陶"下，很大可能会继承父辈的自卑、无力感和贫困适应性，从而产生精神和文化贫困的代际传递。相关研究发现，父代多维贫困会显著增加子代陷入多维贫困的可能性（郭熙保、周强，2017）。并且，父代是否愿意增加对子代人力资本的投资与子代是否愿意努力形成了一种相互影响，贫困家庭父代不愿提高子代投资，从而也导致子代对未来产生悲观心理，降低了子代努力行为（张屹山、杨春辉，2019）。

事实上，脱贫攻坚时期系列帮扶措施中的就业扶贫、教育扶贫与健康扶贫等政策均具有"扶志"和"扶智"的多重作用。就业扶贫强调了针对有劳动能力贫困人口"志"的帮扶，教育扶贫更加关注贫困家庭子代"智"的帮扶，力争斩断贫困在代际间的传递，斩断贫根。健康扶贫不仅在于改善贫困人口的健康状况，也是使贫困人口建立起脱贫的信心，对未来生活的信心和向往，从而塑造良好的脱贫意志与体魄。易地扶贫搬迁重在解决当期生活环境无法养活贫困人口，从而通过重塑新的生活环境，改变贫困人口的生活与发展需求。此外，脱贫攻坚时期，驻村干部、帮扶责任人长期对贫困人口的政策宣传、问题解答、生活支持、思想引导等，长期中潜移默化地影响了贫困人口，使其建立起对生活的信心和热爱，对脱贫后的生活充满向往，为此起到"志智双扶"的作用。

2020 年，在现有标准下已实现了全部脱贫，但脱贫人口的可持续发展能力有待提高，脱贫人口的生计能力仍需关注。由于扶贫政策的逐渐退出，原先农村地区长期处于贫困状态的贫困人口脱贫后可能存在较大返贫风险，尤其是部分中西部贫困地区的脱贫户在外部扶贫资源逐渐退出后，极易由于"悬崖效应"而引发返贫。孙晗霖等（2019）测算发现，目前脱贫人口中，存在极高生计问题并具有潜在返贫风险的群体约为 5825 万人。因此，具有返贫风险的脱贫群体，如何培育其可持续发展能力成为乡村振兴发展中贫困治理的关键。

此外，脱贫攻坚时期精准扶贫政策将教育扶贫作为解决农村贫困问题的有力抓手，将"优先发展教育事业"作为脱贫攻坚的核心内容，在政策上国家采取了教育经费向农村地区倾斜的方式解决农村贫困家庭的子女教育问题。一方面，精准扶贫政策严格把控九年义务教育阶段的辍学情况，对因病、因残、因贫辍学的学生提出针对性的解决措施，努力保障农村家庭子女的就学率；另一方面，精准扶贫政策的易地搬迁政策也有效促进了农村教育的发展，政府在安置点附近新建或在原有基础上扩建了 6100 多所中小学和幼儿园①，通过地易地搬迁政策方针将原本

---

① 国务院新闻办就易地扶贫搬迁工作情况举行发布会，http//www. gov. cn/xinwen/2020 – 12/03/content_5566758. htm。

居住在偏远贫困地区、居住分散、上学条件恶劣的学生聚集在一起，为规模教学、改善教学条件提供了有利条件，并且集中教学为整合教育资源、提高教学质量提供了便利。在脱贫攻坚阶段的全面扶贫背景下，政府除了加大对贫困学生的教育资助外（如，增加营养改善计划，安排专项资金重点支持地区食堂建设、减免学费、实行"雨露计划"等），还大力发展职业教育扶贫，将"扶智""扶心""扶志""扶资""扶业"有效衔接，为农村贫困家庭子代的摆脱贫困从物质层面到技术层面，再到精神层面提供全方位支持。脱贫攻坚战略自实施以来，全国儿童辍学率有了明显的下降，建档立卡贫困户的子女在义务教育阶段实现了零辍学，有效保障了贫困家庭子女享受义务教育的权利[①]。子代教育水平的提高能显著改善其经济状况，对阻隔贫困家庭中的贫困代际传递起着重要的作用（张雯闻、方征，2021）。

第二节　模型设定、数据来源与变量选取

脱贫攻坚阶段实施的精准扶贫政策可视为农村反贫困项目中的一项政策"准试验"。这是因为，精确瞄准为贫困户的群体将享受扶贫政策的帮扶，而没有被识别为精准贫困户的群体并不能直接享受扶贫政策的利益。为此，本研究借助脱贫攻坚时期精准扶贫政策将低收入群体识别为贫困户与非贫困户的样本特征，采用双重差分（DID）的分析方法，评估精准扶贫政策对贫困人口"志智双扶"的影响，以及深入剖析了精准扶贫政策对子代努力程度及其可持续发展能力的影响。

[①]　我国义务教育有保障目标基本实现，http//www.gov.cn/xinwen/2020 – 09/24/content_5546570.htm。

一、双重差分（DID）模型

为了估计农村脱贫攻坚阶段精准扶贫政策对贫困人口"志"与"智"的影响，以及剖析精准扶贫政策对子代"志智双扶"的代际传递效应，最直接的方法是比较贫困户在扶贫政策颁布前后"志"与"智"水平变化的差异，但这一差异除了受到精准扶贫政策影响外，还可能受到同时期其他因素的影响，例如，医疗卫生保障的提高、义务教育补贴、公共基础设施建设等。此外，由于我国精准扶贫政策贯彻"扶上马还要送一程"政策的特征，推行"脱贫不脱政策"的原则，即曾经被评为贫困户的家庭即使脱贫在一定期限内依旧会享受精准扶贫政策的扶持，因此即使成为脱贫户，依然享受精准扶贫政策，所以满足政策持续的冲击与影响。这一制度设计特征，满足了双重差分估计（DID）的基本要求。鉴于此，为了剔除其他因素的干扰，获得精准扶贫政策实施前后变化的"净效应"，我们引入了传统的双重差分（DID）方法。

DID 方法借助两次差分方式剔除了贫困户与非贫困户在精准扶贫政策前后的影响。由于本研究采用的是面板数据，因此参考了努恩等（Nunn et al.，2011）的方法，将模型设定如下：

$$Y_{it} = \alpha + \beta \cdot TPAP_{it} + \gamma \cdot X_{it} + \varphi_i + \upsilon_t + \varepsilon_{it} \qquad (7-1)$$

式（7-1）中，下标 i 代表个体，t 代表时间，Y_{it} 表示个体 i 在第 t 期的被解释变量。由于各地方村镇干部办事能力、信息不对称、精英农户的寻租行为等因素，在政策初期，可能存在精准扶贫政策识别对象的偏离或错评，但随着国家政策细化和反复监督和纠正，实施了多轮"回头看"的核查与考核[①]，后续识别工作较为精准（胡联、汪三贵，2017），基本实现了不符合标准的贫困户全部取消资格，符合标准的基

---

① 2016 年 2 月中共中央、国务院办公厅印发《省级党委和政府扶贫开发工作成效考核办法》等政策。

本纳入帮扶范围。基于此，本研究认为 2016 年及以后年份识别的建档立卡贫困户个体识别准确率较高，所以将 2014 年被识别为贫困户但 2016 年并非贫困户的个体进行的甄别、筛查和剔除（视为错评）[1]。为此，本书将 2014 年及以后调查年度中被识别为贫困户的样本定义为处理组，有 $TPAP_{it} = 1$，将以上年份均不是贫困户的样本定义为对照组，有 $TPAP_{it} = 0$（非贫困户）。X_{it} 表示其他随时间变动且影响个体的控制变量，φ_i 和 υ_t 分别表示个体固定效应和年份固定效应。系数 β 为本研究关注的核心参数，是脱贫攻坚时期的政策效应。考虑到我们所关注居民的努力程度为个体决策，且精准扶贫政策对居民收入的影响是个体或家庭层面的综合结果，在计算标准误时，我们统一采取了计算到个体层面的聚类标注误，以避免高估统计显著性问题。

二、数据来源与变量选取

本章主要采用了中国家庭追踪调查（China family panel studies，CFPS）2012～2018 年数据。我们没有选取 CFPS2010 年的基线调查数据，所以选取了 2012 年、2014 年、2016 年和 2018 年四个调查年度数据。由于前面几个章节对 CFPS 数据已有详细介绍，此处不在反复赘述。

（1）被解释变量。贫困人口的精神扶贫与文化扶贫最集中体现在"志"与"智"帮扶的两个方面。"扶志"即扶思想、扶观念和扶信心，而"扶智"则是加强思想教育和文化教育。"志"与"智"两个方面均与脱贫人口可持续发展能力息息相关，"志智双扶"不仅可以提高贫困人口的人力资本与发展能力，而且可以斩断精神与文化代际传递的贫根，真正实现脱贫的效果。"扶志"需要淡化贫困意识，提高贫困人口的生活满意度，形成脱贫愿望和树立脱贫信心。为此，我们将生活满意度、未来信心和闲散劳动力占比等变量作为"扶志"的替代变量。其

---

① 总体而言，此类个体占样本比例较小，不到 1%，并不影响本书的最终结果。

中，"闲散劳动力占比"作为衡量家庭剩余劳动力利用情况的替代变量，考察了贫困家庭劳动者在获得就业帮扶、技能培训等系列帮扶措施后，是否积极从闲暇在家转变为非农就业，尽可能捕捉贫困劳动者非农就业的积极性。教育扶贫与就业扶贫是实现"扶智"的重要渠道（张蓓，2017），不仅强调了对成年人的工作技能培训，而且鼓励贫困劳动者增加劳动供给（李芳华等，2020）。为此，我们选取"工作时长"与"教育培训支出"作为"扶智"的替代变量，既可以考察贫困家庭劳动供给变化，也是贫困人口自我赋能和内生发展动力提升的间接反映。综上，本研究将反映个体努力程度的工作时间、教育培训支出、闲散劳动力占比等客观可测度变量与对未来的信心、生活满意度等主观评价变量作为"志智双扶"的衡量指标，构建了主观与客观变量相互联系的指标体系。

此外，在考察精准扶贫政策对子代"志"与"智"的影响中，主要参考了刘成奎等（2019）、张楠等（2020）对努力程度的衡量思路，将子代"志"与"智"的发展与儿童努力程度相结合，通过考察子代努力水平作为子代"志智双扶"的作用效果。因此，本研究结合数据的可获得性，选取了子代的"学习态度"与"学习行为"作为子代"志智双扶"的替代变量。其中，学习态度用"我学习很努力"这一主观评价作为替代，学习行为选取了子代"会集中精力学习""会检查学校功课"等行为作为"志"与"智"的替代变量。个体的主观评价是对自己生活的认知和情感评价，是衡量个体生活的综合评价指标（Clark et al.，2016；Steptoe et al.，2015），所以采取子代"自我评价"指标或"父母评价指标"作为子代努力状态的衡量，从而分析子代"志智双扶"的结果变量，具有理论与现实的可行性。

（2）解释变量与控制变量。由于精准扶贫政策并非是单一的转移支付兜底，还包括发展产业、促进就业（技能培训或就业补贴）、医疗救助、教育补贴、易地搬迁等多种帮扶措施。一方面通过直接转移支付增加贫困户收入水平，另一方面通过培育、扶持，或提供更多就业机会实现家庭增收和改善家庭生活水平。因此，除了分析转移支付收入对脱贫人口可持续发展能力和未来信心的影响及其作用机制外，我们还考虑了个体工作意愿与行为习惯（如吸烟、喝酒等）等因素对贫困群体行为的影响。

为了尽可能控制其他因素对估计结果的影响，按照尽可能外生的原则，选取了个体的年龄、性别、婚姻状况、大专及以上学历、文盲或小学辍学、子女数、家庭规模和家庭所在地区分布等家庭层面与地区层面的因素作为控制变量。分析子代贫困问题时，从子代的个人特征、家庭特征几个方面选取变量作为控制变量，子代的个人特征上选取了子代的年龄、性别、健康状况等变量，家庭层面的因素选取了子代的父母婚姻状况、父母受教育程度等因素。并且，将子代样本的年龄控制在 10 ~ 15 岁。需要说明的是，CFPS 中子代样本分为自答样本和代答样本，10 岁以下的儿童只涉及代答样本，为保证子代的回答可靠性，我们选用了子代自答样本，因此将子代的年龄限定到了 10 岁以上区间。各变量的具体说明及其描述性统计详见表 7 – 1。

表 7 – 1 　　　　　　　 主要变量说明及描述统计（全样本）

变量	变量说明	样本量	均值	标准差
生活满意度	对自己生活满意度的评分	73234	3.644	1.086
未来信心	对自己未来信心程度的评分	73234	3.888	1.093
闲散劳动力占比	闲散劳动力在家人数占家庭总人数的比例	73234	0.055	0.331
工作时长	每周工作时间（小时）	72543	21.693	28.831
教育培训支出	家庭教育培训支出（元/年）	72716	2759.1	6646
食物支出	家庭人均食物支出（元/年）	71543	3261.5	3493.3
经营性收入	家庭自主经营性收入（元/年）	71331	6126.1	15953
人均家庭收入	家庭的人均纯收入（元）	71331	5906.7	9882.1
娱乐休闲支出	家庭人均娱乐休闲支出（元/年）	72608	111.02	723.97
医疗保健支出	家庭医疗保健支出（元/年）	72396	5057.9	15013

变量	变量说明	样本量	均值	标准差
吸烟量	家庭成员每天的吸烟量（支）	66632	4.685	9.040
喝酒状态	家庭成员每周喝酒超过3次，是=1	66757	0.336	0.472
年龄	年龄（岁）	71890	46.395	17.152
性别	性别，男=1，女=0	73229	0.503	0.502
婚姻状况	当前婚姻状况，已婚=1，其他（离婚、丧偶、未婚等）=0	71895	0.777	0.417
健康状况	当前健康状况，健康=1，其他=0	73184	0.653	0.476
大专及以上	家庭成员为大专及以上学历毕业，是=1，否=0	70340	0.039	0.194
文盲或小学辍学	家庭成员为文盲或小学辍学，是=1，否=0	70340	0.329	0.470
子女数	家庭子女数量（人）	70454	1.943	1.212
家庭规模	家庭人口总数量（人）	73234	4.668	2.066
地区分布	家庭所在地区分布，对照组为西部	73234	1.973	0.848
学习努力程度	子代对学习努力的评分	8931	3.074	0.965
学习精力集中度	子代集中精力学习情况评分	8931	3.089	1.049
检查学校功课状况	子代完成作业后是否会检查功课的评分	8931	3.105	1.016
子代性别	子代的性别，1=男性，0=女性	8931	0.521	0.500
子代年龄	子代的年龄（岁）	8931	12.595	1.686
子代健康状况	子代的健康状况的评分	8931	4.174	0.922
工作日做家务时长	子代工作日平均做家务的时长（小时）	6485	0.913	1.515
周末做家务时长	子代周六和周日平均做家务的时长（小时）	6485	1.23	1.407

注：（1）子代样本中剔除了非子代家庭后的情况，所以样本有大幅减少。（2）所有货币性的名义变量均剔除了价格因素，与2010年可比。（3）"生活满意度"变量对自己生活满意度评价为"1~5"不同等级得分，1分表示很不满意，5分表示非常满意。（4）"未来信心"变量对自己未来信心程度评分为"1~5"不同等级，1分表示很没信心，5分表示很有信心。（5）子代对学习努力程度、学习精力集中度、检查学习功课状况和子代健康状况等变量的评分为"1~5"不同等级得分，1分表示低，5分表示高。（6）家庭所在地分布为分类变量，主要划分为西部=1、中部=2和东部=3，参照全国人大六届四次会议通过的"七五"计划公布的分类标准。

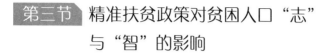
第三节 精准扶贫政策对贫困人口"志"
与"智"的影响

一、实证分析：双重差分估计结果

表 7-2 估计结果显示，精准扶贫政策的实施显著提高了居民生活满意度 20.4 个百分点和未来信心 5.9 个百分点，起到了显著的"扶志"正向作用，增进了居民对脱贫后生活的信心和勇气。并且，精准扶贫政策提高了贫困人口的务工时长和对家庭成员就业培训支出的投入力度，分别提高了近 30.1% 和 12.7%，起到了明显的"扶智"作用。这是因为，脱贫攻坚时期，政府通过扶贫政策宣传、建立一对一驻村帮扶措施、提高贫困人口困难补贴金额等切实的精准措施，对贫困人口的观念、思想和信心进行引导与帮扶，有效地改善了贫困人口对扶贫工作的认可度、满意度以及对美好生活的信心，对贫困人口的精神面貌、主观自我脱贫的努力程度等产生了显著的正外部性效应，进而增强了贫困人口的生计能力。

表 7-2　　　精准扶贫政策对结果变量的影响（DID 估计）

项目		扶志			扶智	
		生活满意度	未来信心	闲散劳动力占比	工作时长对数	教育培训支出对数
		(1)	(2)	(3)	(4)	(5)
无控制变量	政策效应	0.219 *** (0.010)	0.095 *** (0.010)	0.019 ** (0.009)	0.394 *** (0.026)	0.235 *** (0.034)
	个体固定效应	是	是	是	是	是

续表

项目		扶志			扶智	
		生活满意度	未来信心	闲散劳动力占比	工作时长对数	教育培训支出对数
		（1）	（2）	（3）	（4）	（5）
无控制变量	年份固定效应	是	是	是	是	是
	控制变量	否	否	否	否	否
	R^2	0.069	0.033	0.048	0.105	0.253
	样本量	65272	64992	59082	73234	72716
		（6）	（7）	（8）	（9）	（10）
增加了控制变量	政策效应	0.204 *** (0.010)	0.059 *** (0.015)	0.020 ** (0.009)	0.301 *** (0.017)	0.127 ** (0.062)
	个体固定效应	是	是	是	是	是
	年份固定效应	是	是	是	是	是
	控制变量	是	是	是	是	是
	R^2	0.100	0.093	0.121	0.244	0.350
	样本量	62663	62391	56269	66300	65832

注：（1）括号内为个体层面的稳健标准误，*、** 和 *** 分别表示在10%、5%和1%水平下显著。（2）控制变量包括个体年龄、性别、婚姻状况、大专及以上、文盲或小学辍学、子女数、家庭规模和家庭所在地区分布。

此外，精准扶贫政策对贫困家庭中闲散劳动力占比的影响为正，即明显提高了这部分贫困劳动力在家闲暇的可能性，扶贫政策并未有效改善这部分贫困劳动力转向非农就业的积极性。我们认为，出现这一现象的可能原因在于，精准扶贫政策改善了农村地区的生产生活环境，提升了农村居民的生活水平和福祉，吸收部分外出务工居民返乡务工或务农的同时，反向激励了部分原本在家务农贫困人口继续保持务农的可能性。

因此，精准扶贫政策促进了原本非农就业劳动力人口的劳动供给能力和供给时间的同时，并没有进一步将闲散在家贫困劳动人口转化为非农就业，反而因为农村环境改善、产业扶贫、光伏扶贫、电商扶贫等系列切实有效的帮扶措施反向激励了部分非农就业人口转化为在家务农劳动力。政府不断完善贫困地区教育、医疗、基础设施、公共服务和社会保障措施，持续打出改善农村经济环境、完善城乡一体化的福利体系等组合拳，多维度提升了居民的收入水平和生活幸福感（周绍杰等，2015），反而可能激励了贫困人口对扶贫资源的福利依赖，从而使贫困人口即便遇到摆脱贫困的机会，往往也很难适应新的环境和利用新的机遇（Lewis，1966），从而不愿转向非农就业。可见，精准扶贫政策很可能也产生了对贫困人口努力程度的"挤占"效应。

二、估计的稳健性分析：PSM – DID 估计

为了进一步排除来自家庭特征、户主特征等因素引起的样本自选择问题，检验双重差分的前提条件关于处理组与对照组的选择具有随机性假定，本研究进一步采用倾向性得分匹配基础上的双重差分法（PSM – DID）。PSM – DID 方法主要依户主特征变量、家庭特征等可观测因素进行匹配，尽可能消除由于个体特征差异导致的自选择偏误问题，进而检验普通 DID 估计结果的稳健性。具体的匹配过程中，我们选取了 1∶3 最近邻匹配[1]，以及选取了 Logit 估计匹配得分。

根据匹配理论，如果经过 PSM 方法处理后的协变量在处理组与对照组之间仍然存在显著差异，意味着并不适合采用 PSM – DID 方法。表 7 – 3 展示了匹配前后主要变量的均值检验结果[2]。不难发现，匹配前处理组与对照组的样本特征存在显著的差异，这表明贫困与非贫困个体样本在匹配前具有明显的差异，很大可能因样本自身特征而产生估计结

---

① PSM 方法的近邻匹配方法有三种："k 近邻匹配"、半径匹配和卡尺内最近邻匹配。本书中，我们选用了较为常用的卡尺内最近邻匹配，按照其他两种方式进行的匹配结果略有差异，但对最后的结果并没有产生实质性的影响。

② 按照理论要求，进行 PSM 方法进行匹配前后变量的均值检验，按说只能对连续性变量做匹配前后的均衡性检验，对分类变量的均衡性检验需对数据进行整理后重新采用卡方检验或秩和检验实现。

果的有偏。然而，匹配后处理组与对照组的个体或家庭特征差异大幅下降了，且匹配后所有变量标准化偏差的绝对值均小于10%[1]，说明匹配获得的对照组是处理组较好的"反事实"样本，可以很大程度上排除由于家庭特征、个体特征等因素带来的样本自选择问题。并且，匹配后的所有协变量的T检验结果均不显著，不能拒绝"处理组与对照组间协变量取值不存在系统偏差"的原假设，所以采用PSM – DID方法具有合理性。

表7 – 3　　　　　　　匹配前后协变量的均值检验

变量	匹配状态	均值		偏差（%）	T检验	
		处理组	控制组		t值	p值
年龄	匹配前	48.193	46.378	10.9	12.49	0.000
	匹配后	48.191	48.159	0.2	0.18	0.856
性别	匹配前	0.503	0.494	1.8	2.08	0.037
	匹配后	0.503	0.502	0.2	0.20	0.843
婚姻状况	匹配前	0.779	0.805	– 6.4	– 7.43	0.000
	匹配后	0.764	0.774	– 2.3	– 0.490	0.626
健康状况	匹配前	0.621	0.654	– 6.9	– 7.54	0.000
	匹配后	0.621	0.625	– 0.9	– 0.79	0.430
大专及以上	匹配前	0.035	0.038	– 1.5	– 1.68	0.093
	匹配后	0.034	0.035	– 0.6	– 0.62	0.538
文盲或小学辍学	匹配前	0.354	0.309	9.4	10.82	0.000
	匹配后	0.354	0.348	1.1	1.03	0.301
子女数	匹配前	1.973	1.949	2.1	2.37	0.018
	匹配后	1.974	1.963	0.9	0.89	0.372
家庭规模	匹配前	4.632	4.553	3.9	4.41	0.000
	匹配后	4.632	4.604	1.4	1.33	0.183

---

[1]　标准化偏差值越小意味着组间差距越小，通常使用10%甚至20%作为平衡性认定标准。

续表

变量	匹配状态	均值		偏差（%）	T 检验	
		处理组	控制组		t 值	p 值
地区分布	匹配前	1.841	2.056	−25.7	−29.29	0.000
	匹配后	1.847	1.833	1.6	1.55	0.121

注：p<0.10、p<0.05 或 p<0.01 分别表示在 10%、5% 和 1% 的统计水平下显著。

表 7-4 为 PSM-DID 估计结果，总体上与表 7-2 的估计结果基本一致。精准扶贫政策对贫困人口的"志"与"智"的影响为正，促进了贫困人口对未来生活的向往和信心，也提高了贫困家庭对人力资本的投资与重视。此外，表 7-4 中通过匹配后的政策效应对"扶志"的作用变小了，而对"扶智"的作用相对增加了。可见，通过倾向得分匹配排除了可能存在的样本自选择问题后，精准扶贫政策对贫困人口的人力资本投资作用变大了，而在生活满意与未来信心等方面有一定的减小。虽然在政策作用大小上有变化，但统计显著性和经济显著性等均未发生实质性变化，通过匹配处理后的估计结果依然支持了本研究的结论。

表 7-4 稳健性检验：PSM-DID 估计结果

变量	"扶志"效应			"扶智"效应	
	生活满意度	未来信心	闲散劳动力占比	工作时长对数	教育培训支出对数
	（1）	（2）	（3）	（4）	（5）
政策效应	0.042 ** （0.017）	0.058 ** （0.029）	0.037 *** （0.006）	0.292 *** （0.112）	0.370 *** （0.046）
常数项	3.603 *** （0.012）	3.854 *** （0.012）	0.192 *** （0.004）	4.741 *** （0.046）	0.986 *** （0.019）
个体固定效应	是	是	是	是	是
年份固定效应	是	是	是	是	是
控制变量	是	是	是	是	是

续表

变量	"扶志"效应			"扶智"效应	
	生活满意度	未来信心	闲散劳动力占比	工作时长对数	教育培训支出对数
	（1）	（2）	（3）	（4）	（5）
R^2	0.042	0.036	0.052	0.072	0.144
样本量	25232	25047	23785	27777	27977

注：括号内为个体层面的稳健标准误，*、**和***分别表示在10%、5%和1%水平下显著。

三、"输血式"扶贫与"造血式"扶贫的差异化效应

精准扶贫政策对贫困家庭努力程度的影响，主要存在两种渠道：一是政府直接给贫困农户发放贫困救济金，即"输血式"转移支付帮扶；二是通过"造血式"扶贫培育农户自我的发展能力。为此，一方面为了考察政府转移支付（贫困补贴）在精准扶贫政策中的作用，我们划分了政府转移支付占家庭总收入比例高于50%的组，主要用于识别低保、五保或特殊困难群众等贫困人口。这是因为，这部分贫困人口是扶贫成本高、脱贫难度大的绝对贫困人口，且长期处于"收入不足以支持最低生存需求"的匮乏状态，基本靠政府兜底的扶贫补贴生存。由CF-PS数据统计可知，这部分群体获得政府贫困补贴收入占家庭总收入比例高于50%，甚至部分群体占比高达80%，且这部分群体受到政府兜底保障的影响很大，是脱贫攻坚时期"输血式"帮扶的典型代表。另一方面在剔除了五保、低保和特殊困难样本获得的贫困补贴后，其他一般贫困户的贫困补贴占家庭收入比例低于30%（计算值为28.7%）。为此，我们将贫困补贴收入占家庭自有收入的比重低于30%的样本识别为一般贫困人口。

此外，本研究进一步从支出结构（食物支出、娱乐支出、医疗保健

支出）和生活习惯（吸烟、喝酒）等多因素角度出发，系统评估脱贫攻坚时期精准扶贫政策对依靠贫困补贴为主贫困户与一般贫困户的差异化影响（见表7-5）。其中，"医疗保健支出"主要用于考察贫困户在基本医疗消费支出外的健康保健性支出情况，作为个体对自身健康投资的替代变量。选用"食物支出"与"娱乐支出"主要是考察收入增加后家庭的支出分配是否倾向于培育长期的生计能力，考察扶贫政策的消费结构影响效应。选择"每天吸烟量"和"喝酒状态"用于考察依靠贫困补贴为主贫困户与一般贫困户在"社交型"消费方面的差异。

表7-5估计结果显示，整体上，精准扶贫政策产生了显著的异质性效应，对依靠贫困补贴为主贫困户的影响显著为正，而对一般贫困户的影响显著为负。具体而言，精准扶贫政策显著增加了依靠贫困补贴为主贫困户"娱乐享受型消费"和"社交型"消费，而降低了一般贫困户在这方面的消费支出。从消费结构分布来看，精准扶贫政策对依靠贫困补贴为主贫困户的食物支出与娱乐支出的影响为正，即食物支出与娱乐支出水平提高了，且对依靠贫困补贴为主贫困户的吸烟和喝酒状态也产生了显著的正向效应，促进了这部分群体的"社交型"消费支出水平。相比而言，精准扶贫政策对一般贫困户在"享受型消费"（娱乐消费）和"社交型消费"（吸烟和喝酒）等影响均为负，降低了这部分群体在非生产性消费方面的支出水平，且降低了一般贫困户的人均食物消费支出。人均食物消费支出的降低，很大原因在于家庭收入增加导致在非食物消费方面支出的增加，例如，教育培训、耐用品消费等。并且，相关理论表明，人均食物消费支出占家庭总支出比例越高，表明家庭越贫困。因此，精准扶贫政策提高了依靠贫困补贴为主贫困户的食物消费支出，而降低了一般贫困户实物消费支出。这意味着，脱贫攻坚时期精准扶贫政策在促进一般贫困户增收脱贫的过程中，改善了一般贫困户的消费结构，有利于一般贫困户在人力资本方面的积累，但并未促进依靠贫困补贴为主贫困户的消费结构改善，反而使这部分群体的"享受型"和"社交型"等消费支出水平进一步提高了。

表 7 - 5　　　　　　　　　　异质性扶贫效应分析

变量	娱乐休闲支出对数	人均食物支出对数	医疗保健支出对数	每天吸烟量	喝酒状态
	(1)	(2)	(3)	(4)	(5)
分样本：依靠贫困补贴为主贫困户组（贫困补贴占家庭总收入高于50%）					
政策效应	0.600 ** (0.258)	0.087 ** (0.037)	0.197 * (0.110)	1.562 *** (0.165)	0.128 ** (0.057)
常数项	-30.242 (88.099)	80.988 *** (12.985)	-207.946 * (107.828)	-294.797 (267.013)	-301.987 *** (9.125)
个体固定效应	是	是	是	是	是
年份固定效应	是	是	是	是	是
控制变量	是	是	是	是	是
R²	0.043	0.208	0.043	0.231	0.58
样本量	19434	16303	19347	18433	18484
分样本：一般贫困人口组（贫困补贴占家庭总收入低于30%）					
政策效应	-0.159 *** (0.051)	-0.171 *** (0.053)	0.321 *** (0.059)	-0.130 *** (0.035)	-0.022 ** (0.009)
常数项	-210.063 ** (89.190)	-19.723 (18.050)	-145.854 (133.417)	-807.839 *** (223.099)	-295.976 *** (10.985)
个体固定效应	是	是	是	是	是
年份固定效应	是	是	是	是	是
控制变量	是	是	是	是	是
R²	0.043	0.151	0.049	0.258	0.626
样本量	19946	17025	19878	18887	18919

注：括号内为个体层面的稳健标准误，* 、** 和 *** 分别表示在10% 、5%和1%水平下显著。

因此，脱贫攻坚时期精准扶贫政策在增收减贫的过程中，对贫困人口产生了差异化的激励效应，显著激励了一般贫困户的"志"与"智"，同时通过影响依靠贫困补贴为主贫困户的"享受型"和"社交型"消费，增加了这部分群体的福利依赖，这也是导致农村地区贫困家庭中的劳动力增加闲暇的可能原因。可见，精准扶贫政策异质性的外溢效应增加了"好逸恶劳"个体的"福利依赖"及其贫困适应性，而对"自食其力"贫困家庭产生了显著的"促勤"或正向激励效应。总之，本研究认为，精准扶贫政策对农村地区的贫困人口不仅显著提高了生活满意度和未来信心，而且还具有促进就业和提升人力资本的"促勤"作用。与此同时，对部分群体也产生了显著的福利依赖（"救助依赖"心理）或贫困适应性效应，从而使精准扶贫政策呈现出"奖懒"与"促勤"的双重效应。

第四节　脱贫攻坚时期"志智双扶"的代际传递效应

一、子代努力程度的指标选取

在对子代努力程度的衡量上，本研究主要参考了刘成奎等（2019）、张楠等（2020）对努力程度的衡量思路。其中，刘成奎等（2019）研究采用儿童的"学习态度"衡量子代的努力程度，而张楠等（2020）研究则选取儿童的"耐心、决心以及学习时长"测度子代的努力程度。本研究结合数据的可获得性，选取了学习态度与学习行为作为子代努力变量的替代指标。其中，学习态度中用"我学习很努力"这一主观评价作为代理变量，学习行为包括"会集中精力学习""会检查学校功课"等变量。相关研究认为，个体的主观评价是对自己生活的认知和情感评价，是衡量个体生活的综合评价指标（Clark et al.，2016；Steptoe et al.，2015）。基于此，本研究还参考刘成奎等（2019）的做法，通过对"我学习很努力""会集中精力学习""会检查学校功课"和"完成学校功课才玩"构建动态因子模型，进而生成一个衡量子代努力程度的综合指标。最终，对子代努力程度的衡量，主要包括了子代的主观评价和客观学习行为两个方面的测度指标。

二、"志智双扶"代际传递效应分析

表7－6为脱贫攻坚时期精准扶贫政策对子代努力程度的估计结果。其中，表7－6中的第（1）列、第（2）列和第（3）列的系数均在1%的统计水平下显著，即精准扶贫政策显著提高了子代学习努力程度、集中精力程度和检查功课，增加了贫困家庭子代的努力水平。这意味着，精准扶贫政策不仅促进了贫困家庭的脱贫增收，还对其子代产生了显著的"志智双扶"效应。此外，表7－6的第（4）列中，综合的子代努力程度指标的系数为0.215，且在1%的统计水平下显著，表示精准扶贫政策显著提高了子代综合努力水平。因此，精准扶贫政策不仅提高了家庭收入，改善了家庭"两不愁、三保障"的多维福利水平，而且对子代努力产生了正向激励作用，具有明显的代际"志智双扶"效应。

表7－6　　　　　　　精准扶贫对子代努力的影响（DID回归）

变量	我学习很努力	会集中精力学习	会检查学校功课	努力综合指标
	（1）	（2）	（3）	（4）
政策效应	0.200 *** （0.076）	0.202 *** （0.071）	0.281 *** （0.086）	0.215 *** （0.068）
常数项	2.445 *** （0.807）	2.125 *** （0.757）	2.175 ** （0.912）	－0.909 （0.726）
年份固定效应	是	是	是	是
个体固定效应	是	是	是	是
控制变量	是	是	是	是
R^2	0.387	0.578	0.245	0.584
样本量	8931	8931	8931	8931

注：（1）括号内为聚类稳健标准误；＊、＊＊、＊＊＊分别表示在10%、5%和1%的统计水平下显著。（2）控制变量包括子代的年龄、性别、健康状况，以及子代父母的婚姻状况、父亲的受教育程度和母亲的受教育程度等特征。

三、稳健性检验：PSM – DID 回归分析

表 7 – 7 为采用 PSM – DID 方法估计的结果，主要用于检验传统 DID 估计结果的稳健性。首先，表 7 – 7 结果显示，精准扶贫政策的实施明显提高了贫困家庭子代的努力程度，产生了显著的代际"志智双扶"效应。其次，表 7 – 7 中的第（1）~ 第（3）列估计系数显示，精准扶贫政策对子代的自评努力、学习集中度和检查功课行为的影响显著提升了 20.8 ~ 28.2 个百分点。此外，从综合的努力程度来看，精准扶贫政策能显著提高子代努力程度 22.2 个百分点。可见，在消除了可能存在的样本自选择偏误后，精准扶贫政策同样具有明显的"志智双扶"代际传递效应，从而验证了估计结果的稳健性。

表 7 – 7　　　　精准扶贫对子代努力的影响（PSM – DID 回归）

变量	我学习很努力	会集中精力学习	会检查学校功课	努力综合指标
	（1）	（2）	（3）	（4）
政策效应	0.208 *** (0.076)	0.208 *** (0.071)	0.282 *** (0.086)	0.222 *** (0.068)
常数项	2.438 *** (0.806)	2.127 *** (0.756)	2.180 ** (0.912)	– 0.919 (0.726)
年份固定效应	是	是	是	是
个体固定效应	是	是	是	是
控制变量	是	是	是	是
R^2	0.388	0.578	0.245	0.585
样本量	8928	8928	8928	8928

注：括号内为聚类稳健标准误，* 、** 、*** 分别表示在 10%、5% 和 1% 的统计水平下显著。

第五节 本章小结

脱贫攻坚时期精准扶贫政策是中国反贫困治理体系的一大创新，是实现 2020 年全面脱贫的重要举措。本研究致力于评估精准扶贫政策对农村贫困人口"志"与"智"的影响，并进一步回答了精准扶贫政策"志智双扶"的代际传递效应。本研究发现：第一，精准扶贫政策显著提高了居民生活满意度和对未来生活的信心，增加了居民工作时长和教育培训支出，提高了居民的主观能动性和努力程度，总体上产生了明显的"志智双扶"效应。第二，精准扶贫政策促进了农村贫困劳动力闲散在家的可能性，一定程度上削弱了精准扶贫政策的"扶志"效应。这是因为，精准扶贫政策中的"输血式"扶贫对主要依靠贫困补贴为主贫困户产生了显著的"福利依赖"作用，增加了这部分群体的"享乐型"消费需求和"社交型"消费行为，从而在一定程度上"挤出"了这部分群体的努力行为。第三，异质性作用机理分析发现，精准扶贫政策对农村依靠贫困补贴为主贫困户的影响，主要是通过"输血式"扶贫起作用，而对一般贫困户的影响主要通过"造血式"扶贫起作用，且明显提高了一般贫困户的可持续生计能力与"志智"赋能作用。然而，精准扶贫政策显著提高了依靠贫困补贴为主贫困户的生活满意度的同时，也产生了负向的"奖赖"效应，且并未培育出其长期可持续发展的生计能力。第四，从扶贫政策的代际影响效应分析可知，精准扶贫政策显著提高了贫困家庭子代的努力程度，提高了贫困家庭子代学习的努力意愿和积极性，产生了一定程度的"志智双扶"代际传递效应。

基于本章的研究结论，可以得到如下政策启示：第一，精准扶贫政策具有分化的"奖懒"与"促勤"效应。为此，乡村振兴时期的反贫困治理应该注重对最低收入群体在精神与文化需求方面的救助与引导，注重非收入因素对低收入群体的影响。第二，不同群体从精准扶贫政策中获益大小存在差异，更多扶贫利益流向了主动努力脱贫的低收入群体，对依靠贫困补贴为主贫困户的影响作用相对较小。可见，这样的"奖懒"与"促勤"双向效应会造成地区内的收入差距扩大，在绝对贫困人口减少的过程中，会因收入差距扩大导致新的相对贫困问题，从而影响乡村振兴发展质量。为此，乡村振兴阶段的扶贫工作重点应该向缓解收入差距扩大与相对贫困恶化转变，更加关注最低收入群体相对福利的剥夺与机会不平等问题。第三，加大对子代贫困问题的关注力度。在精准扶贫阶段，子代贫困的识别依然主要依靠家庭贫困和成人贫困的识别，即教育帮扶主要是在该个体所在家庭被识别为贫困户后，子代才能获取额外的教育帮扶资源。乡村振兴发展阶段，识别对象从家户、成人发展到儿童，关注低收入群体的子代在教育机会与教育资源方面的可获得性，进一步完善现有对子代具有重要影响的教育扶贫政策。第四，教育应该充分发挥对子代"扶智"与"扶志"的作用。一方面通过加入与新时代密切相关的思想内容对课程设置进行改革，让"扶志"观念深入教育全领域，夯实子代奋发向上的精神沃土，培养志气风发的新时代少年；另一方面，根据地方特色，因地制宜调整教育方案，提高教育与当地发展的契合度，为当地发展输送所需人才，实现"扶教育之贫"到"以教育扶贫"再到"以教育推动乡村振兴"的发展，真正斩断农村贫困之根，走出一条具有"中国智慧"的贫困治理道路。

第八章

福利效应：脱贫攻坚对农村
居民幸福感的影响

收入、减贫与幸福感的研究动态

　　近年来，对于居民主观幸福与收入之间关系的研究成为学术界关注的焦点，实现收入水平与居民幸福感的同步提升也成为我国政府施政的主要目标。党的十九大报告指出"要不断满足人民日益增长的美好生活需要，使人民获得感、幸福感、安全感更加充实、更有保障、更可持续"。与此同时，截至 2020 年底，我国居民在现有扶贫标准下已全面脱贫摘帽，消除了绝对贫困人口，如期实现第一个百年奋斗目标。精准扶贫政策在于消除绝对贫困人口，增进贫困人口"两不愁、三保障"多维福利的同时，政策带来的居民满意度已成为各地方衡量贫困治理成效的重要尺度和标准。扶贫政策的最终目标是提高居民收入和福利水平。那么，脱贫攻坚时期精准扶贫政策在提高居民收入和消费的同时，是否起到了提高居民主观幸福感的多重绩效。此外，一方面精准扶贫政策使

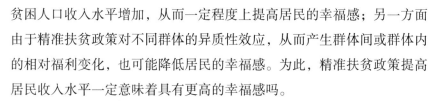

贫困人口收入水平增加，从而一定程度上提高居民的幸福感；另一方面由于精准扶贫政策对不同群体的异质性效应，从而产生群体间或群体内的相对福利变化，也可能降低居民的幸福感。为此，精准扶贫政策提高居民收入水平一定意味着具有更高的幸福感吗。

居民的幸福程度可通过"主观幸福感"来衡量，主观幸福感是居民对其生活质量所做的情感性和认知性的整体评价（崔红志，2015；鲁元平，2015），已成为衡量一个社会性质和反映居民生活质量的重要指标（卢盛峰、陈思霞，2014）。现有研究认为，幸福具有直观体验性（贺京同等，2014），每个人都会依照个人综合感受对行为或问题进行决定，所以衡量主观幸福感最有效的方式是采用居民最直观的评价（娄伶俐，2009；廖永松，2014）。为此，学术界对主观幸福感的测度通常采用居民个人的自我评价指标，主要通过居民主观的评价"幸福"或"不幸福"，以及自我评价"幸福感知程度"等方式来衡量。从居民幸福感测度与衡量指标可知，主观幸福感代表了居民最直观的心理体验，所以影响居民主观幸福感的因素是多方面综合作用结果。当前对影响居民幸福感因素的研究较为丰富，在宏观层面，经济增长速度被认为对居民幸福感和生活满意度有显著的负向影响（Deaton，2008）。地方政府的财政透明度、公共服务满意度则与居民主观幸福感呈"U"型关系（梁城城，2017）。部分研究则探讨了社会保险、城市化与环境污染等因素对居民主观幸福感的影响（程名望、华汉阳，2020；黄永明、何凌云，2013）。也有研究从微观的健康、教育、收入、家庭住房等角度考察个体特征对居民幸福感的影响（Luttmer，2005；Dietz & Haurin，2003），以及子女数量与性别对父母幸福感的影响（陈屹立，2016）。

可见，既有研究中对居民幸福感的宏微观影响因素的研究成果较多，而将扶贫政策、收入与居民主观幸福感纳入统一分析框架的研究成果甚少。当前文献侧重于对精准扶贫经济效应的评估。例如，既有研究表明精准扶贫政策使贫困群体的劳动收入与劳动供给显著增加，而不同的扶贫方式减贫效果存在差异（李芳华等，2020）。此外，部分研究认为，精准扶贫政策对农村贫困家庭的消费水平、生活条件、外出务工状况以及农村信贷参与等方面产生了显著影响（尹志超、郭沛瑶，2021；张全红、周强，2019；尹志超等，2020）。精准扶贫的主要目标群体虽为农村贫困群体，也有研究对城镇低收入群体的扶贫效果进行评估，结果表明城镇居民医疗保险制度对城镇低收入家庭，尤其是受到大病冲击的困难家庭具有显著的扶贫效果（黄薇，2017）。综上可知，有关精准扶贫政策效应的研究成果，主要聚焦于扶贫政策的收入、消费、信贷和医疗健康等方面的经济效应和健康效应，或考察精准扶贫过程中的"精英俘获"问题（何欣、朱可涵，2019），缺少评估精准扶贫政策对居民主观幸福感效应问题。

如何评估脱贫攻坚时期精准扶贫政策对居民幸福感的影响，是近年来政策制定者需要考虑的重要问题，也是学术界广泛关注的问题。事实上，贫困减缓、收入与主观幸福感三者具有内在的关联性，但当前将三者相联系的研究相对缺乏。为此，本研究基于农村微观家庭跟踪调查数据，除了研究对象与研究问题的外，还将精准扶贫政策与居民主观幸福感纳入同一分析框架，并采用了模糊断点回归（Fuzzy RD）方法，深入分析了精准扶贫政策对居民主观幸福感的影响及其作用渠道。最后，本研究结论将为居民主观幸福感提升、优化收入分配和推进乡村振兴等新农村建设提供有价值的政策参考。

第二节 断点回归模型、数据来源与变量说明

一、断点回归模型

在模型设定过程中，本研究考虑到我国农村脱贫攻坚实践中地方政府对贫困户精准识别遵循"收入测评为前提下的村民评议"原则（在

入户收入测评基础上，依靠村民代表评议的方法来精准识别），并综合考虑除收入贫困线标准外的"两不愁、三保障"福利因素进行综合识别（张全红、周强，2019）。现实中，由于加入了村民民主评议，贫困户识别中可能导致部分收入高于贫困线的农户也可能被确定为贫困户，从而享受到精准扶贫政策，也可能受到基层办事机构执行力弱或不公正等其他外生因素的影响，导致少数收入低于贫困线的农户没有被确定为贫困户的现象（周强，2021）。考虑到以上情况，本章节在采用贫困线标准识别家庭贫困与否时，采用了模糊断点回归（Fuzzy RD）的识别方法。并且，本章的估计借鉴了布罗洛等（Brollo et al.，2013）的模型设定，通过两阶段最小二乘法（2SLS）来实现，其结果等同于工具变量（instrumental variable，IV）估计（Angrist & Pischke，2008）。在具体操作中，对 Fuzzy RD 的估计既可以通过非参工具变量（IV）来进行，也可以通过参数 2SLS 来进行，这两种估计方法是等价的。具体的模型设定与"断点"选取标准与第四章有关 Fuzzy RD 模型基本一致，在此不再赘述。

二、固定效应模型

由于农村家庭因收入水平、人口结构、健康状况、所处地理环境等因素的不同，受到精准扶贫政策影响就存在差异。并且，精准扶贫是以户为识别单位，不同地区贫困户数量不同，导致扶贫政策力度实施存在差异。为了分析精准扶贫政策对不同家庭（贫困与非贫困）主观幸福感产生的异质性效应，为此，本研究进一步借助固定效应回归模型，在模型中引入了精准扶贫政策实施力度（$depth_{ct}$）与影响因素（X_{it}）的交互项，从不同家庭的要素禀赋、健康状况、非农就业等方面展开异质性与溢出效应分析。具体的模型设定如下：

$$Y_{it} = \beta_0 + \beta_1 depth_{ct} + \beta_2 X_{it} + \beta_3 depth_{ct} \times X_{it} + \alpha_k \sum_{k=1}^{n} Z_{ikt} + \lambda_i + \pi_t + \mu_{it}$$

$$(8-1)$$

式（8-1）中，Y_{it} 为居民主观幸福，交互项的系数（β_3）是本书关注的核心，反映了相关因素（X_{it}）是否通过精准扶贫政策对不同要素禀赋家庭的主观幸福感产生了异质性效应。若 $\beta_3 > 0$ 则意味着随着影响因素 X_{it} 增加，精准扶贫政策使居民主观幸福感增加了。简言之，如果影响因素 X_{it} 与精准扶贫政策之间存在交互效应，则精准扶贫政策将通过 X_{it} 对家庭主观幸福感产生影响。此外，Z_{ikt} 为个体层面、家庭层面与地区层面的控制变量，尽可能控制了不随时间而变的相关异质性因素。λ_i 为个体固定效应，π_t 为时间固定效应，μ_{it} 为残差项。为了防止序列相关或异方差问题的影响，本研究对系数进行估计时将标准误聚类到了个体层面。

三、数据来源与处理说明

本书主要采用了中国家庭追踪调查（China Family Panel Studies, CFPS）2010～2018 年数据。由于精准扶贫政策瞄准对象主要针对农村家庭，所以本书采用了 CFPS 数据中的农户样本（约占总样本的 53.6%）。CFPS 样本覆盖了中国 25 个省/市/自治区，调查对象包含样本家户中的全部家庭成员。数据清洁处理发现：第一，2012 年样本中核心变量居民主观幸福数据缺失；第二，2016 年样本中个体幸福感指标的缺失值或异常值非常多，剔除后仅剩 448 个有效样本，考虑到样本有效性不足，将 2016 年样本也进行了剔除。为此，本研究选取了 2010 年、2014 年和 2018 年三个调查年度的数据，调查年度正好每隔四年一次，且跟踪匹配了三个调查年度均参与调查的家庭，获得了政策实施期前后平衡的跟踪调查样本，样本有效性与稳定性可以得到保障。

此外，由于本研究关注的幸福感变量指标中，2010 年与 2014～2018 年样本在个体幸福感评分标准上存有差异。2010 年个体对主观幸福的评价分为"1～5"不同的等级，"1"表示非常差，"5"表示非常好，而 2014～2018 年样本中对主观幸福感的评价是"0～10"的评分，

"0"分代表最低，"10"分代表最高，由于统计口径差异，且2010年属于CFPS开始调查的基线数据，所以将2010年数据作为单独的一个分样本，作为回归分析结果稳健性检验。遵循以上数据清洁与处理思路，最终匹配后得到每年7038个样本，实证分析部分的总样本量为14076个（2014年和2018年）。

四、变量选取与统计描述

本章实证部分主要分为精准扶贫政策效应评估和政策异质性与外溢效应分析两部分。为了分析政策异质性与外溢效应，本研究选取的主要影响因素从以下方面进行考虑：第一，不同地区帮扶力度强弱，直接与该地区居民主观幸福感相关。实践中，如果一个地区的贫困家庭越多，政府对该地区的帮扶力度会越大，投入的扶贫资金与扶贫资源等也越多。为了捕捉不同地区精准扶贫政策的外部差异，本研究采用样本期间本村贫困家庭数占该村总家庭户数的比重，作为精准扶贫政策在该地区执行力度的替代变量，用于分析精准扶贫政策对不同家庭主观幸福感产生的异质性效应。第二，精准扶贫政策立足中国农村贫困现实，多次强调了思想脱贫的先导地位，确立了"扶贫必扶志、治贫先治愚"的思想扶贫目标[1]。为了衡量精准扶贫政策对居民"扶志"的影响，结合数据可获得性，选取了居民对未来的信心作为替代变量。第三，即使在同一地区相同的政策实施力度下，不同家庭差异化的要素禀赋也可能会导致不同的政策效果，这是一种内在的异质性效应。这是因为，精准扶贫政策强调对贫困户致贫因素的精准识别与精准施策，所以会导致不同贫困家庭从扶贫政策中的获益存在差异，进而产生异质性的主观幸福感效应。为了分析家庭因不同要素禀赋从扶贫政策中的差异化获益，本研究从就业、医疗健康和教育等家庭层面的多维度出发，进一步剖析就业扶

---

① 《习近平扶贫论述摘编》，中央文献出版社2018年版，第137页。

贫、健康扶贫和教育扶贫等多元化扶贫措施对不同要素禀赋家庭的影响。其中，就业维度选取了家庭成员的非农就业状态，作为家庭中非农劳动力供给能力的替代变量。医疗健康维度选取了健康状况与医疗支出指标，分别衡量家庭主要成员的健康状况差异和享受到医疗帮扶的作用效果。教育维度主要选取家庭成员的受教育水平，作为考察家庭人力资本水平的替代变量。此外，控制变量主要从个体层面、家庭层面与地区层面选取，尽可能考虑了控制变量对居民主观幸福的外生性影响，从而选取了居民的年龄、性别、婚姻状况、家庭规模和家庭所在地区分布等因素。主要变量说明及其描述性统计详见表 8 - 1。

表 8 - 1 主要变量说明及描述性统计

变量	变量说明	2014 年		2018 年		差值检验（标准误）	
		均值	标准差	均值	标准差		
主观幸福感	您有多幸福 "0~10" 评分，"0" 代表最低，"10" 代表最高	7.365	2.293	7.403	2.268	0.038 ***	(0.003)
扶贫政策执行力度	村内贫困家庭数占该村家户总数的比重	0.214	0.045	0.303	0.025	0.089 ***	(0.001)
未来信心	您对未来的信心程度 "1~5" 评分，"1" 很没信心，"5" 很有信心	4.071	0.012	4.159	0.119	0.088 ***	(0.002)
健康状况	个体健康状况，健康 =1，否 =0	0.678	0.467	0.648	0.478	- 0.030 ***	(0.007)
年龄	个体年龄（岁）	47.39	14.772	51.07	14.860	3.683 ***	(0.207)
性别	个体的性别，男 =1，女 =0	0.490	0.500	0.492	0.500	0.002	(0.007)
受教育年限	个体最高受教育年限（年）	5.832	4.315	6.035	4.660	0.203 ***	(0.063)

变量	变量说明	2014 年		2018 年		差值检验（标准误）	
		均值	标准差	均值	标准差		
婚姻状况	个体的婚姻状况，已婚 =1，其他（离婚、丧偶、未婚等）=0	0.861	0.346	0.850	0.357	-0.011 **	(0.005)
家庭规模	家庭人口总人数（人）	4.462	2.016	4.321	2.194	-0.141 ***	(0.030)
子女数	家庭子女的人数（人）	2.078	0.815	2.186	0.930	0.108 ***	(0.013)
非农就业	个体非农（除农林牧渔业等农业工作外）就业，是 =1，否 =0	0.278	0.448	0.303	0.459	0.025 ***	(0.007)
医疗支出	过去 12 个月医疗支出的对数	6.854	2.503	7.015	2.654	0.161 ***	(0.037)
转移支付	人均获得转移支付收入（元）	2326.8	83.09	2778.4	176.91	451.6 ***	(0.048)
西部地区	所在地区为西部，是 =1，否 =0	0.354	0.006	0.353	0.005	-0.001	(0.486)
中部地区	所在地区为中部，是 =1，否 =0	0.289	0.004	0.284	0.005	-0.005	(0.596)
东部地区	所在地区为东部，是 =1，否 =0	0.358	0.005	0.362	0.005	0.004	(0.597)

注：（1）最后一列"差值检验"为 2018 年均值与 2014 年均值的差，负值表示均值下降了。（2）所有货币性的名义变量均剔除了价格因素，与 2010 年可比。（3）受教育年限变量，文盲视为"0"年，小学按照 6 年，大专 3 年，大学本科 4 年测算。

　　表 8-1 中所有名义变量均剔除了物价指数的影响，平减到 2010 年。从表 8-1 统计结果可知：第一，农村居民主观幸福感在统计上呈上升趋势，2018 年与 2014 年相比，居民主观幸福感提高了 3.8 个百分点。第二，与 2014 年相比，农村地区精准扶贫政策执行力度增加了 8.9%。2014 年农村全面实施精准扶贫，直接以贫困户为瞄准对象，按

照 2010 年人均 2300 元/年的贫困标准，同时结合"两不愁、三保障"测定的温饱标准和 2015 年与 2016 年实施的两轮"精准扶贫回头看"措施，从之前的"规模控制"转变到"应纳尽纳、应扶尽扶"，精准扶贫后期大幅提高了贫困识别人口规模，从而增加了对贫困家庭的帮扶力度和措施。所以，精准扶贫政策扩大了低收入群体贫困受益规模的同时，在短期内精准扶贫的执行力度也增强了。第三，与 2014 年相比，2018 年村内非农就业比例上升、医疗支出减缓，与此同时政府对贫困人口的转移大幅增加了，人均获得政府转移支付增加了约 452 元。第四，从不同地区分布等不随时间变化的样本统计值可知，本研究所选样本并没有出现明显的样本聚集特征。

第三节　实证结果：精准扶贫政策的幸福感效应

一、Fuzzy RD 估计结果

图 8-1 为驱动变量与结果变量（居民主观幸福感）之间的关系，检验了 Fuzzy RD 的有效性。图 8-1 结果显示，农村居民主观幸福感在断点处存在明显的差异，在精准扶贫标准（2300 元/年，2010 年价格）的制度断点左右两侧出现了非常明显的跳跃。与此同时，由于断点两侧的变动趋势呈现出了非线性趋势，所以本章进行断点回归分析时，采用了分段线性和多项式形式的回归形式。

表 8-2 为精准扶贫政策对居民主观幸福感的影响。表 8-2 估计结果显示，精准扶贫政策对居民主观幸福感具有显著的正向效应，即显著提高了居民的主观幸福感，且在不同带宽条件下的估计结果依然稳健。进一步分析可知，精准扶贫政策显著提高了居民 45%～65% 的主观幸福感。这一估计结果符合预期，脱贫攻坚时期精准扶贫政策相较于我国

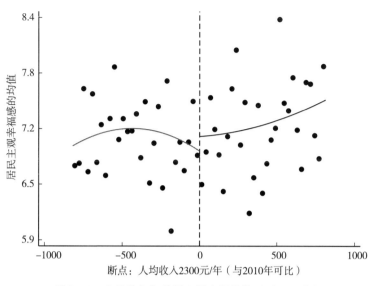

图 8-1　人均收入与结果变量之间的关系（2014 年）

注：对驱动变量做了标准化处理。结果变量为居民主观幸福感，主观幸福感的最优带宽为 +/-820（最优带宽采取的 CCT 方法计算）。

早期的扶贫实践更具有精细化、专业化等特点，通过收入补贴、支出减免、医疗教育保障、产业帮扶等精准帮扶措施，让贫困群体在脱贫的过程中获得了更多实实在在的政策红利，并且对国家民生惠农政策有了更大的认可，从而总体上提高了农村居民的主观幸福感。

表 8-2　　精准扶贫政策对居民主观幸福感的影响（Fuzzy RD 估计）

变量	2014 年	2018 年	全样本
	（1）	（2）	（3）
政策效应	0.453 * (0.247)	0.612 ** (0.263)	0.650 ** (0.258)
$f(z)$：分段线性函数	是	是	是
偏差校正局部多项式	是	是	是
样本量	1073	1132	2324

注：（1）括号内为标准误，＊、＊＊和＊＊＊分别表示在 10%、5% 和 1% 水平下显著。（2）以上结果均采取 CCT 方法计算的最优带宽。

二、稳健性检验

为了检验断点附近的样本是否存在自我"操纵"人均收入水平而改变贫困识别状态或贫困资格，本研究选择对人均收入变量在断点附近的分布进行麦卡里检验（McCrary，2008）。图8－2中可明显看出，断点两侧密度函数估计值的置信区间存在绝大部分重叠，且较为平滑，所以可以推断在断点两侧的密度函数不存在显著差异（纵轴的密度分布间隔非常小），因此，本研究有理由认为断点附近很大程度上不存在样本操纵驱动变量问题，Fuzzy RD 方法是可行和有效的。

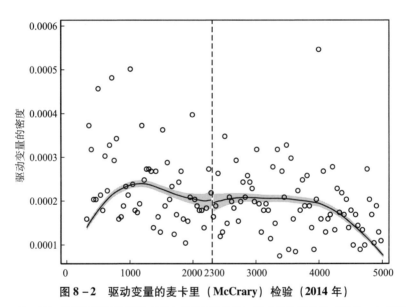

图 8 - 2　驱动变量的麦卡里（McCrary）检验（2014 年）

注：（1）对驱动变量在 2300 元/年（2010 年价格）断点处的麦卡里（McCrary）检验。（2）由于人均收入在 5000 元及以上样本不太可能成为精准扶贫的识别对象，所以图中仅考虑了人均收入在 5000 元及以下的样本结果，将该人均收入的范围拓展到更大收入范围的麦卡里（McCrary）检验结果基本一致。（3）对 2018 年数据进行检验，结果基本一致。

表 8 - 3 为对控制变量的连续性检验，Fuzzy RD 方法识别的有效性还建立在控制变量具备连续性这一基础上，即处理变量不应对该家庭被

瞄准为"贫困户"的任何前定因素产生影响，否则 Fuzzy RD 识别将失效。表 8-3 结果显示，所有的控制变量均不显著，说明了处理变量没有对家庭被识别为贫困户之前所存在的相关特征因素产生影响，符合 Fuzzy RD 方法识别的假设要求，同时也间接排除了可能存在的其他政策或因素对居民主观幸福感的影响，确保了政策效应的稳健性。

表 8-3　　　　　　控制变量连续性检验（Fuzzy RD 估计）

因变量	2014 年	2018 年	全样本
	（1）	（2）	（3）
性别	0.807 （0.590）	0.146 （0.430）	0.010 （0.223）
年龄	6.518 （14.920）	4.035 （10.468）	2.699 （4.696）
受教育年限	0.217 （0.456）	-1.015 （2.008）	0.115 （1.394）
健康状况	0.823 （0.588）	0.065 （0.439）	1.575* （0.917）
子女数	-0.737 （1.092）	-0.023 （0.566）	0.577 （0.479）
婚姻状况	0.269 （0.172）	0.200 （0.142）	0.193 （0.161）
人口规模	-1.312 （2.648）	-0.532 （1.719）	-0.279 （0.899）
地区分布	-0.487 （0.653）	0.440 （0.553）	-0.441 （0.355）
$f(z)$：分段线性函数	是	是	是
偏差校正局部多项式	是	是	是
样本量	733	1132	2324

注：括号内为标准误，*、**和***分别表示在 10%、5% 和 1% 水平下显著。

此外，本研究进一步实施了安慰剂检验，并且采取了三种手动设定带宽方法，与最优带宽估计进行比较（见表 8－4）。其中，本研究采用将"精准扶贫政策"向前推进到 2010 年作为虚假政策冲击的方式，分析虚假政策冲击是否对居民主观幸福感也产生了影响。由于在 2010 年精准扶贫政策并未实施，仅保持原有县级层面的扶贫模式，因此家庭无法获得精准扶贫的政策利益，我们预期的回归结果将不显著。表 8－4回归结果显示，无论是手动设定的带宽，还是采取的最优带宽，将政策向前推进到 2010 年的安慰剂政策效应均不显著，意味着虚假的精准扶贫政策不具有任何政策效应，排除了其他政策或因素对家庭主观幸福感的影响，再次证实了精准扶贫政策对贫困户主观幸福感作用效果的稳定性与有效性。

表 8－4　　　　　"安慰剂"检验估计结果（Fuzzy RD 估计）

变量	+/－300	+/－500	+/－1000	最优带宽
	(1)	(2)	(3)	(4)
政策效应	0.018 (0.030)	0.044 (0.065)	0.320 (0.293)	0.215 (0.179)
$f(z)$：分段线性函数	是	是	是	是
偏差校正局部多项式	是	是	是	是
样本量	1003	1599	2930	1448

注：（1）以上结果是以 2010 年样本进行估计，将精准扶贫政策向前推进到 2010 年，作为政策实施时间的"安慰剂"冲击。（2）括号内为标准误，＊、＊＊ 和 ＊＊＊ 分别表示在 10%、5% 和 1% 水平下显著。（3）主观幸福感的最优带宽为 +/－456（最优带宽采取的 CCT 方法计算）。

第四节　政策异质性与外溢性效应分析

实践中，精准扶贫政策涵盖了居民的教育、医疗、就业、住房和饮用水等多个方面，这要求本研究在评估精准扶贫政策效应时，需要考虑政策对居民教育、就业和医疗等多方面的影响，即考虑政策效果的异质性。并且，多元化的扶贫措施强调对贫困群体自我发展能力的培育，结合农村资源环境特征，进行了各种基础设施建设、产业扶贫、就业扶贫、健康扶贫和教育扶贫等系列"造血式"扶贫。"造血式"扶贫虽然针对贫困人口，但"造血式"扶贫政策的公共品属性具有显著的非排他性和非竞争性，在市场机制的作用下也可能会对非贫困人口产生影响（周强，2021）。因此，评估精准扶贫政策对非贫困家庭主观幸福感的外溢效应十分必要。

为了分析贫困家庭因不同要素禀赋从扶贫政策中获得的差异化效应，本研究从就业、医疗健康和教育等家庭层面的多维度出发，结合数据可获得性，选取了家庭成员的未来信心、非农就业、健康状况、医疗支出和受教育水平等变量，且采用固定效应回归模型（8-1）进行估计，估计结果见表8-5。此外，由图（8-1）结果变量与精准扶贫政策之间的拟合关系可知，精准扶贫政策与居民主观幸福之间存在明显的非线性关系。为此，本研究进一步引入了精准扶贫政策执行力度的平方项，以检验非线性是否存在。表8-5中第（1）列考察了精准扶贫政策执行力度的非线性效应，第（2）~第（6）列分别考虑了各项因素与精准扶贫政策的交互项效应，用于考察扶贫政策对居民主观幸福感的影响。表8-5结果显示，精准扶贫政策执行力度及其平方项的估计结果显著且稳健。具体而言，精准扶贫政策执行力度系数为负，而加入了二次型的扶贫政策执行力度系数为正向，即呈现出了随着精准扶贫政策执行力度增加，对居民主观幸福感的影响呈现出了非线性的先下降后上升的"U"型效应。并且，在考虑其他因素的影响后，精准扶贫政策对居民主观幸福感的"U"型影响依然存在，且整体上表现出提升居民主观幸福的作用。

本研究认为，精准扶贫政策与居民主观幸福感呈现出"U"型关系，可能原因在于精准扶贫政策实施初期，扶贫考核监管力度不足、识别对象不精准、政策信息不对称等因素的影响，导致扶贫资源的"精英俘获"（胡联、汪三贵，2017；何欣、朱可涵，2019），产生了短期内贫困居民间的扶贫受益不公平，或扶贫资金使用效率低下等问题（朱梦冰、李实，2017），从而导致居民主观幸福感下降的现象。当然，由于精准扶贫战略具有全局性，政策执行初期过程中存在的"精英俘获"、资金使用效率低下等问题属于阶段性现象，不具有典型性和长期性。精准扶贫政策从提出到落实，再到在全国范围内的全面实施，是一个逐渐完善并深化的过程，相应的政策效应也理应存在一个调整过程。精准扶贫政策执行初期，农村地区生活环境并未得以明显改善，帮扶方式相对单一，主要以政府转移支付为主，帮扶满意度相对欠缺。为了有效解决以上问题，2015～2016 年，党和政府在全国范围内实施了多轮"建档立卡回头看"措施，积极快速展开自查、调整等工作，严格按照民主程序、阳光操作、第三方机构考核评估等要求，有效解决了扶贫工作初期不同地区识别标准不统一、帮扶措施不规范和识别对象不精准等系列现实问题，真正确保了贫困人口的切身利益，确保了后期实践工作中贫困对象精准识别、精准帮扶、精确管理的贫困治理模式，确保了因地制宜"真扶贫、扶真贫"，从而进一步提高了居民幸福感。可见，随着政策执行力度的加强，贫困识别机制的完善和优化，贫困居民切身利益得到保障，使精准扶贫政策效应逐步增强，居民整体幸福感得到改善，所以呈现出先下降后上升的"U"型变动趋势。

此外，由表 8-5 回归结果可知，一方面，精准扶贫政策通过影响居民对未来生活的信心而提升居民主观幸福感。随着精准扶贫政策执行力度和居民未来信心的增加，居民主观幸福感显著提高。事实上，随着精准扶贫工作推行的规范化，贫困人口与非贫困人口对国家政策认识加深，提高了居民对美好生活的向往，从而增强了贫困户脱贫的信心和勇气。并且，国家加强了对贫困人口"扶志"与"扶智"工作的落实，增强了贫困居民脱贫的主观能动性，实现了从"让我脱贫"向"我要脱贫"的转变，从而提高了贫困居民对未来生活的信心。相关研究表明，贫困群体收入水平提高和生活压力得到缓解，会显著改变了其对于未来的信心，从而促进居民的主观幸福感（Attah et al.，2016），这与本书研究结论基本一致。

表 8 – 5　　　　　　　政策异质性与影响渠道（固定效应回归）

变量	被解释变量：主观幸福感					
	（1）	（2）	（3）	（4）	（5）	（6）
政策执行力度	– 0.634 * （0.349）	– 7.833 *** （0.450）	– 0.628 * （0.382）	– 1.597 *** （0.359）	– 0.245 （0.391）	– 0.601 * （0.363）
政策执行力度的平方	1.049 ** （0.463）	1.288 *** （0.455）	0.926 * （0.501）	1.000 ** （0.462）	1.112 ** （0.464）	1.052 ** （0.464）
执行力度#未来信心		1.694 *** （0.069）				
执行力度#非农就业			0.108 ** （0.055）			
执行力度#健康状况				1.556 *** （0.145）		
执行力度#医疗支出对数					– 0.060 ** （0.027）	
执行力度#受教育程度						0.611 *** （0.074）
控制变量	是	是	是	是	是	是
个体固定效应	是	是	是	是	是	是
时间固定效应	是	是	是	是	是	是
常数项	6.900 *** （0.104）	6.934 *** （0.101）	6.608 *** （0.121）	6.823 *** （0.104）	6.905 *** （0.105）	6.902 *** （0.106）
样本量	13307	13288	11414	13305	13259	13254

注：（1）括号内数值为稳健标准误，*** 、** 和 * 分别表示1%、5%和10%的显著性水平。（2）控制变量包括个体性别、年龄、婚姻状况、家庭人口规模、家庭子女数和家庭所在地区等。

另一方面，精准扶贫政策进一步通过居民的健康状况、医疗支出、非农就业和受教育程度等因素影响居民主观幸福感。实践中，精准扶贫政策针对贫困人口，采取精准的差异化帮扶措施。针对因病致贫人口，大幅提高因病致贫人口的医疗报销比例，精准制定一对一健康咨询医生，定期向贫困人口提供免费检测，以及协助申请办理大病救助等医疗帮扶措施。针对因学致贫人口，帮助申请办理免息助学贷款、减免贫困生相关费用和提供贫困助学金等系列教育帮扶措施，确保贫困户子女不辍学或提高子女受教育程度。针对缺技术、缺劳动力贫困人口，大力实施技术培训帮扶、务工就业帮扶等增加就业机会、就业技能的帮扶措施，从而实现提高居民非农就业的可能性，确保收入稳定增长。为此，收入的稳定性使得非农就业人口能够有效应对生活中的各种风险，进而会提高居民的主观幸福感。可见，精准扶贫政策除了针对贫困家庭在危房改造、安全饮用水、厕所改造等方面的救助帮扶措施外，还注重培育贫困居民的自我发展能力，通过提高居民健康状况、降低医疗支出负担、转变非农就业状态，以及提高受教育程度等因素提升居民的主观幸福感。

　　接下来，为了分析精准扶贫政策对非贫困家庭主观幸福感的外溢效应（见表 8 - 6），本研究进一步将样本按照收入水平划分为四分位组，且引入了转移支付的对数与精准扶贫政策执行力度的交互项，目的在于比较分析精准扶贫中"造血式"扶贫与"输血式"转移支付是否对不同居民产生了差异化的影响。其中，对样本进行测度与统计发现，中下25% 和最低 25% 收入组居民的人均收入分别约为 7081 元/年和 1424 元/年（2018 年数据，与 2010 年可比）。所以，最低 25% 收入组居民基本都是贫困户，中下 25% 收入组居民部分为非贫困人口，中上 25% 和最高 25% 收入组居民几乎全为非贫困人口。表 8 - 6 估计结果显示，整体上，精准扶贫政策对居民主观幸福感的影响，并没有因为是否引入精准扶贫政策执行力度与转移支付的交互项而改变，但是否考虑转移支付对不同收入组居民的幸福感产生了差异化效应。具体而言，精准扶贫政策执行力度与转移支付的交互项对中上 25% 和最高 25% 收入组居民主观幸福感影响不显著，对最低 25% 收入组居民影响为正，而对中低 25% 收入组居民影响为负。并且，精准扶贫政策对中上 25% 和最高 25% 收入组居民的主观幸福感产生了线性的正向影响，而对最低 25% 和中低 25% 收入组居民的主观幸福感产生了明显的"U"型效应。

表 8 - 6　　对不同收入组居民主观幸福感的异质性效应（固定效应回归）

变量	被解释变量：主观幸福							
	最低 25%		中下 25%		中上 25%		最高 25%	
	(1)	(2)	(3)	(4)	(5)	(6)	(7)	(8)
执行力度	− 8.705 *** (0.896)	− 8.421 *** (0.924)	− 7.052 *** (0.799)	− 7.365 *** (0.816)	0.762 *** (0.076)	0.694 *** (0.113)	0.289 *** (0.111)	0.317 ** (0.161)
执行力度的平方	1.860 ** (0.924)	1.978 ** (0.928)	1.315 * (0.797)	1.872 ** (0.932)	− 0.086 (0.075)	− 0.101 (0.073)	− 0.640 (0.846)	− 0.351 (0.855)
执行力度#未来信心	1.905 *** (0.130)	1.890 *** (0.130)	1.514 *** (0.118)	1.519 *** (0.118)	1.629 *** (0.137)	1.609 *** (0.137)	2.327 *** (0.227)	2.354 *** (0.228)
执行力度#转移支付		0.074 * (0.040)		− 0.096 ** (0.041)		− 0.055 (0.044)		0.071 (0.049)
控制变量	是	是	是	是	是	是	是	是
个体固定效应	是	是	是	是	是	是	是	是
时间固定效应	是	是	是	是	是	是	是	是
常数项	4.955 *** (0.237)	4.964 *** (0.237)	6.274 *** (0.230)	6.270 *** (0.230)	6.135 *** (0.243)	6.140 *** (0.243)	5.965 *** (0.376)	5.960 *** (0.376)
样本量	3849	3849	4342	4342	3368	3368	1674	1674

注：（1）括号内为稳健标准误，＊、＊＊和＊＊＊分别表示在10%、5%和1%水平下显著。（2）控制变量包括个体性别、年龄、婚姻状况、受教育程度、健康状况、家庭人口规模、家庭子女数、就业人数和家庭所在地区等。

事实上，脱贫攻坚时期精准扶贫政策瞄准对象主要为中低收入群体，中上 25% 和最高 25% 收入组居民并非精准扶贫政策的主要帮扶对象，所以转移支付对中上 25% 和最高 25% 收入组居民并不会产生直接的影响。然而，出现精准扶贫政策对中上 25% 和最高 25% 收入组居民主观幸福感的正向效应，就只能通过"造血式"扶贫的外溢性起作用。精准扶贫政策落实期间，地方政府不仅大力开展基础设施建设，而且实施产业扶贫、就业扶贫和生态旅游扶贫等"造血式"扶贫，显著改善了贫困地区的基础设施和农村经济发展环境，虽然扶贫政策主要针对贫困人口，但相关发展型政策在市场机制作用下，同样惠及地区内的非贫困人口，即精准扶贫政策对非贫困人口产生了明显的外溢性（周强，2021），且这种外溢效应随着扶贫政策执行力度的增加呈递增趋势。

进一步从表 8-6 结果可知，精准扶贫政策执行力度与转移支付的交互项对最低 25% 收入组居民主观幸福感影响为正，而对中低 25% 收入组居民主观幸福感影响为负。本研究认为，精准扶贫政策对最低 25% 与中低 25% 收入组居民主观幸福感的影响，在引入了转移支付交互项后出现的差异化效应，主要因为"输血式"贫困补贴对地区内居民产生局部的"攀比效应"所致。农村地区居民重视转移支付对经济地位的提升，倾向于与其他低收入人口进行比较，尤其是与自己有类似特征的群体比较，当直接的转移支付产生利益分配不均衡时，很容易引起居民"攀比心态"而影响主观幸福感。精准扶贫政策对最低 25% 收入组中的五保、低保、特殊困难群众等直接给予大量现金补贴，以及大幅提高贫困人口看病就医、教育和危房改造等支出减免或现金补贴。相比而言，部分中低 25% 收入组中的家庭，因收入略高于贫困标准但并没有被识别贫困的边缘贫困人口，与贫困户相比，这部分非贫困户无法获得相应的贫困补贴，从而导致低收入非贫困户对贫困补贴福利产生"攀比"心态。相关研究表明，转移支付带来的增收效应与"攀比心态"负相关，相近收入水平群体之间的相互"攀比"会产生"相对剥夺感"，从而导致群体内的负面情绪与感受（Esping-Andersen & Nedoluzhko，2017）。为此，政府对贫困人口的转移支付，由于局部群体间

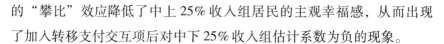

的"攀比"效应降低了中上25%收入组居民的主观幸福感，从而出现了加入转移支付交互项后对中下25%收入组估计系数为负的现象。

此外，在考虑转移支付的效应后，精准扶贫政策对最低25%和中低25%收入组居民的主观幸福感仍然产生了明显的"U"型效应。这很大程度因为在于"造血式"扶贫效应逐步超过了"输血式"扶贫效应，使精准扶贫政策对居民主观幸福影响从负向作用转为正向作用。随着精准扶贫工作的不断完善，扶贫方式更加多元化，从早期的"转移支付"和"支出减免"为主的"输血式"扶贫，向"转移支付"和"支出减免"叠加基础上的"增强内生动力"的"造血式"扶贫（张全红和周强，2019；李芳华等，2020）。并且，由于"输血式"扶贫对中下25%收入组居民的影响为负，而"造血式"扶贫通过提高地区公共服务水平、改善产业结构、完善基础设施和增加就业机会等发展型帮扶措施，在改善贫困地区的整体生活环境的同时，在市场机制的作用下对非贫困人口也产生了正的外溢性，一定程度上消除了"输血式"扶贫产生的负向影响，进而整体上提高了地区内居民主观幸福感，使精准扶贫政策与居民主观幸福感之间产生了明显的"U"型关系。

总之，精准扶贫政策提高了低收入群体的收入水平（直接转移支付与促进就业等），改善了地区居民医疗健康、就业和教育状况等，整体上提高了居民的主观幸福感，但这种正向效应因转移支付的异质性作用造成的不同收入群体间的不平衡心理而被一定程度上减小，造成了最低25%和中下25%收入组居民主观幸福影响的先下降后上升的"U"型效应。此外，精准扶贫政策通过"造血式"扶贫对中上25%和最高25%收入组居民的正向外溢性，从而很大程度上抵消了"输血式"扶贫的局部负向效应，进而强化了精准扶贫政策对居民主观幸福感的总体正向影响，也成为扶贫政策与居民主观幸福感之间"U"型关系的原因之一。

第五节 本章小结

本书基于 CFPS2010～2018 年跟踪调查数据，采用政策评估中的模糊断点回归方法，实证研究了脱贫攻坚时期精准扶贫政策对农村居民主观幸福感的影响。研究结果显示：第一，精准扶贫政策具有明显的幸福提升效应，能有效提高居民的主观幸福感。第二，精准扶贫政策不仅提高低收入群体的收入水平，而且通过提高居民健康状况、降低医疗支出负担、转变非农就业状态，以及提高受教育程度等因素提升居民的主观幸福感。并且，国家加强了对贫困人口"扶志"与"扶智"工作的帮扶力度，增强了贫困人口脱贫的主观能动性，从而通过增加贫困居民对未来信心而提高居民主观幸福感。第三，精准扶贫政策对农村居民主观幸福感影响呈"U"型效应，这主要因为精准扶贫政策不断优化，以及"造血式"扶贫与"输血式"扶贫差异化外溢效应所致。第四，进一步分析发现，转移支付对中上 25% 和最高 25% 收入组居民主观幸福感影响不显著，对最低 25% 收入组居民影响为正，而对中低 25% 收入组居民影响为负。为此，精准扶贫政策中的转移支付对不同收入组居民主观幸福影响存在明显差异，且产生了显著的异质性效应。

由本研究结论可知，有关脱贫攻坚时期精准扶贫政策效应的评估中，仅仅考虑经济效应、健康效应或福利效应的研究已难以为政策干预效应提供有效依据，需要进一步考虑脱贫人口心理变化、相对福利状态等潜在影响。基于此，本研究进一步得出以下政策启示：第一，脱贫攻坚时期精准扶贫政策的最终归宿是提高居民的福利，而通过教育、医疗卫生、技能培训与就业等"造血式"扶贫可能是农村居民幸福感的主要来源。为此，乡村振兴阶段的贫困治理还需进一步注重农村教育、医疗卫生和技能培训等对居民人力资本积累的提升，培育脱贫人口的自我发展能力。第二，本研究表明，非农就业能显著提高脱贫人口的主观幸福感。为此，贫困人口脱贫后，政策还需加强劳动力市场正规化，尤其是提高对低收入就业者的关注和福利保障，完善非农就业者的社会保险覆盖率，提升非农就业者的就业稳定性，从而提高非农就业者的工作和生活幸福感。第三，精准扶贫政策虽已完成脱贫攻坚的历史任务，但系列贫困治理措施仍可以为乡村振兴提供有益借鉴和参考。消除绝对贫困后，脱贫人口的精神贫困、文化贫困等仍持续存在。精准扶贫期间的转移支付能够实现调节收入再分配的功能，但可能在贫困户与非贫困户间产生"攀比效应"而产生精神贫困或文化贫困。当前乡村振兴战略推进中，农村居民不仅需要丰富的物质文明，还需要丰富的精神文明。因此，贫困治理重点应从"收入扶贫"向"福利扶贫""文化或精神扶贫"转变，进一步加大"志智双扶"的帮扶力度，使脱贫人口摘掉"贫困帽子"的同时，帮助脱贫人口树立对未来生活信心，真正实现精神脱贫与文化脱贫。只有这样，才能让脱贫人口生活有保障、过得舒心、安心和对未来有信心，乡村振兴建设才能保持良性发展，农村居民才能真正实现生活富裕、生态文明和幸福的生活。

第九章

总结与启示：从脱贫攻坚走向
乡村振兴的有效路径

党的十九大明确提出"实施乡村振兴战略"，注重巩固脱贫攻坚成果与乡村振兴协同发展。脱贫攻坚消除了绝对贫困，为乡村振兴奠定了前期的物质和社会基础。乡村振兴发展进一步巩固了脱贫攻坚成果，确保了高质量小康社会的全面实现。脱贫攻坚解决了短期内农村贫困人口的生存困境，而乡村振兴在长期中培育低收入群体的可持续发展能力，前者属于短期目标，后者是长期目标，只有短期目标如期实现，才能确保长期发展目标的有序推进。因此，本研究梳理并总结了农村扶贫演进历程，在总结脱贫攻坚成果的基础上，系统评估了脱贫攻坚时期精准扶贫政策对贫困人口收入、消费、生活改善、劳动力供给、"智力"与"志气"、努力程度和幸福感等因素的影响，并且深入剖析了扶贫政策对非贫困人口的外溢性及其再分配效应。此外，本研究进一步考察了医疗改革、资产积累等因素对农村低收入人口可持续发展能力的影响，并初步探讨了以上因素赋能农村贫困人口内生发展能力的作用机理。综上，基于对以上问题的全方位研究，我们得出了一些重要且有意义的结论，也提出了对以上问题思考后的见解和观点，为推动乡村振兴事业不断向前发展提供理论参考与经验支撑。

第一节　结论与观点：脱贫攻坚时期扶贫政策的效果

本研究基于贫困理论中的"可行能力"视角，在系统分析了农村脱贫攻坚时期精准扶贫政策的减贫成效基础上，重点剖析了相关政策或措施对贫困人口的收入效应和福利效应。整体研究思路上，本研究遵循从理论到实践，从发现问题、分析问题到解决问题的思路，并将研究的结论与发现归纳总结成有意义的观点，最终形成本书的整体脉络、框架与内容。具体而言，本研究得出了如下结论与观点：

第一，理论分析中，本研究梳理总结了贫困理论的演进历程，阐述了贫困理论与中国农村扶贫实践的逻辑联系。鉴于此，本研究基于贫困理论的"可行能力"视角，一方面构建了"人的可持续发展"曲线模型分析模型，深入剖析了贫困与（低收入）非贫困人口发展面临的现实困境；另一方面本研究创新引入持续时间分析模型，系统考察了低收入群体进入与退出贫困的可能性及其动态变动，分析了农村贫困产生的原因与影响因素，并进一步探讨了贫困人口经历长期贫困后，产生贫困状态依赖及其适应性的原因。此外，从收入减贫与多维福利减贫的比较中发现，从多维福利角度衡量的减贫绩效显著优于收入标准识别的贫困。但是，从多维福利角度来看，贫困人口遭受贫困剥夺的时间越长，脱贫的可能性将大幅降低，这是因为遭受福利剥夺容易导致贫困人口不可逆的"可行能力"丧失。无论是收入标准还是多维福利标准识别的贫困对象，均表现出了较强的贫困适应性与贫困状态的路径依赖特征，并且外部环境的改善对贫困家庭的贫困状态影响作用小于家庭内部成员的资源禀赋。这意味着，如果要培育出脱贫人口的长期可持续发展能力，根治脱贫人口贫困依赖及其适应性，不仅需要注重对当前贫困人口的增收措施帮扶，而且需要注重未来长期间的多维福利改善和能力的培育，尤其是注重相关政策向贫困家庭子代在教育、就业、健康和发展机会方面的倾斜。

第二，从脱贫攻坚时期精准扶贫政策的增收效应和作用机制来看，精准扶贫政策显著提高了贫困家庭的收入和转移性收入，降低了贫困户的贫困发生率、贫困深度与贫困强度。一方面直接通过政府"输血式"转移支付提高贫困家庭的收入；另一方面在市场机制作用下，通过"造血式"扶贫对脱贫人口产生增收赋能作用。然而，虽然精准扶贫政策瞄准的是低收入贫困人口，但在市场机制作用下扶贫资源具有非均衡的利益分配特征，使非贫困人口也从脱贫攻坚战略中获益了。这是因为，脱贫攻坚时期，农村贫困地区全面改善了基础设施、公共服务、教育、就业等，以及大力推动特色产业、农村电商、乡镇企业等发展，使地区内的中等收入群体也从中获益了。由于中等收入群体在人力资本、就业技能等方面普遍占优，从脱贫攻坚时期精准扶贫政策中获得了更多的扶贫资源，致使地区内中低收入群体间的收入差距扩大了，这是精准扶贫政策具有的局部正外溢性和政策异质性作用所致，但这种政策外溢性并非不利于农村地区最低收入群体，而是对中等收入群体产生了更大的"增收赋能"作用的结果。当然，在乡村振兴阶段，由于中低收入群体仍然是农村发展关注的重点，如何将农村发展资源均衡化流向中低收入群体，或者更大幅度倾向最低收入群体显得非常重要，也是有效缓解乡村振兴阶段相对贫困问题的关键所在。

第三，为了探寻贫困治理中的长效机制，本研究从农村家庭资产积累角度出发，构建了"多维资产贫困"分析框架，深入考察了"资产"对贫困人口的"赋能"机制与有效途径。研究发现，脱贫攻坚时期农村家庭资产贫困现象较为普遍，无论是低收入家庭还是高收入家庭的资产积累都不理想。并且，在农村收入贫困发生率下降的过程中，农村家庭在资产积累方面并未明显提高，且低收入家庭遭受长期"资产剥夺"现象非常明显。此外，农村低收入家庭的"生产性固定资产"和"资产变现能力"两项指标的贫困发生率非常高，呈现较严重的多维资产贫困现状，从而导致脱贫家庭存在高脆弱性和高返贫率。与此同时，低收入贫困人口存在较为严重的多维资产剥夺，并无实质性的可抗击外部风险的实物资产积累，从而导致整体农村居民的抗风险能力低。这意味着，一方面农村地区市场的不完全性，导致家庭的资产并未真正实现"资产赋能"的有效作用；另一方面农村虽然消除了收入标准衡量的绝对贫困人口，但乡村振兴阶段仍然还存在较为普遍的资产贫困问题，且必将长期存在，这将制约农村的高质量发展。

第四，农村地区"看病贵、看病难"问题长期存在，制约着农村社会经济发展。为此，本研究借助农村医疗改革演进历程，构建了分析不同收入群体医疗消费需求差异的理论模型，研究了医疗改革对不同收入群体的影响及其再分配效应。分析发现，农村医疗改革长期内扩大了富人与穷人间的收入差距，产生了明显的"逆向收入再分配"效应。这是因为，农村医疗改革的收入再分配调节机制主要通过其保费缴纳机制的累退性和报销补偿的累进性起作用，增加了高收入居民额外医疗支出费用及住院报销比例，而对低收入尤其是最低25%以下收入居民的影响不显著。并且，由于不同收入群体的边际支付能力差异，医疗改革后农村低收入人口患病后选择门诊消费的可能性增加，而富人选择住院服务的可能性增加了，通过住院报销机制获得了更多的医疗资源及利益。其结果是，在长期内，医疗改革通过有利于富人（获益更多）而不利于穷人（获益更少）的传导渠道起作用，造成低收入居民在医疗保险制度中遭受了"隐形剥夺"，形成了低收入居民"补贴"高收入居民的"倒挂"效应，进而扩大了居民收入差距。这意味着，农村医疗改革虽然有效解决了医疗供给能力不足问题，但并未彻底转变医疗资源分配不均衡问题。为此，脱贫攻坚时期精准扶贫政策通过"985"措施、贫困人口保费减免、提高住院报销比例、建立常态化的家庭医生诊治等制度一定程度上缓解了"逆向再分配"问题，但如何从根本上消除医疗保险制度报销补充机制的"逆向选择"，使医疗资源更多地流向低收入群体，是乡村振兴阶段解决医疗利用不平衡不充分的关键所在。

第五，彻底消除贫困的关键在于培育贫困人口的内生发展动力。为了分析脱贫攻坚时期精准扶贫政策是否培育出了脱贫人口的自我发展能力，本研究进一步研究了精准扶贫政策的"志智双扶"效应及其代际传递作用。分析发现，一方面，精准扶贫政策显著提高了居民生活满意度和对未来生活的信心，增加了贫困劳动力的工作时长，增强了贫困家庭对人力资本积累的重视与投资力度，提高了居民的主观能动性和努力程度，总体上产生了明显的"志智双扶"效应。然而，由于"输血式"扶贫对农村最低收入群体产生了明显的"福利依赖"作用，增加了这部分群体的"享乐型"消费需求和"社交型"消费行为，产生了明显的"奖赖"作用，在一定程度上"挤出"了最低收入群体的自我努力行为，削弱了精准扶贫政策的"扶志"效应；另一方面，我们分析发现，精准扶贫政策的"志智双扶"具有明显的代际传递作用，能显著提高了贫困家庭子代的努力程度，通过提升贫困家庭子代学习的努力意愿和积极性，促进子代的自我发展能力。当前，我国已经实现了全面脱贫，稳步迈入了乡村振兴发展阶段，精准扶贫政策中的"志智双扶"措施为脱贫攻坚和乡村振兴提供了有效经验，乡村振兴阶段中的贫困治理要实现长期效应，应继续遵循"治贫先治愚，扶贫先扶志"的原则，加快建立农村精神贫困、文化贫困识别机制，加快推进思想扶贫与教育扶贫的进程，多元化提高低收入家庭的人力资本，才能有效地培育出低收入家庭及其子代长期的自身发展能力，真正斩断贫困代际传递之根。

第六，从脱贫攻坚时期政策对居民主观幸福的影响来看，精准扶贫政策对贫困居民具有明显的幸福感提升效应，主要通过提高居民健康状况、降低医疗支出负担、转变非农就业状态、提高受教育机会，以及改善居民对未来生活的信心等因素提升居民的主观幸福感。此外，我们也发现一些有趣的现象，脱贫攻坚时期的精准扶贫政策对农村居民主观幸福感的影响产生了明显的"U"型效应，即随着脱贫攻坚战略的深入，农村居民幸福感呈现出了先下降后上升的变动特征。这是因为，一方面，脱贫攻坚时期直接针对贫困人口的转移支付措施，对不同收入组居民的主观幸福感产生了明显的异质性效应；另一方面，精准扶贫政策的不断优化，以及"造血式"扶贫与"输血式"扶贫具有差异化的幸福感提升作用。因此，有关脱贫攻坚时期精准扶贫政策效应的评估中，仅仅考虑经济效应、健康效应或福利效应的研究已难以为政策干预效应提供有效依据，需要进一步考虑脱贫人口心理变化、相对福利状态等潜在影响。这也意味着，在实现乡村振兴和共同富裕目标的过程中，需规避"输血式"帮扶可能带来的不可持续的"福利效应"问题，统筹资源分配，借助市场机制分配资源的作用，发挥乡村产业带动低收入群体增收的辐射作用，从而提高农村居民的主观幸福感，增强居民参与美丽乡村建设的积极性和能动性。

第二节 启示与展望：乡村振兴阶段赋能低收入人口的路径探讨

步入 21 世纪以来，中国扶贫发生了明显改变，虽然到 2013 年才正式提出脱贫攻坚战略和精准扶贫理念，但是农村扶贫对象和扶贫措施早已逐步开始精准化、精细化。例如，扶贫模式和对象，从早期以区域贫困为重点的大规模开发式扶贫到以贫困县为重点的开发式与救济式并重模式转变。这一转变，一方面顺应中国社会发展趋势，直面农村贫困现状；另一方面主要在于经济增长带动的减贫无法惠及最低收入群体，大扶贫形成的"涓滴效应"不能彻底消除农村贫困问题，必须要求更加精准化的扶贫瞄准方案。

实践中，农村贫困人口往往是生活在极端恶劣条件下的人口，这部分群体长期面临交通不便、缺少资金、生产条件落后、劳动能力低下等困境，需要借助外在力量帮助脱贫。为此，脱贫攻坚战正是基于对农村贫困现实的精准把握，根据不同地区致贫原因，精准提供劳动力转移、职业培训、公益岗位、入股分红、产业扶贫、政策兜底等"输血式"

与"造血式"相结合的扶贫措施，采取"提高收入、减少支出"的双重扶贫机制，实现了农村贫困人口的全部脱贫。然而，本研究发现，脱贫攻坚时期的精准帮扶措施，有效消除了绝对贫困人口，但仍然存在诸多不足，例如，"输血式"扶贫可能产生的"福利依赖"效应，"造血式"扶贫引致的局部收入差距扩大，贫困人口的贫困适应性和状态依赖无法消除，扶贫资源产生的"攀比效应"降低了整体福利，资产积累不足导致的贫困脆弱性高（返贫风险大）等。为此，乡村振兴阶段如何进一步巩固脱贫成效，提高脱贫人口及其子代的人力资本，转变低收入脱贫人口精神和思想观念，培育可持续的内生增长动力和能动性，提升居民的福利水平是政策设计的关键。此外，乡村振兴阶段也不能忽视某些暂时性外部冲击对低收入群体的影响，此时具有应急性、短期性帮扶措施则显得非常重要。这是因为，针对暂时性贫困的治理措施，可以有效防止贫困人口进入状态依赖困境，此时政府通过构建完善的社会保障体系，是解决这一问题的关键。因此，一方面，政府需要拓宽贫困治理的视野，要在扶贫观念上有所转变，应更加注重低收入群体的均衡化发展、精神贫困和福利水平；另一方面，从脱贫攻坚走向乡村振兴的贫困治理体系下，缓解相对贫困的长效治理机制、消除暂时性贫困的社会保障体系和培育低收入群体可持续发展能力的"赋能型"发展项目缺一不可，应相互关联、互为支撑，形成针对低收入群体的全方位保障。

第一，转变贫困治理对象，下放扶贫治理自主权。截至 2020 年底，中国已消除了现行标准（2300 元不变价格）下的绝对贫困，且快速步入了新发展格局下的乡村振兴阶段，反贫困工作目标已从消除绝对贫困转向缓解相对贫困，缩小收入差距，扶贫对象、任务和重点也将随之发生变化。事实上，中国将会长期存在的相对贫困人口，主要来自收入排序低于某一确定的收入分布标准下的群体，这部分群体很大可能来自农村相对落后地区，也可能是农村发展过程中非均衡化的利益分配造成，所以相对贫困的致贫原因也存在诸多复杂性。目前，农村贫困治理已经进入乡村振兴的全新阶段，如果继续保持脱贫攻坚时期的帮扶力度和规模是不现实的。首先，由于乡村振兴阶段的对象是全体农村居民，所以对地方政府的财力来说是一个巨大挑战。其次，不同地区发展水平存在差异，相对贫困的发生机制理应不同，"自上而下"的政府主导性政策效率将大幅降低。因此，在从脱贫攻坚走向乡村振兴的过程中，最好遵循一个简单的发展原则：只要有自由市场和恰当的奖励机制，人们就能自己找到解决问题的方法，避免政府长期的现金补贴导致的福利依赖。这时候，维持贫困治理政策稳定性的同时，需要政府"赋予省级以下政府更多自主权"，推动跨地区，甚至跨省连片治理，加强部门间合作，多领域、全方位推动农村地区资源整合，借助市场机制分配资源的作用，发挥乡村产业带动低收入群体增收的辐射作用，从根本上激发这部分群体的积极性、主动性。

第二，转变贫困治理目标，推动"村庄"与"家庭"的同步发展。反贫困治理目标应从解决绝对贫困群体"生存需求"转变到解决相对贫困群体的"发展需求"和"可行能力"培育，为此，着手构建"既注重收入增加，又注重多维福利改善"的贫困治理体系和标准已迫在眉睫。此外，脱贫攻坚时期的绝对贫困具有短期、静态特征，落入绝对贫困范畴的人口，属于基本生存需求受到剥夺，无法通过自我能力维持日常生活。步入乡村振兴阶段，贫困治理的目标和任务应该从确保低收入人口"吃饱、穿好"的"两不愁、三保障"转向"乡村美、人民富"的全面小康。"乡村美、人民富"一方面强调了村级层面的发展，另一方面强调了村内人民的富裕。只有村庄层面发展起来了，农村居民才会发展得更好。然而，现阶段农村地区群体内的收入差距还处于较高水平，相对贫困问题日益突出，不平衡不充分发展下的社会矛盾也较大，使乡村振兴阶段的相对贫困治理带来诸多困难。鉴于此，减贫战略和目标不仅需瞄准相对贫困人口在教育或技能培训、医疗保健等人力资本方面的"软实力"培育，而且还要为落后地区提供产业发展、基础设施建设、农业灌溉设施、村级企业等"硬实力"帮扶，打通"要素"与"市场"的双向通道，使村庄发展基础足以胜任经济社会发展过程中的需求，实现"村庄"发展与"家庭"富裕同步推进，从而赋能乡村全面振兴。

第三，遵循"坚持群众主体、激发内生动力"原则，探索建立"共享集体资产收益"的创新扶贫治理模式。乡村振兴阶段贫困治理的观念应从消除"收入贫困"向治理"资产贫困"转变，探索建立"共享集体资产收益"治理模式，提高低收入群体资产收益，通过资产效应带动低收入人口的可持续发展。首先，乡村振兴阶段重点支持农村落后地区在不改变相关涉农资金和财政专项资金的前提下，整合农村资源，根据农村当地的相对比较优势，将资金分配并投入到农村产业发展、农业生产设施、灌溉设施、养殖设备、乡村旅游等具有相对发展优势的项目中，推动贫困地区村级层面形成长期的资产积累。乡村振兴的核心在于推动村集体的发展，村集体发展的重点在村内"资产积累"水平。只有通过村级资产带动本村低收入人口发展，尤其是通过村级资产收益分红形式帮助丧失劳动力、残疾、发展能力不足的人口，增加其可持续的财产性收益，才能形成"保低、赋能"的长效发展机制。其次，鼓励和引导贫困地区缺乏劳动力的低收入家庭，通过土地流转或土地入股形式加入本村的合作社、新型家庭经营主体、乡镇企业等，形成村级层面的集体资产，通过将闲置的土地资产转化为可利用的生产性资产。通过将"碎片化、分散化"的土地资产转化为"集中化、资产化"的形式，发展成集体资产入股等形式，分享乡村产业发展带来的收益，实现"乡村产业发展、产业结构调整、集体资产入股"等创新发展带来的综合效益，从而探索建立"共享集体资产收益"的创新扶贫治理与乡村振兴发展协同推进模式，让农村资产成为政府转移支付的一部分，彻底解决农村地区"一扶就脱贫、不扶就返贫"问题。

第四，拓宽贫困治理的范畴，加快建立"物质扶贫"与"精神或文化扶贫"精准识别的多重机制。从脱贫攻坚走向乡村振兴，贫困治理重点应从"收入扶贫"向"福利扶贫""精神或文化扶贫"转变，进一步加大"志智双扶"的帮扶力度，使脱贫人口摘掉"贫困帽子"的同时，帮助脱贫人口树立对未来生活信心，真正实现精神脱贫与文化脱贫。农村消除绝对贫困的经验表明，成功的反贫困与经济发展高度相关，但又不仅仅依赖经济发展。经济发展是我国消除贫困的主要动力，为脱贫攻坚提供了必要的物质和资金保障，但是经济发展并不能消除贫困人口在精神与文化方面的贫困。农村落后地区的低收入人口具有鲜明的特征，不仅需要"输血式"帮扶和救济，而且还需要从伦理文化、传统习惯、心理健康等方面深层次考察致贫原因。为此，乡村振兴阶段政府应当注重如何识别、改善人们的精神和文化贫困，建立精准的精神和文化贫困识别机制，精准识别出经济贫困、能力贫困和精神与文化贫困，并加强对人们精神脱贫的引导，进而激发居民为提高自身生活水平而奋斗的内生动力，从个体内外与社会环境等多重渠道中寻找缓解低收入人口的"精神贫困"与"文化贫困"根源。此外，为了消除低收入群体可能受到的社会排斥，政府应该酌情引导低收入群体的社会参与的积极性，培育其自我发展的主观能动性，重视低收入人群的心理建设和心理支持，充分发挥物质环境和精神环境的共同作用，实现收入和精神双脱贫。只有这样，才能让脱贫人口生活有保障、过得舒心、安心和对未来有信心，乡村振兴建设才能保持良性发展，农村居民才能真正实现生活富裕、生态文明和幸福的生活。

第五，推动乡村数字化赋能低收入群体，推进乡村基础设施与公共服务的同步建设。乡村振兴阶段，反贫困工作一是要紧跟时代发展步伐，顺应乡村数字化发展需求。二是推动乡村基础设施建设与公共服务完善的齐头并进。一方面，乡村数字化发展是大势所趋，也是时代发展的新方向，而乡村数字化发展需要乡村基础设施的支持。基础设施建设的深入推进，有助于农村地区的生产、生活与发展，是农村经济发展的基本"硬条件"。因此，加大对农村地区的通信设施、网络设施、物流设施的硬件和软件的投入力度，实现城乡网络全覆盖、物流通信进村入户，实现农村家庭网络消费常态化，农产品线上销售便捷化。事实上，四通八达的信息化工程拓宽低收入群体提供就业信息渠道，促使农村低收入群体也可以分享到数字经济发展带来的红利，进而促进农村家庭收入的增加。另一方面，在脱贫攻坚已经建立起来的医疗、教育、社会保障全覆盖的基础上，提高农村地区基本公共服务供给质量，包括村级卫生室床位数、医生数、医疗设施、中小学的师资力量、重大疾病保障范围等，加快推动基本公共服务进村入户。此外，着手建立精准化的基本公共服务，除了关注具有"普惠性"的公共服务，还应秉持精准化思路，对特殊群体，如老年人、残疾人、儿童等提供具有"针对性"的公共服务，保障特殊群体享有公共服务资源的权利，通过精准化的基本公共服务培养农村低收入居民及其子代的可行能力。

第六，推动农村居民广泛参与乡村建设，重点在于转变农村居民的思想与角色。脱贫攻坚与乡村振兴战略是国家实现共同富裕目标的两个重要阶段，乡村振兴战略思想融入农村地区脱贫攻坚中，通过乡村发展形成良好的村级治理环境，为脱贫户带来生活的希望和对未来发展的信心，通过产业扶贫、生态旅游扶贫等为贫困户带来新的发展理念，使之对脱贫后可持续发展带来源源不断的内生动力。为此，农村、农户和个体在脱贫攻坚和乡村振兴这两种政策中的身份角色发生了明显的转变，尤其是已脱贫贫困群体从扶贫政策的帮扶对象变成乡村振兴的建设者，个体可能会存在适应性的问题。因此，在后续政策中要注重加强农村居民角色转变的宣传工作。同时，在当地经济水平和当地文化制约下，跨区域农村居民的政策理解水平和在乡村发展中的角色扮演存在差异，例如，东部和中部农村居民可能更快适应农村建设者的角色，所以，面对不同区域居民，也应当从不同角度去制定政策，保证乡村振兴高质量发展。

第七，统筹城乡贫困治理是扶贫工作的终极目标，也是实现共同富裕的内在要求。随着我国城镇化进程的加快，城乡二元结构矛盾的改善，脱贫人口将逐步从农村走向城市，部分脱贫人口还会成为城市市民，此时反贫困工作的重点也要及时向城市倾斜，反贫困工作任务也从缩小城乡差距转变为缓解城市群体内居民相对收入差距。中国到目前已经实现了从脱贫攻坚迈向乡村振兴的前期阶段，然而，绝对贫困人口虽然已全部消除，但对于脱贫人口而言，如果脱贫人口的增收途径有限，在精准扶贫政策逐步退出的情况下，脱贫人口的收入或财富增长的速度与幅度是受到限制的，后续发展中一旦经历外在的经济冲击，这部分脱贫人口再次掉入"贫困"的可能性是非常大的，这是当前脱贫人口面临的现实问题。为此，乡村振兴发展阶段，部分脱贫人口可能拥有富裕的潜能，但首先需要从政策渐退后"返贫困境"中走出来，然后才有机会实现富裕。"可行能力"的培育正是基于以上理念，脱贫攻坚时期在短期内进行大幅度的精准帮扶，帮助贫困人口实现脱贫，即走出"贫困陷阱"的泥潭，从而希望脱贫人口能够通过自我的"可行能力"获得更多机会，实现可持续的发展。未来，中国的反贫困工作需要根据国情不断调整和改革，在总结以往脱贫经验的同时，创新扶贫理论与思想，针对不同阶段发展环境和贫困特征，实施相应的政策，持续推动中国特色减贫事业向前发展，才能从根本上解决中国前进中面临的困难和问题。

参 考 文 献

[1] 阿马蒂亚·森：《以自由看待发展》，任赜、于真译，中国人民大学出版社 2012 年版。

[2] 阿马蒂亚·森：《贫困与饥荒》，王宇、王文玉译，商务印书馆 2001 年版。

[3] 保罗·萨缪尔森、威廉·诺德豪斯：《经济学》（第 19 版），于健译，人民邮电出版社 2016 年版。

[4] 毕红静：《我国农村反贫困政策创新研究》，载《前沿》2011 年第 19 期。

[5] 边恕、冯梦龙、孙雅娜：《中国农村家庭资产贫困的测量与致因》，载《中国人口科学》2018 年第 4 期。

[6] 陈志刚、毕洁颖、吴国宝、何晓军、王子妹一：《中国扶贫现状与演进以及 2020 年后的扶贫愿景和战略重点》，载《中国农村经济》2019 年第 1 期。

[7] 陈勇兵、李燕、周世民：《中国企业出口持续时间及其决定因素》，载《经济研究》2012 年第 7 期。

[8] 陈永伟、侯升万、符大海：《中国农村家庭脱贫的时间路径及其策略选择》，载《中国人口科学》2020 年第 1 期。

[9] 陈国强、罗楚亮、吴世艳：《公共转移支付的减贫效应估计——收入贫困还是多维贫困？》，载《数量经济技术经济研究》2018 年第 5 期。

[10] 陈屹立：《生儿育女的福利效应：子女数量及其性别对父母幸福感的影响》，载《贵州财经大学学报》2016 年第 3 期。

［11］程名望、华汉阳：《购买社会保险能提高农民工主观幸福感吗？——基于上海市 2942 个农民工生活满意度的实证分析》，载《中国农村经济》2020 年第 2 期。

［12］程令国、张晔：《"新农合"：经济绩效还是健康绩效？》，载《经济研究》2012 年第 1 期。

［13］崔红志：《农村老年人主观幸福感影响因素分析——基于全国 8 省（区）农户问卷调查数据》，载《中国农村经济》2015 年第 7 期。

［14］邓锁：《城镇困难家庭的资产贫困与政策支持探析——基于 2013 年全国城镇困难家庭调查数据》，载《社会科学》2016 年第 7 期。

［15］都阳、蔡昉：《中国农村贫困性质的变化与扶贫战略调整》，载《中国农村观察》2005 年第 5 期。

［16］杜乐勋、赵郁馨、刘国祥：《建国 60 年政府卫生投入和卫生总费用核算的回顾与展望》，载《中国卫生政策研究》2009 年第 10 期。

［17］樊丽明、解垩：《公共转移支付减少了贫困脆弱性吗？》，载《经济研究》2014 年第 8 期。

［18］范小建：《60 年：扶贫开发的攻坚战》，载《求是》2009 年第 20 期。

［19］贾俊雪、秦聪、刘勇政：《"自上而下"与"自下而上"融合的政策设计——基于农村发展扶贫项目的经验分析》，载《中国社会科学》2017 年第 9 期。

［20］国家统计局住户调查办公室：《中国农村贫困监测报告（2021）》，中国统计出版社 2021 年版。

［21］国家统计局住户调查办公室：《中国农村贫困监测报告（2017）》，中国统计出版社 2017 年版。

［22］国家统计局住户调查办公室：《中国农村贫困监测报告（2015）》，中国统计出版社 2015 年版。

［23］郭熙保、周强：《长期多维贫困、不平等与致贫因素》，载《经济研究》2016 年第 6 期。

[24] 郭建宇、吴国宝：《基于不同指标及权重选择的多维贫困测量——以山西省贫困县为例》，载《中国农村经济》2012 年第 2 期。

[25] 顾昕：《贫困度量的国际探索与中国贫困线的确定》，载《天津社会科学》2011 年第 1 期。

[26] 韩华为：《农村低保户瞄准中的偏误和精英俘获——基于社区瞄准机制的分析》，载《经济学动态》2018 年第 2 期。

[27] 何欣、朱可涵：《农户信息水平、精英俘获与农村低保瞄准》，载《经济研究》2019 年第 12 期。

[28] 贺京同、那艺、郝身永：《决策效用，体验效用与幸福》，载《经济研究》2014 年第 7 期。

[29] 黄承伟：《新中国扶贫 70 年：战略演变、伟大成就与基本经验》，载《南京农业大学学报（社会科学版）》2019 年第 6 期。

[30] 黄薇：《医保政策精准扶贫效果研究——基于 URBMI 试点评估入户调查数据》，载《经济研究》2017 年第 9 期。

[31] 黄永明、何凌云：《城市化、环境污染与居民主观幸福感——来自中国的经验证据》，载《中国软科学》2013 年第 12 期。

[32] 胡联、汪三贵：《我国建档立卡面临精英俘获的挑战吗?》，载《管理世界》2017 年第 1 期。

[33] 胡鞍钢：《中国减贫之路：从贫困大国到小康社会（1949 ~ 2020 年）》，社会科学文献出版社 2012 年版。

[34] 洪银兴：《进入新阶段后中国经济发展理论的重大创新》，载《中国工业经济》2017 年第 5 期。

[35] 雷明、李浩、邹培：《小康路上一个也不能少：新中国扶贫七十年史纲（1949 ~ 2019）——基于战略与政策演变分析》，载《西北师大学报（社会科学版）》2020 年第 1 期。

[36] 李佳路：《农户资产贫困分析——以 S 省 30 个国家扶贫开发重点县为例》，载《农业技术经济》2011 年第 4 期。

[37] 李华、俞卫：《政府卫生支出对中国农村居民健康的影响》，

载《中国社会科学》2013年第10期。

[38] 李芳华、张阳阳、郑新业:《精准扶贫政策效果评估——基于贫困人口微观追踪数据》,载《经济研究》2020年第8期。

[39] 李周:《全面建成小康社会决胜阶段农村发展的突出问题及对策研究》,载《中国农村经济》2017年第9期。

[40] 李实、朱梦冰:《中国经济转型40年中居民收入差距的变动》,载《管理世界》2018年第12期。

[41] 李小云、于乐荣、唐丽霞:《新中国成立后70年的反贫困历程及减贫机制》,载《中国农村经济》2019年第10期。

[42] 李博、张全红、周强、Mark Y:《中国收入贫困和多维贫困的静态与动态比较分析》,载《数量经济技术经济研究》2018年第8期。

[43] 梁城城:《地方政府财政行为如何影响居民主观幸福感:来自中国的经验证据》,载《贵州财经大学学报》2017年第4期。

[44] 廖永松:《"小富即安"的农民:一个幸福经济学的视角》,载《中国农村经济》2014年第9期。

[45] 刘瑞明、赵仁杰:《匿名审稿制度推动了中国的经济学进步吗?——基于双重差分方法的研究》,载《经济学(季刊)》2017年第1期。

[46] 刘振杰:《资产社会政策视域下的农村贫困治理》,载《学术界》2012年第9期。

[47] 刘振杰:《以发展的新思维促进农村贫困治理》,载《人口与发展》2014年第2期。

[48] 刘成奎、王宇翔、任飞容:《努力与儿童认知能力》,载《经济学动态》2019年第4期。

[49] 刘欣:《致贫原因、贫困表征与干预后果——西方贫困研究脉络中的"精神贫困"问题》,载《中国农业大学学报(社会科学版)》2020年第6期。

[50] 刘娟:《我国农村扶贫开发的回顾、成效与创新》,载《探

索》2009 年第 4 期。

[51] 林卡：《绝对贫困、相对贫困以及社会排斥》，载《中国社会保障》2006 年第 2 期。

[52] 林闽钢：《中国农村贫困标准的调适研究》，载《中国农村经济》1994 年第 2 期。

[53] 娄伶俐：《主观幸福感的经济学研究动态》，载《经济学动态》2009 年第 2 期。

[54] 鲁元平：《安格斯·迪顿对幸福经济学的贡献》，载《经济学动态》2015 年第 11 期。

[55] 卢盛峰、陈思霞：《户籍身份、公共服务政策与居民幸福感》，载《中南财经政法大学学报》2014 年第 5 期。

[56] 马丁·瑞沃林：《贫困的比较》，赵俊超译，北京大学出版社 2005 年版。

[57] 马克思：《资本论》（第一卷），中共中央马克思恩格斯列宁斯大林作译局译，人民出版社 2004 年版。

[58] 迈克尔·谢若登：《资产与穷人》，高鉴国译，商务印书馆 2005 年版。

[59] 苗爱民：《精准扶贫战略的内涵逻辑及实现路径分析》，载《中共福建省委党校学报》2019 年第 6 期。

[60] 彭晓博、秦雪征：《医疗保险会引发事前道德风险吗？理论分析与经验证据》，载《经济学（季刊）》2014 年第 10 期。

[61] 尚卫平、姚智谋：《多维贫困测度方法研究》，载《财经研究》2005 年第 12 期。

[62] 沈扬扬、詹鹏、李实：《扶贫政策演进下的中国农村多维贫困》，载《经济学动态》2018 年第 7 期。

[63] 宋晓梧：《建国 60 年我国医疗保障体系的回顾与展望》，载《中国卫生政策研究》2009 年第 10 期。

[64] 苏静、胡宗义、唐李伟、肖攀：《农村非正规金融发展减贫

效应的门槛特征与地区差异——基于面板平滑转换模型的分析》，载《中国农村经济》2013 年第 7 期。

［65］孙晗霖、刘新智、张鹏瑶：《贫困地区精准脱贫户生计可持续及其动态风险研究》，载《中国人口资源环境》2019 年第 2 期。

［66］唐钧：《中国城市居民贫困线研究》，上海社会科学院出版社 1998 年版。

［67］温涛、朱炯、王小华：《中国农贷的"精英俘获"机制：贫困县与非贫困县的分层比较》，载《经济研究》2016 年第 2 期。

［68］汪三贵、刘未：《以精准扶贫实现精准脱贫：中国农村反贫困的新思路》，载《华南师范大学学报（社会科学版）》2016 年第 10 期。

［69］汪三贵、郭子豪：《论中国的精准扶贫》，载《贵州社会科学》2015 年第 5 期。

［70］汪三贵、尹浩栋：《资产与长期贫困——基于面板数据的 2SLS 估计》，载《贵州社会科学》2013 年第 9 期。

［71］汪三贵、梁晓敏：《我国资产收益扶贫的实践与机制创新》，载《农业经济问题》2017 年第 9 期。

［72］汪三贵：《中国 40 年大规模减贫：推动力量与制度基础》，载《中国人民大学学报》2018 年第 6 期。

［73］汪三贵：《习近平精准扶贫思想的关键内涵》，载《人民论坛》2017 年第 30 期。

［74］汪三贵：《在发展种战胜贫困——对中国 30 年大规模减贫经验的总结与评价》，载《管理世界》2008 年第 11 期。

［75］王春萍：《可行能力视角下资产积累的社会救助政策探讨》，载《社会科学辑刊》2008 年第 6 期。

［76］王春超、叶琴：《中国农民工多维贫困的演进——基于收入与教育维度的考察》，载《经济研究》2014 年第 12 期。

［77］王小林，Alkire，S：《中国多维贫困测量：估计和政策含义》，载《中国农村经济》2009 年第 12 期。

[78] 王曙光等：《中国扶贫——制度创新与理论演变（1949—2020）》，商务印书馆 2020 年版。

[79] 万广华、张茵：《收入增长与不平等对我国贫困的影响》，载《经济研究》2006 年第 6 期。

[80] 万广华、章元、史清华：《如何更准确地预测贫困脆弱性：基于中国农户面板数据的比较研究》，载《农业技术经济》2011 年第 9 期。

[81] 吴国宝：《改革开放 40 年中国农村扶贫开发的成就及经验》，载《南京农业大学学报（社会科学版）》2018 年第 6 期。

[82] 徐静、蔡萌、岳希明：《政府补贴的收入再分配效应》，载《中国社会科学》2018 年第 10 期。

[83] 解垩：《与收入相关的健康及医疗服务利用不平等研究》，载《经济研究》2009 年第 2 期。

[84] 鲜祖德、王萍萍、吴伟：《中国农村贫困标准与贫困监测》，载《统计研究》2016 年第 9 期。

[85] 颜媛媛、张林秀、罗斯高、王红：《新型农村合作医疗的实施效果分析——来自中国 5 省 101 个村的实证研究》，载《中国农村经济》2006 年第 5 期。

[86] 杨灿明：《中国战胜农村贫困的百年实践探索与理论创新》，载《管理世界》2021 年第 11 期。

[87] 杨均华、刘璨：《精准扶贫背景下农户脱贫的决定因素与反贫困策略》，载《数量经济技术经济研究》2019 年第 7 期。

[88] 叶兴庆、殷浩栋：《从消除绝对贫困到缓解相对贫困：中国减贫历程与 2020 年后的减贫战略》，载《改革》2019 年第 12 期。

[89] 叶初升、王红霞：《多维贫困及其度量研究的最新进展：问题与方法》，载《湖北经济学院学报》2010 年第 6 期。

[90] 尹志超、郭沛瑶：《精准扶贫政策效果评估——家庭消费视角下的实证研究》，载《管理世界》2021 年第 4 期。

[91] 尹志超、郭沛瑶、张琳琬：《"为有源头活水来"：精准扶贫

对农户信贷的影响》，载《管理世界》2020 年第 2 期。

［92］游士兵、张颖莉：《资产贫困测量问题研究进展》，载《经济学动态》2017 年第 10 期。

［93］章元、万广华、史清华：《暂时性贫困与慢性贫困的度量、分解和决定因素分析》，载《经济研究》2013 年第 4 期。

［94］张楠、卢洪友：《薪酬管制会减少国有企业高管收入吗——来自政府"限薪令"的准自然实验》，载《经济学动态》2017 年第 3 期。

［95］张蓓：《以扶志、扶智推进精准扶贫的内生动力与实践路径》，载《改革》2017 年第 12 期。

［96］张屹山、杨春辉：《贫困代际传递的演化博弈与政策制度探析》，载《社会科学战线》2019 年第 9 期。

［97］张琦、冯丹萌：《我国减贫实践探索及其理论创新：1978—2016 年》，载《改革》2016 年第 4 期。

［98］张全红、周强：《精准扶贫政策效果评估——收入、消费、生活改善和外出务工》，载《统计研究》2019 年第 10 期。

［99］张全红、周强：《中国贫困测度的多维方法和实证应用》，载《中国软科学》2015 年第 7 期。

［100］朱梦冰、李实：《精准扶贫重在精准识别贫困人口——农村低保政策的瞄准效果分析》，载《中国社会科学》2017 年第 9 期。

［101］周强、张全红：《中国家庭长期多维贫困状态转化及教育因素研究》，载《数量经济技术经济研究》2017 年第 4 期。

［102］周强、张全红：《农村非正规金融对多维资产贫困的减贫效应研究——基于 CFPS 微观家庭调查数据的分析》，载《中南财经政法大学学报》2019 年第 4 期。

［103］周强：《精准扶贫政策的减贫绩效与收入分配效应研究》，载《中国农村经济》2021 年第 5 期。

［104］周强：《我国农村贫困的动态转换、持续时间与状态依赖研究——基于收入贫困与多维贫困的双重视角》，载《统计研究》2021 年

第 10 期。

［105］周怡：《社会情景理论：贫困现象的另一种解释》，载《社会科学》2007 年第 10 期。

［106］周绍杰、王洪川、苏杨：《中国人如何能有更高水平的幸福感——基于中国民生指数调查》，载《管理世界》2015 年第 6 期。

［107］邹薇、屈广玉：《"资产贫困"与"资产扶贫"——基于精准扶贫的新视角》，载《宏观经济研究》2017 年第 5 期。

［108］邹薇、方迎风：《怎样测度贫困：从单维到多维》，载《国外社会科学》2012 年第 2 期。

［109］左停、杨雨鑫、钟玲：《精准扶贫：技术靶向、理论解析和现实挑战》，载《贵州社会科学》2015 年第 8 期。

［110］Alkire, S. , J. M. Roche, and A. Summer, Where Do the World's Multidimensional Poor People Live, *OPHI Working Paper*, No. 61, 2013.

［111］Alkire, S. , *Valuing Freedom's*：*Sen's Capability Approach and Poverty Reduction*. Oxford：Oxford University Press, 2002.

［112］Alkire, S. , and J. E. , Foster, Counting and Multidimensional Poverty Measurement. *Journal of Public Economic*, Vol. 95, 2011a, pp. 476 – 487.

［113］Alkire, S. , and J. E. , Foster, Understandings and Misunderstandings of Multidimensional Poverty Measurement. *Journal of Economic Inequality*, Vol. 9, No. 2, 2011b, pp. 289 – 314.

［114］Angrist, J. D. , and J. S. Pischke, *Mostly Harmless Econometrics*：*An Empiricist's Companion*. Princeton University Press, 2008.

［115］Attah, B. , MacAuslan, K. , and M. Pellerano. Can Social Protection Affect Psychosocial Wellbeing and Why Does This Matter? Lessons from Cash Transfers in Sub – Saharan Africa. *The Journal of Development Studies*, Vol. 52, No. 8, 2016, pp. 1115 – 1131.

［116］Besedeš, T., and T. J. Prusa, Product Differentiation and Duration of US Import Trade. *Journal of International Economics*, Vol. 70, 2006, pp. 329 – 358.

［117］Becker, G. S., and N. Tomes, Human Capital and the Rise and Fall of Families. *Journal of Labor Economics*, Vol. 4, No. 3, 1986, pp. 1 – 39.

［118］Biewen, M., Measuring State Dependence in Individual Poverty Histories When There Is Feedback to Employment Status and Household Composition. *Journal of Applied Econometrics*, Vol. 24, No. 7, 2009, pp. 1095 – 1116.

［119］Blumenthal, D., and W. Hsiao, Privatization and Its Discontents: The Evolving Chinese Health Care System. *New England Journal of Medicine*, Vol. 353, No. 11, 2005, pp. 1165 – 1170.

［120］Bourguignon, F., and S. R. Chakravarty, The Measurement of Multidimensional Poverty. *Journal of Economic Inequality*, No. 1, 2003, pp. 25 – 49.

［121］Brandolini, A., S. Magri, and T. Smeeding, Asset-based Measurement of Poverty. *Journal of Policy Analysis and Management*, Vol. 29, No. 2, 2010, pp. 267 – 284.

［122］Brollo, F, T. Nannicini, R. Perotti, and G. Tabellini, The Political Resource Curse. *The American Economic Review*, Vol. 103, No. 5, 2013, pp. 1759 – 1796.

［123］Bradshaw, J., *Preface for the Centennial Edition of B. Seebohm Rowntree's Poverty: A Study of a Town Life*. Bristol: Policy Press, 2000.

［124］Brollo, F., T. Nannicini, R. Perotti, and G. Tabellini, The Political Resource Curse. *American Economic Review*, Vol. 103, No. 5, 2013, pp. 1759 – 1796.

［125］Butler, J. S., and R. Moffitt, A Computationally Efficient

Quadrature Procedure for the One-factor Multinomial Probit Model. *Economet-rica*, No. 10, 1982, pp. 761 – 764.

[126] Caroline, M., The Asset Vulnerability Framework: Reassessing Urban Poverty Reduction Strategies. *World Development*, Vol. 26, No. 1, 1998, pp. 1 – 19.

[127] Calonico, S., M. D. Cattaneo, M. H. Farrell, and R. Titiunik, Regression Discontinuity Designs Using Covariates. *Review of Economics and Statistics*, Vol. 101, No. 3, 2019, pp. 442 – 451.

[128] Chen, S. H., and M. Ravallion, The Developing World Is Poorer than We Thought, but No Successful in the Fight Against Poverty. *The Quarterly Journal of Economics*, Vol. 125, No. 4, 2010, pp. 1577 – 1625.

[129] Chaudhuri, S., and M. Ravallion, How Well to Static Indicators Identify the Chronically Poor. *Journal of Public Economics*, Vol. 53, No. 3, 1994, pp. 367 – 394.

[130] Christiaensen, L. J., and S. Kalanidhi, Towards an Understanding of Household Vulnerability in Rural Kenya. *Journal of African Economies*, Vol. 14, No. 4, 2005, pp. 520 – 558.

[131] Clark, A. E., C. D. Ambrosio, and S. Ghislandi, Adaption to Poverty in Long-run Panel Data. *The Review of Economics and Statistics*, Vol. 98, No. 3, 2016, pp. 591 – 600.

[132] Conley, D., *Being Black, Living in the Red: Race, Wealth and Social Policy in America*. Berkeley: University of California Press, 1999.

[133] Corcoran, M., and T. Adams, Race, Sex, and the Intergenerational Transmission of Poverty. Duncan, G. J., Brooks – Gunn, J., *Consequences of Growing up Poor*. New York: Rusell Sage Foundation, 1997.

[134] Datt, G., and M. Ravallion, Growth and Redistribution Components of Changes in Poverty Measures: A Decomposition with Applications to Brazil and India in the 1980s. *Journal of Development Economics*, Vol. 38,

No. 2, 1992, pp. 275 – 295.

[135] Deaton A. Income, Health, and Well – Being around the World: Evidence from the Gallup World Poll. *Journal of Economic Perspectives*, Vol. 22, No. 2, 2008, pp. 53 – 72.

[136] Dercon, S., and P. Krishnan, Vulnerability, Seasonality and Poverty in Ethiopia. *Journal of Development Studies*, Vol. 36, No. 6, 2000, pp. 25 – 53.

[137] Dietz, R., and D. Haurin, The Social and Private Micro – level Consequences of Homeownership. *Journal of Urban Economics*, Vol. 54, No. 3, 2003, pp. 401 – 450.

[138] Duclos, Jean, Y., A. Abdelkrim, and G. John, Chronic and Transient Poverty: Measurement and Estimation, with Evidence from China. *Journal of Development Economics*, Vol. 91, 2010, pp. 266 – 277.

[119] Duncan, G. J., and J. Brooks – Gunn, *Consequences of Growing up Poor*. New York: Rusell Sage Foundation, 1993.

[140] Esping – Andersen, G., and L. Nedoluzhko, Inequality Equilibria and Individual Well-being. *Social Science Research*, Vol. 62, 2017, pp. 24 – 28.

[141] Foster, J. E., A Class of Chronic Poverty Measure. In: A. Addison, D. Hulme, and R. Kanbur (Eds.), *Poverty Dynamics: Towards Inter-disciplinary Approaches*. Oxford: Oxford University Press, 2009.

[142] Foster, J., J. Greer, and E. Thorbecke, A Class of Decomposable Poverty Measures. *Econometrica*, Vol. 52, No. 3, 1984, pp. 761 – 766.

[143] Haveman, R., and E. N. Wolff, The Concept and Measurement of Asset Poverty: Levels, Trends and Composition for the U. S., 1983 – 2001. *Journal of Economic Inequality*, No. 2, 2004, pp. 145 – 169.

[144] Heckman, J. J., Statistical Model for Discrete Panel Data, In

C. F. Manski, & D. McFadden (Eds.), *Structural Analysis of Discrete Panel Data with Econometric Application*. MIT Press, 1981.

[145] Hill, M. S., Some Dynamic Aspects of Poverty. Hill, M. S., D. H. Hill, and J. N. Morgan, *Five Thousand American Families-patterns of Economic Progress*. The University of Michigan Press, 1981.

[146] Hulme, D., K. Moore, and A. Shepherd, Chronic Poverty: Meanings and Analytical Frameworks. *Chronic Poverty Research Centre Working Paper*, No. 2, 2001.

[147] Hirshman, A. O., *The Strategy of Economic Development*: New Haven, Conn. : Yale University Press, 1958.

[148] Imbens, G. W., and T. Lemieux, Regression Discontinuity Designs: A Guide to Practice. *Journal of Econometrics*, Vol. 142, No. 2, 2007, pp. 615 – 635.

[149] Gittleman, M., and E. N. Wolff, Racial Difference in Patterns of Wealth Accumulation. *Journal of Human Resource*, Vol. 39, No. 1, 2004, pp. 193 – 227.

[150] Golan, J., T. Sicular, and N. Umapathi, Unconditional Cash Transfer in China: Who Benefits from the Rural Minimum Living Standard Guarantee (Dibao) Program? *World Development*, Vol. 93, No. 5, 2017, pp. 316 – 336.

[151] Klasen, S., Measuring Poverty and Deprivation in South Africa. *Review of Income and Wealth*, Vol. 46, No. 1, 2000, pp. 33 – 58.

[152] Klaauw, V. W., Regression – Discontinuity Analysis: A Survey of Recent Development in Economics. *Labour*, Vol. 22, No. 2, 2008, pp. 219 – 245.

[153] Lee, D., and T. Lemieux, Regression Discontinuity Designs in Economics. *Journal of Economic Literature*, Vol. 48, No. 2, 2010, pp. 281 – 355.

［154］Lei, X. , and W. Lin, The New Rural Cooperative Medical Scheme in Rural China: Does More Coverage Mean More Service and Better Health? *Health Economics*, No. 18, 2009, pp. 25 – 46.

［155］Leibenstein, H. , Why Do We Disagree on Investment Policies for Development. *Indian Economic Journal*, No. 5, 1959, pp. 369 – 869.

［156］Luttmer, E. , Neighbors as Negatives: Relative Earnings and Well-being. *Quarterly Journal of Economics*, Vol. 120, No. 3, 2005, pp. 963 – 1002.

［157］McCulloch N. , and M. Calandrino, Vulnerability and Chronic Poverty in Rural Sichuan. *World Development*, Vol. 31, No. 3, 2003, pp. 611 – 628.

［158］Mccrary, J. , Manipulation of the Running Variable in the Regression Discontinuity Design: A Density Test. *Journal of Econometrics*, Vol. 142, No. 2, 2008, pp. 698 – 714.

［159］Moyo D. , *Dead Aid: Why Aid Is Not Working and How There is a Better Way for Africa.* London: Allen Lane, 2009.

［160］Mundlak, Y. , On the Pooling of Time Series and Cross Section Data. *Econometrica*, Vol. 46, No. 1, 1978, pp. 69 – 85.

［161］Musick, K. , and R. D. Mare, *Recent Trends in the Inheritance of Poverty and Family Structure.* Los Angeles: University of California, 2004.

［162］Musgrave, R. A. , and T. Thin, Income Tax Progression 1929 – 48. *Journal of Political Economy*, Vol. 56, No. 6, 1948, pp. 498 – 514.

［163］Myrdal, G. , *Rich Lands and Poor: The Road to World Prosperity.* New York: Harper & Brothers, 1957.

［164］Nelson, R. R, A Theory of Low – level Equilibrium Trap in Underdeveloped Countries. *American Economic Review*, Vol. 46, No. 5, 1956, pp. 894 – 908.

［165］ Nurkse, R. , *Problems of Capital Formation in Underdeveloped Countries*. Oxford: Oxford University Press, 1953.

［166］ Nunn, N. , and N. Qian, The Potato's Contribution to Population and Urbanization: Evidence From A Historical Experiment. *Quarterly of Journal of Economics*, Vol. 126, No. 2, 2011, pp. 593 – 650.

［167］ Oliver, M. L. , and T. M. Shapiro, *Black Wealth/White Wealth: A New Perspective on Racial Inequality*. New York: Routledge Press, 1995.

［168］ Orshansky, M. , Children of the Poor. *Social Security Bulletin*, Vol. 26, No. 7, 1963, pp. 3 – 13.

［169］ Oswald, A. J. , and N. Powdthavee, Does Happiness Adapt? A Longitudinal Study of Disability with Implications for Economists and Judges. *Journal of Public Economics*, Vol. 92, No. 5, 2008, pp. 1061 – 1077.

［170］ Oxley, H. , T. T. Dang, and P. Antolin, Poverty Dynamic in Six OECD Countries. *OECD Economic Studies*, No. 30, 2000, pp. 7 – 52.

［171］ Oyekale, A. S. , and F. Y. Okunmadewa, Fuzzy Set Approach to Multidimensional Poverty Analysis in Albia State, Nigeria. *Research Journal of Applied Sciences*, No. 3, 2008, pp. 490 – 495.

［172］ Parsons, K. H. and J. K. Galbraith, The Affluent Society. *Journal of Farm Economics*, Vol. 41, No. 1, 1959, pp. 144.

［173］ Ravallion, M. , Miss-targeted or Miss-measured? *Economics Letters*, Vol. 100, No. 1, 2008, pp. 9 – 12.

［174］ Ravallion, M. , Expected Poverty Under Risk-induced Welfare Variability. *Economic Journal*, Vol. 98, No. 393, 1988, pp. 1171 – 1182.

［175］ Robert, H. , and E. N. Wolff, The Concept and Measurement of Asset Poverty: Levels, Trends and Composition for the U. S. , 1983 – 2001. *Journal of Economic Inequality*, Vol. 2, No. 2, 2004, pp. 145 – 169.

［176］ Rowntree, B. S. , *Poverty: A Study of Town Life*. London: Macmillan, 1901.

[177] Rosenstein – Rodan, P. N. , Problems of Industrialization of Eastern and South – Eastern Europe. *The Economic Journal*, Vol. 53, 1943, pp. 202 – 211.

[178] Runciman, W. G. , *Relative Deprivation and Social Justice: A Study of Attitudes to Social Inequality in 20th Century England.* London: Routledge, 1966.

[179] Sen, A. , K. , Poverty: An Ordinal Approach to Measurement. *Econometrica*, Vol. 44, No. 2, 1976, pp. 219 – 231.

[180] Sen, A. K. , *Poverty and Famines: An Essay on Entitlement and Deprivation.* Oxford: Clarendon Press, 1981.

[181] Sherraden, M. , Full Employment and Social Welfare Policy. *International Journal of Sociology and Social Policy*, No. 11, 1991, pp. 192 – 211.

[182] Smith, A. , *An Inquiry into the Nature and Causes of the Wealth of Nations.* Liberty Fund, Inc, 1776.

[183] Staiger, D. , and J. H Stock, Instrumental Variable Regression with Weak Instruments. *Econometrica*, Vol. 65, No. 3, 1997, pp. 557 – 586.

[184] Steptoe, A. A. Deaton, and A. A. Stone, Psychological Wellbeing, Health and Ageing. *Lancet*, Vol. 385, No. 9968, 2015, pp. 640 – 648.

[185] Stephens, B. , Poverty Measurement and Policy. *Policy Quarterly*, Vol. 1, No. 1, 2005, pp. 8 – 13.

[186] Stewart, M. , Maximum Simulated Likelihood Estimation of Random Effects Dynamic Probit Models with Auto-correlated Errors. *STATA Journal*, Vol. 6, No. 2, 2006, pp. 256 – 272.

[187] Stock, J. H. , and M. Yogo, Testing for Weak Instruments in Linear IV Regression. *NBER Technical Working Paper*, No. 284, 2002.

［188］Thistlethwaite, D. L., and D. T. Campbell, Regression-discontinuity Analysis: An Alternative to the Ex Post Facto Experiment. *Journal of Educational Psychology*, Vol. 51, No. 6, 1960, pp. 309 – 317.

［189］Townsend, P., A Sociological Approach to the Measurement of Poverty: A Rejoinder to Professor Amartya Sen. *Oxford Economic Papers*, Vol. 37, No. 4, 1985, pp. 695 – 668.

［190］Townsend, P, *Poverty in the United Kingdom: A Survey of Household Resources and Standards of Living.* Harmondsworth: Penguin, 1979.

［191］Townsend, P., The Meaning of Poverty. *The British Journal of Sociology*, No. 61, 2010, pp. 85 – 102.

［192］Wagstaff, A., M. Lindelow, J. Gao, L. Xu, and J. Qian, Extending Health Insurance to the Rural Population: Am Impact Evaluation of China's New Cooperative Medical Scheme. *Journal of Health Economics*, Vol. 28, 2009, pp. 1 – 19.

［193］Wooldridge, J. M., Simple Solutions to the Initial Conditions Problem in Dynamic, Nonlinear Panel Data Models with Unobserved Heterogeneity. *Journal of Applied Econometrics*, Vol. 20, 2005, pp. 39 – 54.

［194］Yip, W. and W. C. Hsiao, Non – Evidence – Based Policy: How Effective is China's New Cooperative Medical Scheme in Reducing Medical Impoverishment? *Social Science and Medicine*, Vol. 68, No. 2, 2009, pp. 201 – 209.

［195］Zhang, Y., and G. H. Wan, An Empirical Analysis of Household Vulnerability in Rural China. *Journal of the Asia Pacific Economy*, Vol. 11, No. 2, 2006, pp. 196 – 212.